# 重要単語チェック！

## 2年　開隆堂版

**使い方**

① ミシン目にそってカードを切り離し、穴にリングなどを通そう。
② 表面の英語と絵を見て単語の意味を考え、裏面を見て確認しよう。
③ 裏面の日本語を見て英語を言う練習をし、表面を見て確認しよう。

JN100895

---

**2** PROGRAM 1

## bit

just a little bit

---

**3** PROGRAM 1

## care

take care

---

**4** PROGRAM 1

## cry

Don't cry.

---

**5** PROGRAM 1

## email

email you

---

**6** PROGRAM 1

## evening

in the evening

---

**7** PROGRAM 1

## forget

forgot-forgot (ten)

forget a ticket

---

**8** PROGRAM 1

## free

I'm free.

---

**9** PROGRAM 1

## hope

I hope you like peaches.

---

**10** PROGRAM 1

## if

If it rains tomorrow.

---

**11** PROGRAM 1

## local

local people

---

**12** PROGRAM 1

## move

move to a new house

---

**13** PROGRAM 1

## nothing

have nothing to eat

---

**14** PROGRAM 1

## oveseas

go overseas

---

**15** PROGRAM 1

## plan

make a plan

---

**16** PROGRAM 1

## pleasure

My pleasure.

---

**17** PROGRAM 1

## sing

sang-sung

sang on the stage

---

**18** PROGRAM 1

## soon

soon be back

---

**19** Steps 1

## say

said-said

said hello

---

**20** PROGRAM 2

## believe

I believe you.

---

**21** PROGRAM 2

## bring

brought-brought

bring a camera

---

**22** PROGRAM 2

## build

built-built

build a house

---

教科書ぴったりトレーニング　英語2年　開隆堂版　付録　①表

① PROGRAM 1

音声を聞きながら発音の練習をしよう。

音声アプリの「重要単語チェック」から
音声を聞いて，聞きとり，発音の練習をすることができます。
アプリの使い方は，表紙裏をご覧ください。

副 **もう少しで**

もう少しで2時です。

---

④ PROGRAM 1

動 **泣く**

泣かないで。

---

③ PROGRAM 1

名 **注意，用心**

気をつける

---

② PROGRAM 1

名 **少し**

ほんの少し

---

⑦ PROGRAM 1

動 **忘れる**

チケットを忘れる

---

⑥ PROGRAM 1

名 **夕方，晩**

夕方に

---

⑤ PROGRAM 1

動 **メールを送る**

あなたにメールを送る

---

⑩ PROGRAM 1

接 **もし〜ならば**

明日雨が降れば

---

⑨ PROGRAM 1

動 **望む，希望する**

桃がお好きだといいですが。

---

⑧ PROGRAM 1

形 **自由な，ひまな**

私はひまです

---

⑬ PROGRAM 1

代 **何も〜ない**

何も食べるものがない

---

⑫ PROGRAM 1

動 **引っ越す**

新しい家に引っ越す

---

⑪ PROGRAM 1

形 **地元の**

地元の人々

---

⑯ PROGRAM 1

名 **喜び**

喜んで。

---

⑮ PROGRAM 1

名 **計画**

計画を立てる

---

⑭ PROGRAM 1

副 **海外へ**

海外へ行く

---

⑲ Steps 1

動 **言う**

こんにちはと言った

---

⑱ PROGRAM 1

副 **すぐに**

すぐに戻る

---

⑰ PROGRAM 1

動 **歌う**

舞台で歌った

---

㉒ PROGRAM 2

動 **建てる**

家を建てる

---

㉑ PROGRAM 2

動 **持ってくる**

カメラを持ってくる

---

⑳ PROGRAM 2

動 **信じる**

あなたを信じる。

**23** PROGRAM 2

difficult

a difficult problem

**24** PROGRAM 2

easy

an easy problem

**25** PROGRAM 2

engineer

work as an engineer

**26** PROGRAM 2

everything

Everything is going well.

**27** PROGRAM 2

exactly

Exactly.

**28** PROGRAM 2

garbage

a bag of garbage

**29** PROGRAM 2

guide

guide visitors

**30** PROGRAM 2

history

a history class

**31** PROGRAM 2

hurry

hurry to the station

**32** PROGRAM 2

interested

be interested in science

**33** PROGRAM 2

must

I must go.

**34** PROGRAM 2

national

national flags

**35** PROGRAM 2

protect

protect my head

**36** PROGRAM 2

rule

against the rule

**37** PROGRAM 2

should

should go to the hospital

**38** PROGRAM 2

trouble

be in trouble

**39** PROGRAM 2

true

a true story

**40** PROGRAM 2

worry

worry about a test

**41** Power-Up 1

coat

wear a coat

**42** Power-Up 1

degree

thirty degrees

**43** Power-Up 1

later

See you later.

**44** Power-Up 1

low

a low price

**45** Power-Up 1

raincoat

wear a raincoat

**46** Power-Up 1

temperature

room temperature

| ㉕ PROGRAM 2 | ㉔ PROGRAM 2 | ㉓ PROGRAM 2 |
|---|---|---|
| 名 技術者，エンジニア | 形 たやすい | 形 難しい |
| エンジニアとして働く | やさしい問題 | 難しい問題 |

| ㉘ PROGRAM 2 | ㉗ PROGRAM 2 | ㉖ PROGRAM 2 |
|---|---|---|
| 名 ごみ | 副 正確に | 代 すべて |
| ごみ１袋 | 全くそのとおり。 | すべてうまくいっている。 |

| ㉛ PROGRAM 2 | ㉚ PROGRAM 2 | ㉙ PROGRAM 2 |
|---|---|---|
| 動 急ぐ | 名 歴史 | 動 案内する |
| 駅まで急いで行く | 歴史の授業 | 観光客を案内する |

| ㉞ PROGRAM 2 | ㉝ PROGRAM 2 | ㉜ PROGRAM 2 |
|---|---|---|
| 形 国の | 助 ～しなければならない | 形 興味がある |
| 国旗 | 行かなければならない。 | 科学に興味がある |

| ㊲ PROGRAM 2 | ㊱ PROGRAM 2 | ㉟ PROGRAM 2 |
|---|---|---|
| 助 ～すべきである | 名 規則 | 動 ～を守る |
| 病院に行くべきである | 規則に逆らって | 頭を守る |

| ㊵ PROGRAM 2 | ㊴ PROGRAM 2 | ㊳ PROGRAM 2 |
|---|---|---|
| 動 心配する | 形 本当の | 名 困りごと |
| 試験の心配をする | 実話 | 困っている |

| ㊸ Power-Up 1 | ㊷ Power-Up 1 | ㊶ Power-Up 1 |
|---|---|---|
| 副 あとで，後に | 名 度（温度の単位） | 名 コート |
| それじゃ，あとでね。 | 30度 | コートを着ている |

| ㊻ Power-Up 1 | ㊺ Power-Up 1 | ㊹ Power-Up 1 |
|---|---|---|
| 名 温度，気温 | 名 レインコート | 形 低い |
| 室温 | レインコートを着る | 安価 |

**47** Power-Up 1

windy

a windy day

**48** Power-Up 2

Could you ~ ?

Could you help me?

**49** Power-Up 2

late

I will be late.

**50** Power-Up 2

may

May I come in?

**51** Power-Up 2

maybe

Maybe you're right.

**52** Power-Up 2

meeting

have a meeting

**53** Power-Up 2

moment

Just a moment, please.

**54** Power-Up 2

wrong

a wrong answer

**55** PROGRAM 3

actor

a famous actor

**56** PROGRAM 3

character

the main character

**57** PROGRAM 3

each

each chair

**58** PROGRAM 3

expensive

an expensive bag

**59** PROGRAM 3

farm

a farm worker

**60** PROGRAM 3

future

in the future

**61** PROGRAM 3

healthy

healthy food

**62** PROGRAM 3

instead

drink tea instead of coffee

**63** PROGRAM 3

machine

a useful machine

**64** PROGRAM 3

present

give a present

**65** PROGRAM 3

racket

a tennis racket

**66** PROGRAM 3

soil
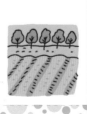

rich soil

**67** PROGRAM 3

taste

have a sweet taste

**68** PROGRAM 3

voice

beautiful voice

**69** Steps 2

tall

a tall man

**70** Steps 2

tower

Tokyo Tower

教科書ぴったりトレーニング　英語2年　開隆堂版　付録　③表

形 遅れた，遅い

遅くなります。

助 ～していただけませんか。

手伝っていただけませんか。

形 風の強い

風の強い日

名 会合，集まり

会議を開く

副 たぶん，おそらく

たぶんきみの言うとおりだ。

助 ～してよい

入ってもよいですか。

名 役者

有名な役者

形 間違っている

間違っている解答

名 少しの間，一瞬

少々お待ちください。

形 高価な，高い

高価なバッグ

形 それぞれの

それぞれのいす

名 登場人物

主人公

形 健康に良い

健康食品

名 未来，将来

将来

名 農場

農場労働者

名 プレゼント

プレゼントをあげる

名 機具，機械

役に立つ機械

副 その代わりに

コーヒーの代わりに紅茶を飲む

名 味わい，風味

甘い味がする

名 土

肥えた土

名 ラケット

テニスラケット

名 塔，タワー

東京タワー

形 背の高い

背の高い男の人

名 声

美しい声

**71** Our project 4

## among

among the people

**72** Our project 4

## cookie

eat a cookie

**73** Our project 4

## sky

the blue sky

**74** Our project 4

## spot

a camping spot

**75** Our project 4

## tourist

a group of tourists

**76** Reading 1

## clothes

change his clothes

**77** Reading 1

## decide

decide to buy a car

**78** Reading 1

## die

die in a battle

**79** Reading 1

## door

open the door

**80** Reading 1

## drop

drop my cup

**81** Reading 1

## ground

sit on the ground

**82** Reading 1

## happen

What happened?

**83** Reading 1

## heart

a kind heart

**84** Reading 1

## himself

by himself

**85** Reading 1

## line

a long line

**86** Reading 1

## neighbor

our neighbors

**87** Reading 1

## out

go out

**88** Reading 1

## run

ran-run

ran fast

**89** Reading 1

## shout

Please don't shout.

**90** Reading 1

## sick

sick in bed

**91** Reading 1

## sink

sank-sunk

A ship is sinking.

**92** Reading 1

## smoke

smoke from the kitchen

**93** Reading 1

## someone

someone at the window

**94** Reading 1

## steal

stole-stolen

steal the bag

| 73 Our project 4 | 72 Our project 4 | 71 Our project 4 |
|---|---|---|
| 名 空 | 名 クッキー | 前 ～の間で，～の中で |
| 青い空 | クッキーを食べる | 人々の間で |

| 76 Reading 1 | 75 Our project 4 | 74 Our project 4 |
|---|---|---|
| 名 衣服 | 名 旅行者 | 名 地点，場所 |
| 着替える | 旅行者の一団 | キャンプに適した場所 |

| 79 Reading 1 | 78 Reading 1 | 77 Reading 1 |
|---|---|---|
| 名 ドア | 動 死ぬ | 動 決定する |
| ドアを開ける | 戦死する | 車を買うことを決める |

| 82 Reading 1 | 81 Reading 1 | 80 Reading 1 |
|---|---|---|
| 動 起こる | 名 地面 | 動 落とす |
| どうしましたか？ | 地面にすわる | カップを落とす |

| 85 Reading 1 | 84 Reading 1 | 83 Reading 1 |
|---|---|---|
| 名 列 | 代 彼自身 | 名 心 |
| 長い列 | 彼ひとりで | やさしい心 |

| 88 Reading 1 | 87 Reading 1 | 86 Reading 1 |
|---|---|---|
| 動 走る | 副 外へ［に］ | 名 隣人 |
| 早く走った | 外へ出かける | 私たちの隣人 |

| 91 Reading 1 | 90 Reading 1 | 89 Reading 1 |
|---|---|---|
| 動 沈む | 形 病気の | 動 叫ぶ |
| 船が沈んでいる。 | 病気で寝ている | 大声を出さないで。 |

| 94 Reading 1 | 93 Reading 1 | 92 Reading 1 |
|---|---|---|
| 動 盗む | 代 だれか | 名 煙 |
| カバンを盗む | 窓際にいるだれか | 台所からの煙 |

**95** Reading 1

### strange

a strange dream

**96** Reading 1

### teeth

brush my teeth

**97** Reading 1

### think

thought-thought

I thought he was cool.

**98** Reading 1

### weakly

sit down weakly

**99** Word Web 2

### narrow

a narrow street

**100** Word Web 2

### wide

a wide river

**101** PROGRAM 4

### able

be able to swim fast

**102** PROGRAM 4

### agriculture

be interested in agriculture

**103** PROGRAM 4

### as

This cup is as big as mine.

**104** PROGRAM 4

### bee

a small bee

**105** PROGRAM 4

### boring

a boring story

**106** PROGRAM 4

### carry

carry a box

**107** PROGRAM 4

### centimeter

twelve centimeters

**108** PROGRAM 4

### coin

small coins

**109** PROGRAM 4

### company

company rules

**110** PROGRAM 4

### creature

the life of creatures

**111** PROGRAM 4

### enter

enter a park

**112** PROGRAM 4

### friendship

a close friendship

**113** PROGRAM 4

### give

gave-given

give a present

**114** PROGRAM 4

### hate

hate tomatoes

**115** PROGRAM 4

### health

in good health

**116** PROGRAM 4

### leaf

Leaves fall.

**117** PROGRAM 4

### lid

open a lid

**118** PROGRAM 4

### loud

loud voice

| 97 Reading 1 | 96 Reading 1 | 95 Reading 1 |
|---|---|---|
| 動 考える | 名 歯 | 形 奇妙な |
| 彼がかっこいいと思った。 | 歯を磨く | 奇妙な夢 |

| 100 Word Web 2 | 99 Word Web 2 | 98 Reading 1 |
|---|---|---|
| 形 広い | 形 狭い | 副 弱々しく |
| 幅の広い川 | 狭い通り | 弱々しく座り込む |

| 103 PROGRAM 4 | 102 PROGRAM 4 | 101 PROGRAM 4 |
|---|---|---|
| 副 (as…as〜の形で)〜と同じくらい | 名 農業 | 形 〜ができる |
| このカップは私のカップと同じくらい大きい。 | 農業に興味がある | 速く泳ぐことができる |

| 106 PROGRAM 4 | 105 PROGRAM 4 | 104 PROGRAM 4 |
|---|---|---|
| 動 運ぶ | 形 退屈な | 名 ハチ |
| 箱を運ぶ | 退屈な物語 | 小さなハチ |

| 109 PROGRAM 4 | 108 PROGRAM 4 | 107 PROGRAM 4 |
|---|---|---|
| 名 会社 | 名 硬貨 | 名 センチメートル |
| 会社の規則 | 小銭 | 12センチメートル |

| 112 PROGRAM 4 | 111 PROGRAM 4 | 110 PROGRAM 4 |
|---|---|---|
| 名 友情，親交 | 動 入る | 名 生物 |
| 親密な友情 | 公園に入る | 生物の命 |

| 115 PROGRAM 4 | 114 PROGRAM 4 | 113 PROGRAM 4 |
|---|---|---|
| 名 健康 | 動 嫌う | 動 与える |
| 健康で | トマトを嫌う | プレゼントを渡す |

| 118 PROGRAM 4 | 117 PROGRAM 4 | 116 PROGRAM 4 |
|---|---|---|
| 形 (音，声が)大きな | 名 ふた | 名 葉 |
| 大きな声 | ふたをあける | 葉が落ちる。 |

教科書ぴったりトレーニング 英語2年 開隆堂版 付録 ⑤裏

119 PROGRAM 4

## money

a lot of money

120 PROGRAM 4

## more

more interesting

121 PROGRAM 4

## most

the most popular song

122 PROGRAM 4

## noise

a terrible noise

123 PROGRAM 4

## plant

grow a plant

124 PROGRAM 4

## rainbow

a beautiful rainbow

125 PROGRAM 4

## search

Internet search

126 PROGRAM 4

## smartphone

use my smartphone

127 PROGRAM 4

## solve

solve a problem

128 PROGRAM 4

## space

large space

129 PROGRAM 4

## than

taller than this building

130 PROGRAM 4

## without

without a word

131 PROGRAM 5

## action

take action

132 PROGRAM 5

## alone

travel alone

133 PROGRAM 5

## arm

the arms of a robot

134 PROGRAM 5

## become
became–become

become a nurse

135 PROGRAM 5

## blame

blame my son

136 PROGRAM 5

## chocolate

a chocolate cake

137 PROGRAM 5

## daughter

two daughters

138 PROGRAM 5

## excited

excited people

139 PROGRAM 5

## glad

glad to see you

140 PROGRAM 5

## goods

sports goods

141 PROGRAM 5

## importance

the importance of energy

142 PROGRAM 5

## kindly

He kindly helped me.

| ⑫ PROGRAM 4 | ⑫ PROGRAM 4 | ⑪ PROGRAM 4 |
|---|---|---|
| 圖 もっとも | 圖 もっと | 名 金，通貨 |
| もっとも人気のある歌 | もっとおもしろい | たくさんのお金 |

| ⑫ PROGRAM 4 | ⑫ PROGRAM 4 | ⑫ PROGRAM 4 |
|---|---|---|
| 名 虹 | 名 植物 | 名 騒音 |
| 美しい虹 | 植物を育てる | ひどい音 |

| ⑫ PROGRAM 4 | ⑫ PROGRAM 4 | ⑫ PROGRAM 4 |
|---|---|---|
| 動 解決する | 名 スマートフォン | 名 探索 |
| 問題を解決する | スマートフォンを使う | インターネット検索 |

| ⑬ PROGRAM 4 | ⑫ PROGRAM 4 | ⑫ PROGRAM 4 |
|---|---|---|
| 前 ～なしで | 接前 ～よりも | 名 空間 |
| 無言で | この建物よりも高い | 広い空間 |

| ⑬ PROGRAM 5 | ⑬ PROGRAM 5 | ⑬ PROGRAM 5 |
|---|---|---|
| 名 腕 | 圖 ひとりで | 名 行動 |
| ロボットの腕 | ひとりで旅行する | 行動を起こす |

| ⑬ PROGRAM 5 | ⑬ PROGRAM 5 | ⑬ PROGRAM 5 |
|---|---|---|
| 名 チョコレート | 動 とがめる, 責める, 非難する | 動 ～になる |
| チョコレートケーキ | 息子を非難する | 看護師になる |

| ⑬ PROGRAM 5 | ⑬ PROGRAM 5 | ⑬ PROGRAM 5 |
|---|---|---|
| 形 うれしい | 形 興奮した | 名 娘 |
| あなたに会えてうれしい | 興奮した人々 | 2人の娘 |

| ⑭ PROGRAM 5 | ⑭ PROGRAM 5 | ⑭ PROGRAM 5 |
|---|---|---|
| 圖 親切に | 名 重要性 | 名 商品，品物 |
| 彼は親切にも助けてくれた。 | エネルギーの大切さ | スポーツ用品 |

**143** PROGRAM 5

# lend

lent–lent

lend money

**144** PROGRAM 5

# lonely

feel lonely

**145** PROGRAM 5

# meter

ten meters tall

**146** PROGRAM 5

# mistake

make a mistake

**147** PROGRAM 5

# package

send a package

**148** PROGRAM 5

# remember

remember her

**149** PROGRAM 5

# score

a low score

**150** PROGRAM 5

# son

my son

**151** PROGRAM 5

# story

an amazing story

**152** PROGRAM 5

# sweaty

I was very sweaty.

**153** PROGRAM 5

# teach

taught–taught

taught English

**154** PROGRAM 5

# treat

treat animals kindly

**155** PROGRAM 5

# unicycle

ride a unicycle

**156** PROGRAM 5

# while

while you are out

**157** Power-Up 3

# else

Anything else?

**158** Power-Up 3

# order

order food

**159** Power-Up 3

# ready

get breakfast ready

**160** PROGRAM 6

# award

win an award

**161** PROGRAM 6

# castle

an old castle

**162** PROGRAM 6

# celebrate

celebrate his birthday

**163** PROGRAM 6

# cover

be covered with snow

**164** PROGRAM 6

# dedicate

I dedicate this miusic to you.

**165** PROGRAM 6

# fight

fought–fought

fight for freedom

**166** PROGRAM 6

# greatly

be greatly surprised

| 145 PROGRAM 5 | 144 PROGRAM 5 | 143 PROGRAM 5 |
|---|---|---|
| 名 メートル | 形 ひとりぼっちの | 動 貸す |
| 高さ10m | 孤独に感じる | お金を貸す |

| 148 PROGRAM 5 | 147 PROGRAM 5 | 146 PROGRAM 5 |
|---|---|---|
| 動 覚えている | 名 包み | 名 間違い |
| 彼女を覚えている | 小包を送る | 間違える |

| 151 PROGRAM 5 | 150 PROGRAM 5 | 149 PROGRAM 5 |
|---|---|---|
| 名 話，物語 | 名 息子 | 名 得点，成績 |
| びっくりするような話 | 私の息子 | 低い点数 |

| 154 PROGRAM 5 | 153 PROGRAM 5 | 152 PROGRAM 5 |
|---|---|---|
| 動 扱う | 動 教える | 形 汗をかいた |
| 動物を優しく扱う | 英語を教えた | 私はとても汗をかいた。 |

| 157 Power-Up 3 | 156 PROGRAM 5 | 155 PROGRAM 5 |
|---|---|---|
| 副 ほかに［の］ | 接 ～する間に | 名 一輪車 |
| ほかに何か？ | あなたが出かけている間に | 一輪車に乗る |

| 160 PROGRAM 6 | 159 Power-Up 3 | 158 Power-Up 3 |
|---|---|---|
| 名 賞 | 形 用意ができた | 動 注文する |
| 賞を受賞する | 朝食の用意をする | 料理を注文する |

| 163 PROGRAM 6 | 162 PROGRAM 6 | 161 PROGRAM 6 |
|---|---|---|
| 動 おおう | 動 祝う | 名 城 |
| 雪におおわれている | 彼の誕生日を祝う | 古いお城 |

| 166 PROGRAM 6 | 165 PROGRAM 6 | 164 PROGRAM 6 |
|---|---|---|
| 副 大いに | 動 たたかう | 動 ささげる |
| 非常に驚く | 自由のためにたたかう | 私はこの音楽をあなたにささげる。 |

**167** PROGRAM 6

## holiday

a national holiday

**168** PROGRAM 6

## influence

influence young artists

**169** PROGRAM 6

## issue

global issues

**170** PROGRAM 6

## kitchen

cook in the kitchen

**171** PROGRAM 6

## know

knew-known

This singer is known to everyone.

**172** PROGRAM 6

## lock

be locked up in the room

**173** PROGRAM 6

## message

leave a message

**174** PROGRAM 6

## million

several million dollars

**175** PROGRAM 6

## paint

paint a picture

**176** PROGRAM 6

## political

a political leader

**177** PROGRAM 6

## president

President of the United States

**178** PROGRAM 6

## respect

show respect

**179** PROGRAM 6

## see

saw-seen

It's seen in the kitchen.

**180** PROGRAM 6

## sell

sold-sold

sell flowers

**181** PROGRAM 6

## stationery

buy stationery

**182** PROGRAM 6

## tackle

tackle this difficult task

**183** PROGRAM 6

## through

through the door

**184** PROGRAM 6

## wood

made of wood

**185** PROGRAM 6

## write

wrote-written

written by her

**186** PROGRAM 6

## yummy

It's yummy.

**187** Steps 3

## scientist

a great scientist

**188** Our Project 5

## afraid

be afraid of dogs

**189** Our Project 5

## challenge

I challenge myself.

**190** Our Project 5

## choose

chose-chosen

choose a present

| 169 PROGRAM 6 | 168 PROGRAM 6 | 167 PROGRAM 6 |
|---|---|---|
| 名 問題 | 動 影響を及ぼす | 名 休日 |
| 世界的な問題 | 若い芸術家に影響を及ぼす | 祝日 |

| 172 PROGRAM 6 | 171 PROGRAM 6 | 170 PROGRAM 6 |
|---|---|---|
| 動 閉じこめる | 動 知る | 名 台所, キッチン |
| その部屋に閉じこめられる | この歌手はみんなに知られている。 | キッチンで料理をする |

| 175 PROGRAM 6 | 174 PROGRAM 6 | 173 PROGRAM 6 |
|---|---|---|
| 動 (絵の具で) 描く | 名 100万 | 名 伝言 |
| 絵を描く | 数百万ドル | 伝言を残す |

| 178 PROGRAM 6 | 177 PROGRAM 6 | 176 PROGRAM 6 |
|---|---|---|
| 名 尊敬, 敬意 | 名 大統領 | 形 政治的な |
| 敬意を表す | アメリカの大統領 | 政治的指導者 |

| 181 PROGRAM 6 | 180 PROGRAM 6 | 179 PROGRAM 6 |
|---|---|---|
| 名 文房具 | 動 売る | 動 見る |
| 文房具を買う | 花を売る | それは, キッチンで見られる。 |

| 184 PROGRAM 6 | 183 PROGRAM 6 | 182 PROGRAM 6 |
|---|---|---|
| 名 木材 | 前 ～をとおして | 動 ～に取り組む |
| 木でできた | ドアをとおって | この難しい問題に取り組む |

| 187 Steps 3 | 186 PROGRAM 6 | 185 PROGRAM 6 |
|---|---|---|
| 名 科学者 | 形 おいしい | 動 書く |
| 偉大な科学者 | おいしいですね。 | 彼女によって書かれた |

| 190 Our Project 5 | 189 Our Project 5 | 188 Our Project 5 |
|---|---|---|
| 動 選ぶ | 動 挑戦する | 形 恐れている |
| プレゼントを選ぶ | 私は挑戦する。 | イヌを恐れる |

191 Our Project 5
**fail**

fail an exam

192 Our Project 5
**failure**

learn from failure

193 Our Project 5
**inventor**

the greatest inventor

194 Our Project 5
**keep**
kept-kept
keep talking

195 Our Project 5
**positive**

positive about everything

196 Our Project 5
**practical**

a practical lesson

197 Our Project 5
**sleep**
slept-slept
slept in the bed

198 Our Project 5
**such**

such as computer and phone

199 Our Project 5
**worker**

hard worker

200 Reading 2
**above**

the sun above us

201 Reading 2
**airport**

an international airport

202 Reading 2
**between**

between the trees

203 Reading 2
**border**

across border

204 Reading 2
**coast**

at the coast

205 Reading 2
**continue**

continue a trip

206 Reading 2
**dead**

dead flowers

207 Reading 2
**earthquake**

a big earthquake

208 Reading 2
**fly**
flew-flown
flew to New York

209 Reading 2
**hit**
hit-hit
hit a town

210 Reading 2
**however**

It looks like "l". However, it's "I".

211 Reading 2
**land**

land on the moon

212 Reading 2
**meet**
met-met
met a strong wind

213 Reading 2
**nearby**

the nearby station

214 Reading 2
**return**
return home

名 発明家

もっとも偉大な発明家

名 失敗

失敗から学ぶ

動 失敗する

試験に落ちる

形 実用的な

実用的なレッスン

形 前向きな，肯定的な

あらゆることに前向きである

動 続ける

話し続ける

名 労働者，勉強をするひと

努力家

形 そのような

例えばコンピューターや電話など

動 眠る

ベッドで眠った

前 〜の間に

木と木の間に

名 空港

国際空港

前 〜の上に［の］

わたしたちの上にある太陽

動 続ける

旅を続ける

名 海岸

海岸で

名 国境

国境を越えて

動 飛ぶ

ニューヨークに飛んだ

名 地震

大きな地震

形 死んでいる

枯れた花

動 着陸する

月に着陸する

副 しかし

「エル」のように見えるが「アイ」だ。

動 打撃を与える

町に打撃を与える

動 戻る，帰る

家に戻る

形 近くの

最寄り駅

動 遭遇する，会う

強風にあった

215 Reading 2

**suddenly**

stop suddenly

216 Reading 2

**survivor**

a single survivor

217 Reading 2

**typhoon**

A typhoon is coming.

218 Reading 2

**understand**

understood-understood

understand Spanish

219 Reading 2

**village**

a mountain village

220 Reading 2

**war**

during the war

221 Word Web 4

**along**

along the river

222 Word Web 4

**behind**

behind the tree

223 PROGRAM 7

**already**

It's already ten o'clock.

224 PROGRAM 7

**attract**

The show attracted children.

225 PROGRAM 7

**bowl**

a bowl of rice

226 PROGRAM 7

**catch**

caught-caught

caught fish

227 PROGRAM 7

**eat**

ate-eaten

I have eaten sushi before.

228 PROGRAM 7

**ending**

a bad ending

229 PROGRAM 7

**ever**

Have you ever been to France?

230 PROGRAM 7

**foreign**

a foreign language

231 PROGRAM 7

**hear**

heard-heard

heard the song

232 PROGRAM 7

**novel**

read a novel

233 PROGRAM 7

**part**

Music is a part of my life.

234 PROGRAM 7

**pop**

pop culture

235 PROGRAM 7

**professional**

a professional player

236 PROGRAM 7

**similar**

similar in age

237 PROGRAM 7

**situation**

in a difficult situation

238 PROGRAM 7

**twice**

twice a week

| | | |
|---|---|---|
| ㉗ Reading 2<br><br>⑧ 台風<br><br>台風が来る。 | ㉖ Reading 2<br><br>⑧ 生存者<br><br>唯一の生存者 | ㉕ Reading 2<br><br>⑧ 突然，急に<br><br>急停止する |
| ㉚ Reading 2<br><br>⑧ 戦争<br><br>戦争中に | ㉙ Reading 2<br><br>⑧ 村<br><br>山村 | ㉘ Reading 2<br><br>⑩ 理解する<br><br>スペイン語を理解する |
| ㉓ PROGRAM 7<br><br>⑩ すでに<br><br>すでに10時です。 | ㉒ Word Web 4<br><br>⑱ ～のうしろに<br><br>木のうしろに | ㉑ Word Web 4<br><br>⑱ ～に沿って<br><br>川に沿って |
| ㉖ PROGRAM 7<br><br>⑩ 捕まえる<br><br>魚を捕まえた | ㉕ PROGRAM 7<br><br>⑧ わん，どんぶり<br><br>1杯のご飯 | ㉔ PROGRAM 7<br><br>⑩ 引きつける<br><br>ショーは子どもたちを引きつけた。 |
| ㉙ PROGRAM 7<br><br>⑩ これまでに<br><br>これまでにフランスに行ったことがありますか。 | ㉘ PROGRAM 7<br><br>⑧ 結末<br><br>バッドエンド | ㉗ PROGRAM 7<br><br>⑩ 食べる<br><br>寿司を以前に食べたことがある。 |
| ㉜ PROGRAM 7<br><br>⑧ 小説<br><br>小説を読む | ㉛ PROGRAM 7<br><br>⑩ 聞く<br><br>歌が聞こえた | ㉚ PROGRAM 7<br><br>⑱ 外国の<br><br>外国語 |
| ㉟ PROGRAM 7<br><br>⑱ プロの<br><br>プロの選手 | ㉞ PROGRAM 7<br><br>⑱ 大衆向きの<br><br>大衆文化 | ㉝ PROGRAM 7<br><br>⑧ 部分<br><br>音楽は私の生活の一部です。 |
| ㊳ PROGRAM 7<br><br>⑩ 2回，2度<br><br>週に2回 | ㊲ PROGRAM 7<br><br>⑧ 状況，情勢<br><br>難しい状況で | ㊱ PROGRAM 7<br><br>⑱ 類似した<br><br>同じような年齢である |

**239** PROGRAM 7

# unusual

an unusual animal

**240** PROGRAM 7

# wing

a bird's wings

**241** PROGRAM 7

# word

the meaning of a word

**242** PROGRAM 7

# yet

haven't had lunch yet

**243** Steps 4

# breeze

a cool breeze

**244** Steps 4

# pancake

make a pancake

**245** Steps 4

# paper

a paper cup

**246** Steps 4

# piece

a piece of meat

**247** Steps 4

# plastic

a plastic bag

**248** Steps 4

# repeatedly

listen to music repeatedly

**249** Steps 4

# square

a square cloth

**250** Steps 4

# wrap

wrap a present

**251** Power-Up 4

# attention

Attention, please!

**252** Power-Up 4

# cancel

cancel a trip

**253** Power-Up 4

# due to

due to rain

**254** Power-Up 4

# passenger

a passenger train

**255** PROGRAM 8

# absolutely

You're absolutely right.

**256** PROGRAM 8

# atomic

an atomic bomb

**257** PROGRAM 8

# burn

burn paper

**258** PROGRAM 8

# cost

How much does it cost?

**259** PROGRAM 8

# environment

the natural environment

**260** PROGRAM 8

# fold

fold origami

**261** PROGRAM 8

# neither

Me neither

**262** PROGRAM 8

# pass

pass away

| 241 PROGRAM 7 | 240 PROGRAM 7 | 239 PROGRAM 7 |
|---|---|---|
| 名 ことば | 名 翼 | 形 めずらしい, ふつうでない |
| ことばの意味 | 鳥の翼 | めずらしい動物 |

| 244 Steps 4 | 243 Steps 4 | 242 PROGRAM 7 |
|---|---|---|
| 名 パンケーキ | 名 そよ風 | 副 [疑問文で] もう, [否定文で] まだ |
| パンケーキを作る | 涼しいそよ風 | まだ昼食を食べていない |

| 247 Steps 4 | 246 Steps 4 | 245 Steps 4 |
|---|---|---|
| 形 プラスチックの | 名 1つ, 1枚 | 形 紙の |
| ポリ袋 | 肉一切れ | 紙コップ |

| 250 Steps 4 | 249 Steps 4 | 248 Steps 4 |
|---|---|---|
| 動 包む | 形 正方形の, 四角の | 副 繰り返して |
| プレゼントを包装する | 四角い布 | 繰り返して音楽を聴く |

| 253 Power-Up 4 | 252 Power-Up 4 | 251 Power-Up 4 |
|---|---|---|
| 形 (due to ～で) ～のせいで | 動 ～を取り消す | 名 注意 |
| 雨のせいで | 旅行をキャンセルする | ちょっとお聞きください。 |

| 256 PROGRAM 8 | 255 PROGRAM 8 | 254 Power-Up 4 |
|---|---|---|
| 形 原子の | 副 (Absolutely.で) 全くそのとおり | 名 乗客, 旅客 |
| 原子爆弾 | まったくそのとおりです。 | 旅客列車 |

| 259 PROGRAM 8 | 258 PROGRAM 8 | 257 PROGRAM 8 |
|---|---|---|
| 名 環境 | 動 (費用が) かかる | 動 燃やす |
| 自然環境 | いくらかかりますか。 | 紙を燃やす |

| 262 PROGRAM 8 | 261 PROGRAM 8 | 260 PROGRAM 8 |
|---|---|---|
| 動 (人が) 死ぬ | 副 ～もまた…ない | 動 折る |
| 亡くなる | 私もいりません。 | おりがみを折る |

**263** PROGRAM 8

## peace
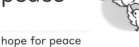
hope for peace

**264** PROGRAM 8

## receive

receive a letter

**265** PROGRAM 8

## recycle

recycle bottles

**266** PROGRAM 8

## souvenir

a souvenir shop

**267** Steps 5

## agree

agree with her idea

**268** Steps 5

## sweat

sweat a lot

**269** Our Project 6

## contest

win a contest

**270** Our Project 6

## fact

new fact

**271** Our Project 6

## nervous

get nervous

**272** Our Project 6

## prize

win a prize

**273** Word Web 5

## ambulance

call an ambulance

**274** Word Web 5

## subway

take a subway

**275** Reading 3

## anyone

Don't tell anyone about it.

**276** Reading 3

## arrive

arrive at school

**277** Reading 3

## ask

ask for help

**278** Reading 3

## government

Japanese government

**279** Reading 3

## inner

an inner pocket

**280** Reading 3

## introduce

introduce myself

**281** Reading 3

## life

save lives

**282** Reading 3

## limit

Time is limited.

**283** Reading 3

## obey

obey the rule

**284** Reading 3

## quit
quit-quit

quit a club

**285** Reading 3

## safe

a safe place

**286** Reading 3

## tear

in tears

教科書ぴったりトレーニング　英語2年　開隆堂版　付録　⑫裏

265 PROGRAM 8

動 再生利用する

びんをリサイクルする

264 PROGRAM 8

動 受けとる

手紙を受けとる

263 PROGRAM 8

名 平和

平和を願う

268 Steps 5

動 汗をかく

たくさん汗をかく

267 Steps 5

動 同意する

彼女の考えに賛成する

266 PROGRAM 8

名 みやげ

おみやげ屋さん

271 Our Project 6

形 不安な

緊張する

270 Our Project 6

名 事実

新事実

269 Our Project 6

名 コンクール

コンクールで優勝する

274 Word Web 5

名 地下鉄

地下鉄に乗る

273 Word Web 5

名 救急車

救急車を呼ぶ

272 Our Project 6

名 賞

受賞する

277 Reading 3

動 求める

助けを求める

276 Reading 3

動 到着する

学校に着く

275 Reading 3

代 (否定文で) だれも～ない

それはだれにも言わないでくれ。

280 Reading 3

動 紹介する

自己紹介する

279 Reading 3

形 内なる

内ポケット

278 Reading 3

名 政府

日本政府

283 Reading 3

動 従う

規則に従う

282 Reading 3

動 限る，制限する

時間は限られている。

281 Reading 3

名 命

命を救う

286 Reading 3

名 涙

涙を流して

285 Reading 3

形 無事な

安全な場所

284 Reading 3

動 やめる

部［クラブ］をやめる

# 目次

■ 成績アップのための学習メソッド　▶ 2 ～ 5

■ 学習内容

# 成績アップのための学習メソッド

## ぴたトレ1
### 要点チェック

教科書の基礎内容についての理解を深め，基礎学力を定着させます。

- 教科書で扱われている文法事項の解説をしています。
- 新出単語を和訳・英訳ともに掲載しています。
- 重要文をもとにした基礎的な問題を解きます。

**問題を解くペース**
英語は問題を解く時間が足りなくなりやすい教科。普段の学習から解く時間を常に意識しよう！

**「ナルホド！」で文法を復習**
最初に取り組むときは必ず読もう！

**Words & Phrases**
単語や熟語のチェックをしよう。
ここに載っている単語は必ず押さえよう！

**注目！**
**⚠ミスに注意**
**テストによく出る！**
テストで狙われやすい，ミスしやすい箇所が一目でわかるよ！

## 学習メソッド

**STEP0** 学校の授業を受ける

**STEP1** ぴたトレ1を解く
ナルホド！も読んで，基礎をおさらいしよう。

**STEP2** 解答解説で丸付け
間違えた問題にはチェックをつけて，何度もやり直そう。

**STEP3** 別冊mini bookで確認
単語や基本文を繰り返し読んで覚えよう。

**STEP4** 得点UPポイントを確認
「注目！」「ミスに注意！」「テストによく出る！」を確認してから，ぴたトレ2に進もう。

時間のないときは「ナルホド」を読んでから，「注目！」「ミスに注意！」「テストによく出る！」を確認しよう！これだけで最低限のポイントが抑えられるよ！

リー子

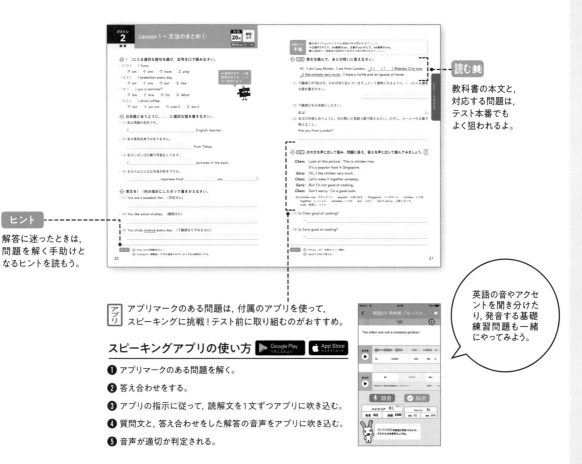

# ぴたトレ2

**練習**

より実践的な内容に取り組みます。
また，専用アプリを使ってスピーキングの練習をします。

- 教科書の文章を読み，内容をしっかり把握します。
- スピーキング問題を解いて，答え合わせをし，文章と解答を音声アプリに吹き込みます。
  （アプリは「おんトレ」で検索し，インストールしてご利用ください。ご利用に必要なコードはカバーの折り返しにあります）

**読む** 📖
教科書の本文と，
対応する問題は，
テスト本番でも
よく狙われるよ。

**ヒント**
解答に迷ったときは，
問題を解く手助けと
なるヒントを読もう。

英語の音やアクセ
ントを聞き分けた
り，発音する基礎
練習問題も一緒
にやってみよう。

**アプリ** アプリマークのある問題は，付属のアプリを使って，
スピーキングに挑戦！テスト前に取り組むのがおすすめ。

## スピーキングアプリの使い方 [Google Play] [App Store]

❶ アプリマークのある問題を解く。

❷ 答え合わせをする。

❸ アプリの指示に従って，読解文を1文ずつアプリに吹き込む。

❹ 質問文と，答え合わせをした解答の音声をアプリに吹き込む。

❺ 音声が適切か判定される。

## 学習メソッド

**STEP1** ぴたトレ2を解く

**STEP2** 解答・解説を見て答え合わせをする

**STEP3** アプリを使って，スピーキング問題を解く

わからない単語や
知らない単語が
あるときはお手本
を聞いてまねして
みよう！

ター坊

# 成績アップのための 学習メソッド

## ぴたトレ**3**
### 確認テスト

テストで出題されやすい文法事項，教科書の内容をさらに深める
オリジナルの読解問題を掲載しています。

- 学習した文法や単語の入ったオリジナルの文章を載せています。
  初めて読む文章に対応することで，テスト本番に強くなります。
- 「よく出る」「差がつく」「点UP」で，重要問題が一目でわかります。

**発音問題も
チェック！**

発音・アクセント
問題も掲載！
何度も声に出し
て読んで発音を
意識しよう。

**オリジナル長文に
挑戦！**

ぴたトレ1や2で学習
した文法を基にした
長文が出題されるよ。
初めて見る文章にも
強くなろう。

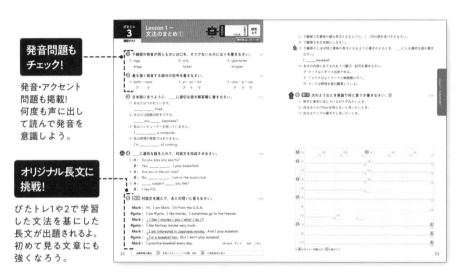

**4技能マークに注目！**

4技能に対応！
このマークがついている
問題は要チェック！

※「聞く」問題は，巻末のリ
スニングに掲載していま
す。

**繰り返し練習しよう！**

ポイントとなる問題は繰り
返し練習して，テストでも
解けるようにしよう！

## 学習メソッド

**STEP1** ぴたトレ3を解く
テスト本番3日前になったら時間を計って解いてみよう。

**STEP2** 解答解説を読む
英作文には採点ポイントが示されているよ。
できなかった部分をもう一度見直そう。

**STEP3** 定期テスト予想問題を解く
巻末にあるテスト対策問題を解いて最後のおさらいをしよう。

**STEP4** 出題傾向を読んで，苦手な箇所をおさらいしよう
定期テスト予想問題の解答解説には出題傾向が載っているよ。
テストでねらわれやすい箇所をもう一度チェックしよう。

ぴたトレ3には
「観点別評価」
も示されてるよ！
これなら内申点
も意識できるね！

ピー助

定期テスト直前に解くことを意識した, 全5回の実力テスト問題です。

● 長文問題を解くことを通して, 解答にかかる時間のペースを意識しましょう。

## 観点別評価

本書では,

「言語や文化についての知識・技能」

「外国語表現の能力」

の2つの観点を取り上げ, 成績に結び付くようにしています。

| リスニング | 文法ごとにその学年で扱われやすいリスニング問題を掲載しています。どこでも聞けるアプリに対応! | 英作文 | やや難易度の高い英作文や, 表やグラフなどを見て必要な情報を英文で説明する問題を掲載しています。 |

● リスニング問題はくりかえし聞いて, 耳に慣れるようにしておきましょう。

※一部標準的な問題を出題している箇所があります。(教科書非準拠)。

※リスニングには「ポケットリスニング」のアプリが必要です。

(使い方は表紙の裏をご確認ください。)

● 学年末や, 入試前の対策にぴったりです。

● 難しいと感じる場合は, 解答解説の 英作力 UP↗ を読んでから挑戦してみましょう。

# [ ぴたトレが支持される **3** つの理由!! ]

## 1

### 35年以上続く超ロングセラー商品

昭和59年の発刊以降, 教科書改訂にあわせて教材の質を高め, 多くの中学生に使用されてきた実績があります。

## 2

### 教科書会社が制作する唯一の教科書準拠問題集

教科書会社の編集部が問題集を作成しているので, 授業の進度にあわせた予習・復習にもぴったり対応しています。

## 3

### 日常学習~定期テスト対策まで完全サポート

部活などで忙しくても効率的に取り組むことで, テストの点数はもちろん, 成績・内申点アップも期待できます。

ぴたトレ
**1**
要点チェック

# PROGRAM 1
## Start of a New School Year 1

時 間
**15分**

解答
p.1

〈新出語・熟語 別冊p.6〉

教科書の
重要ポイント　**未来表現　be going to**　〔教科書 pp.8 〜 10・15〕

**I am going to see Mr. Sato this afternoon.** 〔私は今日の午後にサトウさんに会う予定です。〕
└→〈be going to＋動詞の原形〉

・「〜する予定です」＝〈be going to＋動詞の原形〉
・be動詞は主語に合わせて形を変える。

\ナルホド!/

**Are you going to see Mr. Sato this afternoon?** 〔あなたは今日の午後にサトウさんに会う予定ですか。〕

**— Yes, I am.** 〔はい, そうです。〕／**No, I'm not.** 〔いいえ, ちがいます。〕
→ be動詞を使って答える

| 肯定文 | You are going to see Mr. Sato this afternoon. |
|---|---|

be動詞を主語の前に出す

| 疑問文 | Are you going to see Mr. Sato this afternoon? |
|---|---|

\ナルホド!/

**I am not going to see Mr. Sato this afternoon.**

〔私は今日の午後, サトウさんに会う予定ではありません。〕

| 肯定文 | I am 　　　 going to see Mr. Sato this afternoon. |
|---|---|

be動詞のあとにnotを置く

| 否定文 | I am not going to see Mr. Sato this afternoon. |
|---|---|

\ナルホド!/

**Words & Phrases**　次の日本語は英語に, 英語は日本語にしなさい。

□(1) pleasure 　（　　　　　　　）　　□(5) 引っ越す 　＿＿＿＿＿＿＿

□(2) farewell 　（　　　　　　　）　　□(6) 何も〜ない 　＿＿＿＿＿＿＿

□(3) What's up? 　（　　　　　　　）　　□(7) 計画 　＿＿＿＿＿＿＿

□(4) My pleasure. （　　　　　　　）　　□(8) ところで 　＿＿＿＿＿＿＿

**1** 例にならい，「…は今度の日曜日，〜する予定です。」という意味の文を完成させなさい。

⚠ ミスに注意

(3)andでつながれている主語は複数扱いすることに注意しよう。

PROGRAM 1

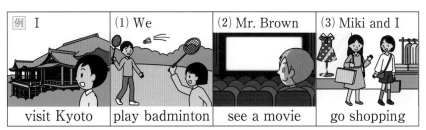

| 例 I | (1) We | (2) Mr. Brown | (3) Miki and I |
|---|---|---|---|
| visit Kyoto | play badminton | see a movie | go shopping |

例 **I am going to visit Kyoto next Sunday.**

☐(1) We are ＿＿＿＿＿ ＿＿＿＿＿ ＿＿＿＿＿
badminton next Sunday.

☐(2) ＿＿＿＿＿＿＿＿＿＿＿＿＿＿＿＿＿ a movie next Sunday.

☐(3) ＿＿＿＿＿＿＿＿＿＿＿＿＿＿＿＿＿＿＿＿＿

**2** 日本語に合うように，＿＿に適切な語を書きなさい。

☐(1) 私は明日，サッカーをする予定です。
I'm ＿＿＿＿＿ ＿＿＿＿＿ ＿＿＿＿＿ soccer
tomorrow.

☐(2) あなたたちは今度の土曜日につりに行く予定ですか。
＿＿＿＿＿ you ＿＿＿＿＿ ＿＿＿＿＿ go fishing
next Saturday?

☐(3) 〔(2)に答えて〕はい，そうです。／いいえ，ちがいます。
Yes, ＿＿＿＿＿ ＿＿＿＿＿. ／
No, ＿＿＿＿＿ ＿＿＿＿＿.

☐(4) シホは今日，数学を勉強する予定ではありません。
Shiho ＿＿＿＿＿ ＿＿＿＿＿ ＿＿＿＿＿
＿＿＿＿＿ math today.

テストによく出る！

be going toの疑問文・否定文の作り方

・疑問文
→be動詞を主語の前に出す。
・否定文
→be動詞のあとにnotを置く。

**3** 日本語に合うように，（ ）内の語句を並べかえなさい。

☐(1) ヒロシはそのお祭りに参加する予定ではありません。
( going / join / is / to / the festival / Hiroshi / not ).
＿＿＿＿＿＿＿＿＿＿＿＿＿＿＿＿＿＿＿＿＿.

☐(2) あなたたちはいつその動物園に行く予定ですか。
( you / the zoo / to / to / when / are / going / go )?
＿＿＿＿＿＿＿＿＿＿＿＿＿＿＿＿＿＿＿＿＿?

☐(3) パーティーでピアノをひいてもらえますか。
( piano / at / you / play / can / the ) the party?
＿＿＿＿＿＿＿＿＿＿＿＿＿＿＿ the party?

注目！

疑問詞で始まるbe going toの疑問文

(2)疑問詞を使う場合は，疑問詞を文頭に置き，あとにbe going toの疑問文の語順を続ける。

ぴたトレ
**1**
要点チェック

PROGRAM 1
Start of a New School Year ②

時間 **15分**　解答 p.1

〈新出語・熟語 別冊p.6〉

| 教科書の重要ポイント | **未来表現　will** | 教科書 pp.8 〜 9・11・15 |

**I will** go to Mike's house this afternoon. 〔私は今日の午後にマイクの家に行こうと思います。〕
→〈will＋動詞の原形〉
→ I'll ＝ I will の短縮形でも表せる

**It will** be sunny tomorrow. 〔明日は晴れるでしょう。〕
→〈will＋動詞の原形〉
→ It'll ＝ It will の短縮形でも表せる

・「〜しようと思う」「〜でしょう」→〈will＋動詞の原形〉を使う。
・話し手自身が話しているときに決めたことや，話し手の推測を表す。

\ナルホド!/

**I won't be** at home. 〔私は家にいないでしょう。〕
→〈won't[will not]＋動詞の原形〉

・willを使った疑問文・否定文の作り方は，canを使った疑問文・否定文の作り方とほぼ同じ。

| 肯定文 | He will be at home. |
willを主語の前に出す
| 疑問文 | Will he be at home? |
— Yes, he will. / No, he will not[won't].
| 否定文 | He will not[won't] be at home. |
willのあとにnotを置く

| 肯定文 | He can sing well. |
canを主語の前に出す
| 疑問文 | Can he sing well? |
— Yes, he can. / No, he cannot[can't].
| 否定文 | He cannot[can't] sing well. |
canのあとにnotをつける

\ナルホド!/

**Words & Phrases** 次の日本語は英語に，英語は日本語にしなさい。

□(1) local （　　　　　　　）

□(2) a little bit （　　　　　　　）

□(3) take care （　　　　　　　）

□(4) in the evening
（　　　　　　　）

□(5) すぐに，まもなく _____

□(6) 忘れる _____

□(7) 望む，希望する _____

□(8) 連絡を取り続ける
_____

8

**1** 例にならい，「…は明日，～しようと思います[するでしょう]。」という意味の文を完成させなさい。

⚠ミスに注意

主語が何であってもwillや動詞の原形の形は変わらないので注意しよう。

| 例 I | (1) We | (2) Kazuma | (3) My sisters |
|---|---|---|---|
| practice soccer | cook dinner | visit his uncle | go shopping |

例 **I will practice soccer tomorrow.**

☐(1) We _____ _____ dinner tomorrow.

☐(2) Kazuma _____ tomorrow.

☐(3) _____

**2** 日本語に合うように，_____に適切な語を書きなさい。

☐(1) 私は新しいカメラを買おうと思います。

_____ _____ a new camera.

☐(2) 明日は雨が降るでしょうか。

_____ _____ _____ rainy

tomorrow?

☐(3) 〔(2)に答えて〕はい，降るでしょう。／いいえ，降らないでしょう。

Yes, _____ _____. ／ No, it _____.

☐(4) 彼は，今日はバスケットボールをしないでしょう。

He _____ _____ basketball today.

注目!

**短縮形**

主語とwillは，次のように短縮することができる。

I will → I'll

you will → you'll

he will → he'll

she will → she'll

it will → it'll

**3** 日本語に合うように，（ ）内の語句を並べかえなさい。

☐(1) アヤはパーティーに来てくれるでしょうか。

( the party / Aya / to / will / come )?

_____?

☐(2) 私たちはその映画を見ないでしょう。

( see / will / the movie / we / not ).

_____.

☐(3) あなたはそのレストランで夕食をとる予定ですか。

( you / to / dinner / are / eat / at / going ) the restaurant?

_____ the restaurant?

テストによく出る!

**willを使った疑問文・否定文の作り方**

・疑問文

→willを主語の前に出す。

・否定文

→willのあとにnotを置く。

# PROGRAM 1
# Start of a New School Year ③

〈新出語・熟語 別冊p.6〉

| 教科書の重要ポイント | 接続詞 when / if | 教科書 pp.8〜9・12・15 |

**When I got home**, my sister was reading *manga*.

　└→ カンマで区切る　　　　　　　　〔私が帰宅したとき，姉[妹]はマンガを読んでいました。〕

└→〈when＋主語＋動詞 〜〉＝「〜のとき」という時を表す

**If it is sunny tomorrow**, let's play tennis. 〔もし明日が晴れだったら，テニスをしましょう。〕

　　　　　　└→ カンマで区切る

└→〈if＋主語＋動詞 〜〉＝「もし〜ならば」という条件を表す

・〈When 〜, ...〉＝「〜のとき…」
・〈If 〜, ...〉＝「もし〜ならば…」

2つ目の例文のように，when[if] 〜の「〜」の部分では，未来のことでも現在形で表すよ。

ナルホド!

My sister was reading *manga* **when I got home**.

　　　　　　　　└→ カンマは不要

　　　　　　　〔私が帰宅したとき，姉[妹]はマンガを読んでいました。〕

Let's play tennis **if it is sunny tomorrow**.

　　　　　　└→ カンマは不要

　　　　　〔もし明日が晴れだったら，テニスをしましょう。〕

ナルホド!

・when 〜や if 〜は文の後半にも置ける。この場合，カンマは不要。

| Words & Phrases | 次の日本語は英語に，英語は日本語にしなさい。 |

☐(1) almost　（　　　　　　）　　☐(5) sing の過去形　＿＿＿＿＿＿

☐(2) overseas　（　　　　　　）　　☐(6) 泣く　＿＿＿＿＿＿

☐(3) come home　（　　　　　　）　　☐(7) 自由な，ひまな　＿＿＿＿＿＿

☐(4) say hello to 〜（　　　　　　）　　☐(8) 最善をつくす　＿＿＿＿＿＿

**1** 例にならい,「…はひまなとき, ～します。」という意味の文を完成させなさい。

テストによく出る!

時を表す部分をwhenで始める!

「～のとき」にあたるほうの〈主語＋動詞～〉のはじめにwhenを置く。

| 例 I | (1) We | (2) Ms. Ito | (3) Akira |
|---|---|---|---|
| read *manga* | play basketball | draw pictures | listen to music |

例 **When I am free, I read *manga*.**

☐(1) _____ we are free, we play basketball.

☐(2) _____, she draws pictures.

☐(3) _____,

_____.

**2** 日本語に合うように, ____ に適切な語句を書きなさい。

☐(1) もしあなたが忙しくなければ, いっしょにサッカーをしましょう。

_____, let's play soccer together.

☐(2) オーストラリアにいるとき, 私はトムの家に滞在しました。

_____, I stayed at Tom's house.

☐(3) 明日晴れたら, 私はつりに行こうと思います。

_____, I'll go fishing.

☐(4) 私が起きたとき, 弟はまだ眠っていました。

My brother was still sleeping _____.

⚠ ミスに注意

(3)when[if] ～の部分では, 未来のことでも現在形で表すよ。when[if] のあとに未来表現を使わないように注意しよう。

**3** 日本語に合うように, ( )内の語句や符号を並べかえなさい。

☐(1) 私が彼を見かけたとき, 彼は勉強していました。

( he / I / saw / studying / when / was / him ).

_____.

☐(2) もしよい考えが浮かべば, あなたにメールを送ります。

( if / a good idea / email / I / get / I'll / you / , ).

_____.

☐(3) それはよいパーティーになるでしょう。

( party / be / a / it / nice / will ).

_____.

注目!

when[if] ～の位置

(1)(2)〈when[if] ～〉は, カンマがあれば文の前半に, なければ文の後半に置く。

**1** ( )に入る適切な語句を選び，記号を〇で囲みなさい。

( )の前後の内容をよく確認して答えを選ぼう。

☐(1) Hikaru will ( ) at the concert.

　　ア sing　　イ sings　　ウ singing　　エ going to sing

☐(2) ( ) your parents going to work tomorrow?

　　ア Is　　イ Will　　ウ Do　　エ Are

☐(3) You were playing soccer ( ) I saw you in the park.

　　ア if　　イ because　　ウ when　　エ so

**2** 日本語に合うように，＿＿に適切な語を書きなさい。

☐(1) 私は次の夏にオーストラリアに滞在する予定です。

　　I'm ＿＿＿＿＿ ＿＿＿＿＿ ＿＿＿＿＿ in Australia next summer.

☐(2) ヒロキはその行事に参加しないでしょう。

　　Hiroki ＿＿＿＿＿ ＿＿＿＿＿ the event.

☐(3) もし今週末が晴れだったら，何をしようと思いますか。

　　What ＿＿＿＿＿ you ＿＿＿＿＿ ＿＿＿＿＿ ＿＿＿＿＿ sunny this weekend?

**3** 日本語に合うように，（ ）内の語を並べかえなさい。

☐(1) 彼はその本を気に入らないでしょう。

　　( like / will / book / he / not / the ).

　　＿＿＿＿＿＿＿＿＿＿＿＿＿＿＿＿＿＿＿＿ .

☐(2) あなたたちはいつカナダに引っ越す予定なのですか。

　　( move / are / Canada / going / when / you / to / to )?

　　＿＿＿＿＿＿＿＿＿＿＿＿＿＿＿＿＿＿＿＿ ?

☐(3) もし明日が雨だったら，私たちは家にいるでしょう。

　　( will / is / home / we / if / it / rainy / tomorrow / stay / , ).

　　＿＿＿＿＿＿＿＿＿＿＿＿＿＿＿＿＿＿＿＿ .

**4** 次の英文を，（ ）内の指示に従って書きかえなさい。

☐(1) Mao studies Japanese. （文末にtomorrowを加えて「～するでしょう」という文に）

　　＿＿＿＿＿＿＿＿＿＿＿＿＿＿＿＿＿＿＿＿＿＿＿＿＿

☐(2) I came home. She was washing dishes then. （whenで始まるほぼ同じ意味を表す１文に）

　　＿＿＿＿＿＿＿＿＿＿＿＿＿＿＿＿＿＿＿＿＿＿＿＿＿

ヒント　**2** (2)空所が２つしかないので，短縮形を使う。
　　　　**4** (2)thenは「そのとき」という意味で，一時点を表すことができる。

**5** 読む 次の美希がダニエルに送ったメールの一部を読んで，あとの問いに答えなさい。

Hi Daniel,

I had a great time at the farewell party. ①(____) everyone sang a song for me, I (____) (____). I'll miss everyone.

This ②(私の最初の外国での長い滞在になるでしょう). ③I will do my best at my new school.

□(1) 下線部①が「みんなが私のために歌を歌ってくれたとき，私はもう少しで泣くところでした。」という意味になるように，（ ）に入る適切な語を書きなさい。

_____, _____ _____

□(2) 下線部②の( )内の日本語を 7 語の英語にしなさい。

_____

□(3) 下線部③を日本語にしなさい。

私は( _____ )。

□(4) 次の選択肢から正しいものを 1 つ選び，記号を○で囲みなさい。

ア みんながダニエルのためにお別れ会を開いた。

イ 美希は歓迎会ですばらしい時を過ごした。

ウ 美希はみんなと会えなくなることがさびしい。

**6** 話す 次の文を声に出して読み，問題に答え，答えを声に出して読んでみましょう。 アプリ

*Sora :* Excuse me, Ms. Bell.

*Ms. Bell :* Hi, Sora. Can I help you?

*Sora :* I'm going to visit New Zealand during summer vacation.

*Ms. Bell :* Oh, that's great! New Zealand is a nice country. You'll like it.

*Sora :* What place do you recommend in New Zealand?

*Ms. Bell :* How about a Maori village? You can learn about the Maori.

(注)recommend 勧める　village 村

□(1) Where is Sora going to visit during summer vacation?

— _____

□(2) What place does Ms. Bell recommend?

— _____

ヒント　**5** (2)副詞の overseas は，直前にある名詞を「外国[海外]での」という意味で修飾することができる。

ぴたトレ
**3**
確認テスト

PROGRAM 1 ～
Steps 1

時間 30分 ／100点 合格 70点 解答 p.2

教科書 pp.7 ～ 16

❶ 下線部の発音が同じものには〇を，そうでないものには×を，解答欄に書きなさい。 6点

(1) m<u>o</u>ve

s<u>oo</u>n

(2) pl<u>ea</u>sure

pl<u>ea</u>se

(3) n<u>o</u>thing

t<u>ou</u>ch

❷ 最も強く発音する部分の記号を解答欄に書きなさい。 6点

(1) for - get
   ア    イ

(2) o - ver - seas
   ア   イ   ウ

(3) fare - well
   ア    イ

❸ 日本語に合うように，＿＿＿に入る適切な語を書きなさい。 20点

(1) 父は今日，7時には帰宅しないでしょう。

My father ＿＿＿ ＿＿＿ ＿＿＿ at seven today.

(2) 私は子どものとき，納豆が好きではありませんでした。

＿＿＿ ＿＿＿ ＿＿＿ a child, I didn't like *natto*.

(3) 彼らは今日，図書館に行く予定ですか。 — いいえ，ちがいます。

＿＿＿ they＿＿＿ ＿＿＿ go to the library today? — No, they ＿＿＿.

(4) ペンをお持ちでなければ，こちらをお使いください。

Use this ＿＿＿ ＿＿＿ ＿＿＿ ＿＿＿ any pens.

❹ 次の文を( )内の指示に従って書きかえるとき，＿＿＿に入る適切な語を書きなさい。 15点

(1) ⌈ Mark will study <u>at home</u> today. （下線部が答えの中心となる疑問文に）
   ⌊ ＿＿＿ ＿＿＿ Mark ＿＿＿ today?

(2) ⌈ I saw my mother. She was cooking then. （ほぼ同じ意味を表す1文に）
   ⌊ My mother was cooking ＿＿＿ ＿＿＿ ＿＿＿ ＿＿＿.

(3) ⌈ What are Ken's plans for this weekend? （ほぼ同じ意味を表す文に）
   ⌊ What ＿＿＿ Ken ＿＿＿ ＿＿＿ ＿＿＿ this weekend?

❺ 次の対話文を読んで，あとの問いに答えなさい。 29点

*Satoshi :* The summer vacation will come soon.

*Bill :* I'm happy about ①that. This summer, I'm going to go back to my country, Australia, and stay at my house there. I'm going to talk with my family about my life in Japan.

*Satoshi :* That's nice. ②( happy / so / they / you / will / do / if / be / , ).

*Bill :* Thank you. How about you, Satoshi?

*Satoshi :* Well, my basketball team is going to have an important game in August, and I'm going to join it. So ③( ) ( ) ( ) ( ) ( ).

*Bill :* I see. Good luck!  (注)game 試合  Good luck! がんばって！

成績評価の観点 技…言語や文化についての知識・技能 表…外国語表現の能力

(1) 下線部①が指す内容を日本語で書きなさい。

(2) 下線部②が意味の通る英文になるように，（　）内の語や符号を並べかえなさい。

(3) 下線部③が「私は毎日，バスケットボールを練習することになるでしょう。」という意味になるように，（　）に入る適切な語を書きなさい。

(4) 対話文の内容について，次の問いに（　）内の語数の英語で答えなさい。

1. What will Bill tell his family about? （9語）

2. Will Satoshi join a basketball game in August? （3語）

**6** 書く✍ **次のようなとき英語で何と言うか，（　）内の指示に従って書きなさい。** 表 24点

(1) ひまだったら手伝ってくれないかと相手に頼むとき。（canを使って8語で）

(2) 明日の天気がどうかをたずねるとき。（6語で）

(3) 自分が今日は放課後にサッカーをする予定ではないということを伝えるとき。（9語で）

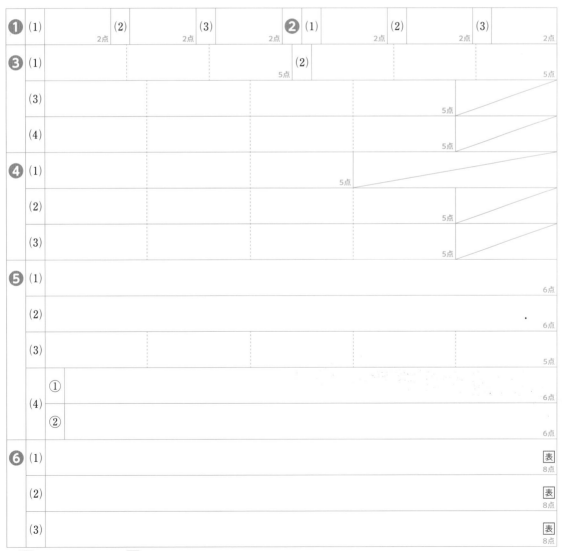

▶ 表 の印がない問題は全て 技 の観点です。

15

# PROGRAM 2
# Leave Only Footprints [1]

時間 **15分**

解答 p.4

〈新出語・熟語 別冊p.7〉

| 教科書の 重要ポイント | 接続詞 that | 教科書 pp.18～20・25 |

## I think that the man is a famous writer. 〔私は，その男性は有名な作家だと思います。〕

└→〈that＋主語＋動詞～〉＝「～だということ」

・〈人＋think that ～〉＝「(人)は～だと思う」

→thatのあとには〈主語＋動詞～〉の文の形が来る。

→thatは省略できる。

think以外にも，know「知っている」，hope「望む」，hear「聞いている」などにも〈(that＋)主語＋動詞～〉を続けられるよ。

＼ナルホド！／

## I don't think that the man is a famous artist.

└→〈that＋主語＋動詞～〉＝「～だということ」

〔私は，その男性は有名な芸術家ではないと思います。〕

・〈人＋don't[doesn't] think that ～〉＝「(人)は～だとは思わない」

「(人)は～ではないと思う」

否定の意味を加えるときは，ふつうthat以下の内容ではなく，thinkのほうを否定するよ。

＼ナルホド！／

| Words & Phrases | 次の日本語は英語に，英語は日本語にしなさい。

☐(1) everything　（　　　　　　　）

☐(2) history　（　　　　　　　）

☐(3) case　（　　　　　　　）

☐(4) worry　（　　　　　　　）

☐(5) be interested in ～
（　　　　　　　）

☐(6) たやすい　＿＿＿＿＿＿＿

☐(7) 難しい　＿＿＿＿＿＿＿

☐(8) 案内する　＿＿＿＿＿＿＿

☐(9) ほんとうの　＿＿＿＿＿＿＿

☐(10) ハイキングに行く　＿＿＿＿＿＿＿

**1** 例にならい，「私は，…は～だと思います。」という意味の文を完成させなさい。

| 例 Takuya | (1) these books | (2) Yuka | (3) Emily |
|---|---|---|---|
| be kind | be interesting | sing well | like dogs |

例 **I think that Takuya is kind.**

☐(1) I _____ _____ these books are interesting.

☐(2) I _____ _____ _____ _____ well.

☐(3) _____

**2** 日本語に合うように，____に適切な語を書きなさい。

☐(1) あなたは，この絵が美しいと思いますか。

Do you think _____ _____ _____ _____ beautiful?

☐(2) 私は，あなたのお兄さんが大学で働いていると聞いています。

I _____ _____ _____ _____ at a college.

☐(3) マイクは私が人の多い場所が好きではないということを知ってくれています。

Mike _____ _____ _____ _____ places with a lot of people.

☐(4) あなたがオーストラリアでの滞在を楽しんでいることを望みます。

I _____ _____ _____ _____ enjoying your stay in Australia.

**3** 日本語に合うように，（ ）内の語を並べかえなさい。

☐(1) 彼女がこの本を気に入ってくれることを望みます。

( will / book / she / I / this / like / hope ).

_____.

☐(2) 私は，明日は雨が降らないと思います。

( that / will / think / be / tomorrow / I / it / don't / rainy ).

_____.

☐(3) ブラジルにいたときは，しばしばサッカーをしていました。

( Brazil / soccer / was / often / in / when / played / I / I ).

_____.

ぴたトレ
**1**
要点チェック

PROGRAM 2
Leave Only Footprints ②

時間
**15**分

解答
p.4

〈新出語・熟語 別冊p.7〉

教科書の
重要ポイント | **must**

教科書 pp.18 〜 19・21・25

**I must clean my room.** 〔私は自分の部屋を掃除しなければなりません。〕

└──→ mustの後ろは動詞の原形

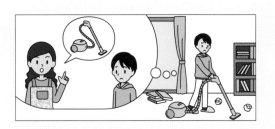

あとに動詞の原形が来るのは，canやwillと同じだね。

ナルホド！

・〈must＋動詞の原形〉＝「〜しなければならない」
　→義務や命令の意味を表す。

**You must not swim here.** 〔（あなた[あなたたち]は）ここで泳いではいけません。〕

└──→ must notの後ろは動詞の原形

遊泳禁止

You must not 〜. は Don't 〜. という否定の命令文とほぼ同じ意味を表すよ。

ナルホド！

・〈must not＋動詞の原形〉＝「〜してはいけない」
　→禁止の意味を表す。
　→must notはmustn'tと短縮することができる。

Words & Phrases | **次の日本語は英語に，英語は日本語にしなさい。**

☐(1) garbage （　　　　　　　　）

☐(2) hallway （　　　　　　　　）

☐(3) protect （　　　　　　　　）

☐(4) pick up 〜 （　　　　　　　　）

☐(5) 持ってくる ＿＿＿＿＿＿＿＿＿

☐(6) 規則，ルール ＿＿＿＿＿＿＿＿＿

☐(7) 困りごと，困難 ＿＿＿＿＿＿＿＿＿

☐(8) 何よりもまず ＿＿＿＿＿＿＿＿＿

**1** 例にならい，「…は～しなければなりません。」という意味の文を完成させなさい。

| 例 I | (1) Kana | (2) we | (3) Hiroki |
|---|---|---|---|
| do my homework | go to the post office | practice the guitar | get up at five |

⚠️ **ミスに注意**

主語が何であっても〈must＋動詞の原形〉の形は変わらないよ。

PROGRAM 2

例 **I must do my homework.**

☐(1) Kana _____ go to the post office.

☐(2) We _____ _____ the guitar.

☐(3) _____

---

**2** 日本語に合うように，＿＿に適切な語を書きなさい。

☐(1) 私は今日，学校に行かなければなりません。

I _____ _____ to school today.

☐(2) この絵にさわってはいけません。

You _____ _____ _____ this picture.

☐(3) 図書館では静かにしなければなりません。

You _____ _____ quiet in the library.

☐(4) このコンピュータを使ってはいけません。

You _____ _____ this computer.

**テストによく出る！**

**must を使った否定文**

(2)(4)「～してはいけません」は must の後ろに not を置いて表す。must not は mustn't と短縮できる。

---

**3** 日本語に合うように，（　）内の語や符号を並べかえなさい。

☐(1) 私たちはここでくつをぬがなければなりません。

( take / here / we / shoes / must / off / our ).

_____ .

☐(2) プールに飛び込んではいけません。

( the / not / into / you / pool / must / jump ).

_____ .

☐(3) 何かアイディアがあれば，私に知らせてください。

If ( me / idea / have / tell / you / any / please / , ).

If _____ .

**注目！**

**any の用法**

・疑問文で〈any＋名詞の複数形〉→「何か～」

・否定文で〈any＋名詞の複数形〉→「～が［を］何も［１つも］」

・肯定文で〈any＋名詞の単数形〉→「（何でもいいので）何か～，どんな～でも」

# PROGRAM 2
# Leave Only Footprints ③

時間 **15分**　解答 p.4

〈新出語・熟語 別冊p.7〉

**教科書の重要ポイント** | **have[has] to** | 教科書 pp.18 〜 19・22・25

## I <u>have to go</u> to school tomorrow. 〔私は明日，学校に行かなければなりません。〕

└──→ 主語が3人称・単数の場合はhas to 〜

・〈have[has] to＋動詞の原形〉＝「〜しなければならない」
→必要性や義務を表す。
→have[has]をhadにすると過去の表現になる。

 〈must＋動詞の原形〉とほぼ同じ意味だけど，mustには過去形がないよ。

 ナルホド!

## <u>Do</u> you <u>have to go</u> to school tomorrow? 〔あなたは明日，学校に行かなければなりませんか。〕

└──→ 主語の前にDoを置く。主語が3人称・単数の場合はDoesを置く。

・〈Do[Does]＋主語＋have to＋動詞の原形〜?〉＝「〜しなければなりませんか。」
→Do[Does]をDidにすると過去の表現になる。

ナルホド!

## I <u>don't have to go</u> to school tomorrow. 〔私は明日，学校に行く必要はありません。〕

└──→ have toの前にdon'tを置く。主語が3人称・単数の場合はdoesn'tを置く。

・〈don't[doesn't] have to＋動詞の原形〉＝「〜する必要はない」
→don't[doesn't]をdidn'tにすると過去の表現になる。

 have[has] to 〜のhave[has]は，ふつうの一般動詞と扱い方が同じだね。

ナルホド!

**Words & Phrases** 次の日本語は英語に，英語は日本語にしなさい。

□(1) engineer （　　　　　　）　　□(5) 思う，信じる _____

□(2) national （　　　　　　）　　□(6) 建てる _____

□(3) hurry （　　　　　　）　　□(7) 正確に _____

□(4) go to bed （　　　　　　）　　□(8) たくさん _____

**1** 例にならい，「…は〜しなければなりません。」という意味の文を完成させなさい。

| 例 I | (1) we | (2) Nana | (3) Jun |
|---|---|---|---|
| clean my room | be quiet | cook dinner | buy a notebook |

例 **I have to clean my room.**

☐(1) We _____ _____ _____ quiet.

☐(2) Nana _____ _____ _____ _____ .

☐(3) _____

**2** 日本語に合うように，____に適切な語を書きなさい。

☐(1) 私はイトウ先生と話さなければなりません。

I _____ _____ _____ with Mr. Ito.

☐(2) 彼は郵便局に行かなければならないのですか。

_____ _____ _____ _____ to the post office?

☐(3) 私たちはかさを持ってくる必要がありませんでしたね。

We _____ _____ _____ _____ our umbrellas.

☐(4) 兄は今日，父を手伝わなければなりません。

My brother _____ _____ _____ our father today.

**3** 日本語に合うように，（ ）内の語句を並べかえなさい。

☐(1) 私は図書館に行かなければならなかったのです。

( to / go / the library / had / I / to ).

_____ .

☐(2) 私たちはすぐに家を出発しなければなりませんか。

( to / home / we / leave / have / soon / do )?

_____ ?

☐(3) あなたは彼がパーティーに来てくれると思いますか。

( come / you / will / the party / think / he / do / to )?

_____ ?

# Power-Up 1　天気予報を聞こう

時間 15分　解答 p.5
〈新出語・熟語 別冊p.7〉

## 教科書の重要ポイント　天気予報で使われる表現
教科書p.26

**It'll be cloudy and then rainy tomorrow.** 〔明日はくもりのち雨となるでしょう。〕
└→ It willの短縮形

・〈It'll [It will] be＋天気を表す語〉＝「(天気が)～になるでしょう」
　→天気について述べるときは，ふつうitを主語にする。

**We'll have rain in the afternoon.** 〔午後には雨が降るでしょう。〕
└→ We willの短縮形

・〈We'll [We will] have＋雨や雪などを意味する名詞〉
　＝「～(雨や雪)を持つことになるでしょう」
　→「～(雨や雪)になるでしょう」

**The high will be 25 degrees today.** 〔今日の最高気温は25度となるでしょう。〕

**The low will be 12 degrees today.** 〔今日の最低気温は12度となるでしょう。〕

・〈The high will be＋数字＋degree (s)〉＝「最高気温は～度となるでしょう」
　→highをlowにすると最低気温を述べる文になる。

### Words & Phrases　次の日本語は英語に，英語は日本語にしなさい。

□(1) later　(　　　　　)
□(2) temperature　(　　　　　)
□(3) raincoat　(　　　　　)
□(4) windy　(　　　　　)
□(5) minus　(　　　　　)

□(6) (温度などの)最低値 _____
□(7) にわか雨が降る _____
□(8) 度(温度の単位) _____
□(9) コート，外とう _____
□(10) こんばんは。 _____ _____.

**1** 例にならい，「明日は～になるでしょう。」と天気を予報する文を完成させなさい。

| 例 cloudy | (1) sunny | (2) rainy | (3) snowy |
|---|---|---|---|

例 **It'll be cloudy tomorrow.**

☐(1) ＿＿＿＿＿＿ ＿＿＿＿＿＿ sunny tomorrow.

☐(2) ＿＿＿＿＿ ＿＿＿＿＿ ＿＿＿＿＿ tomorrow.

☐(3) ＿＿＿＿＿＿＿＿＿＿＿＿＿＿＿＿＿＿＿＿

**2** 日本語に合うように，＿＿＿に適切な語を書きなさい。

☐(1) 明日は風が強くなるでしょう。

＿＿＿＿＿＿ ＿＿＿＿＿＿ ＿＿＿＿＿＿ tomorrow.

☐(2) 最高気温は38度となるでしょう。

＿＿＿＿＿ ＿＿＿＿＿ ＿＿＿＿＿ ＿＿＿＿＿ 38 degrees.

☐(3) 午後にはたくさんの雨が降るでしょう。

We will ＿＿＿＿＿ ＿＿＿＿＿ ＿＿＿＿＿ ＿＿＿＿＿

＿＿＿＿＿ in the afternoon.

**3** 日本語に合うように，（ ）内の語を並べかえなさい。

☐(1) 最低気温は10度となるでしょう。

( 10 / the / be / degrees / will / low ).

＿＿＿＿＿＿＿＿＿＿＿＿＿＿＿＿＿＿＿＿＿＿＿＿＿＿＿.

☐(2) 明日は晴れのちくもりでしょう。

( and / will / cloudy / be / it / sunny / then ) tomorrow.

＿＿＿＿＿＿＿＿＿＿＿＿＿＿＿＿＿＿＿＿＿ tomorrow.

☐(3) 夕方にはにわか雨が降るでしょう。

( the / we / showers / will / in / have ) evening.

＿＿＿＿＿＿＿＿＿＿＿＿＿＿＿＿＿＿＿＿＿ evening.

# Power-Up 2　電話をかけよう

| 教科書の重要ポイント | 電話でのやりとり | 教科書p.27 |

## Hello?　〔もしもし？〕

## — Hello.  This is Yuta.　〔もしもし。ユウタです。〕

- helloは日本語の「もしもし」にあたるあいさつとしても使われる。
- This is 〜. =「(こちらは)〜です。」
  →電話口で名乗るときに使う。

## May I speak to Tom?　〔トムさんをお願いできますか。〕

## — Speaking.　〔私ですが。〕

- May I speak to 〜? =「〜さんをお願いできますか。」
  →電話で話したい相手を呼び出してもらうときに使う。
- Speaking. =「私ですが。」
  →電話の相手が話したがっているのが自分だったときに使う。

★その他の電話でのやりとりで使われる重要表現

☐Hold on[Just a moment], please.「少々お待ちください。」

☐I think you have the wrong number.「番号をお間違えのようです。」

☐Who's calling?「〔電話で〕どちらさまですか。」

| Words & Phrases | 次の日本語は英語に，英語は日本語にしなさい。 |

☐(1) maybe　　　(　　　　　　　)

☐(2) sketchbook　(　　　　　　　)

☐(3) May I 〜?　 (　　　　　　　)

☐(4) Could you 〜? (　　　　　　　)

☐(5) Hold on.　　(　　　　　　　)

☐(6) 遅れた，遅い　＿＿＿＿＿＿＿

☐(7) 間違っている　＿＿＿＿＿＿＿

☐(8) 少しの間，一瞬　＿＿＿＿＿＿＿

☐(9) おはよう。　＿＿＿＿ ＿＿＿＿.

☐(10) またね。　＿＿＿＿ ＿＿＿＿.

**1** 例にならい，「～さんをお願いできますか。」という意味の文を完成させなさい。

| 例 Kyoko | (1) Hiroshi | (2) Ms. Asada | (3) Mr. Suzuki |
|---|---|---|---|
|  |  |  |  |

例 **May I speak to Kyoko?**

- □(1) ＿＿＿＿＿＿ ＿＿＿＿＿＿ speak to Hiroshi?
- □(2) ＿＿＿＿＿＿ ＿＿＿＿＿ ＿＿＿＿＿ ＿＿＿＿＿ Ms. Asada?
- □(3) ＿＿＿＿＿＿＿＿＿＿＿＿＿＿＿＿＿＿＿＿＿＿＿＿＿

> **注目!**
> May I ～?
> May I ～?は「～してもよろしいですか。」と許可を求めるときに使う表現。Mayを使うことで，Can I ～?「～してもよいですか。」よりも丁寧な言い方になる。

Power-Up 2

**2** 日本語に合うように，＿＿＿に適切な語を書きなさい。

- □(1) もしもし。ワタルです。

  ＿＿＿＿＿＿. ＿＿＿＿＿＿ ＿＿＿＿＿＿ Wataru.

- □(2) エミリーさんをお願いできますか。

  ＿＿＿＿＿＿ ＿＿＿＿＿ ＿＿＿＿＿ ＿＿＿＿＿ Emily?

- □(3) 〔電話の相手に呼び出されて〕私ですが。

  ＿＿＿＿＿＿.

- □(4) 少々お待ちください。

  ＿＿＿＿＿＿ ＿＿＿＿＿, please.

> **⚠ミスに注意**
> (1)電話口で名乗るときは，I'm ～. ではなく This is ～.の文を使うよ。

**3** 日本語に合うように，（　）内の語を並べかえなさい。

- □(1) マークさんをお願いできますか。

  ( to / I / speak / may / Mark )?

  ＿＿＿＿＿＿＿＿＿＿＿＿＿＿＿＿＿＿＿＿＿＿＿＿＿ ?

- □(2) 私の宿題を手伝っていただけませんか。

  ( you / my / me / homework / with / could / help )?

  ＿＿＿＿＿＿＿＿＿＿＿＿＿＿＿＿＿＿＿＿＿＿＿＿＿ ?

- □(3) 番号をお間違えのようです。

  ( you / I / number / have / the / think / wrong ).

  ＿＿＿＿＿＿＿＿＿＿＿＿＿＿＿＿＿＿＿＿＿＿＿＿＿ .

> **⚠ミスに注意**
> (2)「～の宿題を手伝う」は〈help＋人＋with ～'s homework〉で表すよ。日本語につられてhelpの直後に～'s homeworkを続けないように注意しよう。

25

# Word Web 1　スープの材料

| 教科書の重要ポイント | 野菜や調味料などの名前を表す名詞 | 教科書p.28 |
|---|---|---|

**What do you need?**〔あなたは何が必要ですか。〕

— **I'd like an onion, a tomato, and cheese.**〔私はタマネギ，トマト，チーズがほしいです。〕

I wouldの短縮形

・I'd〔I would〕like 〜. =「私は〜がほしいです。」
　→自分のほしいものを伝える表現。I want 〜.よりも丁寧。

★スープの材料を表す名詞の例

☐bacon　☐broccoli　☐butter　☐cabbage

☐carrot　☐cheese　☐mushroom　☐onion

☐pepper　☐potato　☐pumpkin　☐salt

☐soy sauce　☐tomato

bacon, cheese, pepper, salt, soy sauce, butterはふつう数えられない名詞として扱うよ。

ナルホド！

| Words & Phrases | 次の日本語は英語に，英語は日本語にしなさい。 |
|---|---|

☐(1) onion （　　　　　　　）　　☐(4) 塩　＿＿＿＿＿＿＿

☐(2) cheese （　　　　　　　）　　☐(5) ニンジン　＿＿＿＿＿＿＿

☐(3) soy sauce （　　　　　　　）　　☐(6) キノコ　＿＿＿＿＿＿＿

**1** 例にならい，「私は〜がほしいです。」という意味の文を完成させなさい。

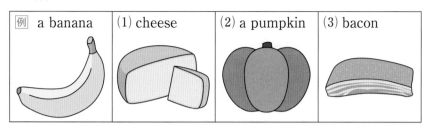

| 例 a banana | (1) cheese | (2) a pumpkin | (3) bacon |

例 **I'd like a banana.**

☐(1) _____ _____ cheese.

☐(2) _____ _____ a _____.

☐(3) _____

⚠ミスに注意

(1)(3)cheese は種類について話すとき以外は数えられない名詞として扱うよ。bacon も数えられない名詞だから，a をつけたり複数形にしたりはしないよ。

**2** 日本語に合うように，____に適切な語を書きなさい。

☐(1) 私はタマネギが好きではありません。

I don't like _____.

☐(2) コショウが少しもありません。

We don't have any _____.

☐(3) 私はトマトが3つほしいです。

I'd _____ _____ _____.

☐(4) 私はキノコ5つとしょうゆが必要です。

I need five _____ and some _____

_____.

テストによく出る!

-es をつけて複数形
を作る場合

-s, -ch, -sh, -x, -o で終わる名詞は-es をつけて複数形にする。

例 bus → buses

box → boxes

potato → potatoes

※ただし，例外もあるので注意。

例 piano

→ pianos

**3** 日本語に合うように，（　）内の語句や符号を並べかえなさい。

☐(1) 私はキャベツが1つほしいです。

( like / cabbage / I'd / a ).

_____

☐(2) 私はニンジン，カボチャ，バターが必要です。

( butter / I / a pumpkin / need / a carrot / and / , / , ).

_____

☐(3) 私はそのスープはとてもおいしくなるだろうと思います。

( think / the / I / be / soup / delicious / will ).

_____

注目!

3つ以上の名詞をand
でつなぐ場合

(2)「AとBとC」のように，3つ以上の名詞を and でつなぐ場合は，〈A, B, and C〉のように，それぞれの名詞の間にカンマを打ち，さらに最後の名詞の前にand を置く。

**1** ( )に入る適切な語句を選び，記号を〇で囲みなさい。

☐(1) I hear ( ) Mike will come to Japan.

ア from イ about ウ that エ of

☐(2) Sakura ( ) finish her homework yesterday.

ア must イ have to ウ has to エ had to

☐(3) ( ) speak to Jim? — Speaking.

ア Do you イ Should I ウ Can you エ May I

**2** 日本語に合うように，＿＿に適切な語を書きなさい。

☐(1) リナは夕食を作らなければなりません。

Rina ＿＿＿＿＿＿＿ ＿＿＿＿＿＿＿ dinner.

☐(2) あなたたちは心配する必要はありません。

You ＿＿＿＿＿＿＿ ＿＿＿＿＿＿＿ ＿＿＿＿＿＿＿ worry.

☐(3) あなたはこのことを忘れてはいけません。

You ＿＿＿＿＿＿＿ ＿＿＿＿＿＿＿ ＿＿＿＿＿＿＿ this.

☐(4) 私は，明日晴れになることを望みます。

＿＿＿＿＿＿＿ ＿＿＿＿＿＿＿ that ＿＿＿＿＿＿＿ ＿＿＿＿＿＿＿ sunny tomorrow.

> 空所の数によって，ふつうの形と短縮形を使い分けよう。

**3** 日本語に合うように，( )内の語を並べかえなさい。

☐(1) 私たちは図書館に行かなければなりません。 ( the / to / we / library / go / must ).

＿＿＿＿＿＿＿＿＿＿＿＿＿＿＿＿＿＿＿＿＿＿＿＿＿＿ .

☐(2) 私は，彼はそのことを知らないと思います。 ( he / think / I / that / knows / don't ).

＿＿＿＿＿＿＿＿＿＿＿＿＿＿＿＿＿＿＿＿＿＿＿＿＿＿ .

☐(3) 私たちはいくつかのタマネギを買わなければなりませんか。

( buy / have / we / onions / to / do / some )?

＿＿＿＿＿＿＿＿＿＿＿＿＿＿＿＿＿＿＿＿＿＿＿＿＿＿ ?

**4** 次の英文を，( )内の指示に従って書きかえなさい。

☐(1) This movie is interesting. I think so. （Iで始まるほぼ同じ意味を表す6語の1文に）

＿＿＿＿＿＿＿＿＿＿＿＿＿＿＿＿＿＿＿＿＿＿＿＿＿＿

☐(2) He must get up early tomorrow. （「～する必要はない」という文に）

＿＿＿＿＿＿＿＿＿＿＿＿＿＿＿＿＿＿＿＿＿＿＿＿＿＿

ヒント **3** (2)「～ではないと思う」は「～とは思わない」に読みかえる。
**4** (1)6語の指定があることに注意。

定期テスト
予報
●接続詞thatを使って思っていることなどを表せるかが問われるでしょう。
⇒thatを省略する場合，しない場合の両方の文の形を確認しておきましょう。
●mustとhave[has] toの使い分けが問われるでしょう。
⇒否定文の場合の意味の違いや，未来や過去の文の場合ではmustを使えないことをおさえておきましょう。

**⑤** 読む 次の対話文を読んで，あとの問いに答えなさい。

*Eric :* ①(    )(    )(    ), let's check the hiking rules.

*Miki :* "Take only pictures, leave only footprints." Right?

*Eric :* Yes. We can take pictures, but we ②(何も取ってはいけません) from the forest.

*Tom :* ③And we (    ) bring our garbage home.

*Miki :* Yes, of course. We must protect nature.

*Eric :* Now, let's move.

☐(1) 下線部①が「何よりもまず」という意味になるように，( )に入る適切な語を書きなさい。

_____ _____ _____

☐(2) 下線部②の( )内の日本語を4語の英語にしなさい。

_____ _____ _____ _____

☐(3) 下線部③でトムは，しなければならないことについて言っています。( )に入る適切な語を書きなさい。 _____

☐(4) 次の文が本文の内容に合っていれば○を，合っていなければ×を書きなさい。

ア トムたちはハイキングで写真を撮ってはならない。 (    )

イ トムたちはハイキングのとき，ごみを捨てることができる。 (    )

ウ 美希は，自然を守らなければならないと考えている。 (    )

**⑥** 話す 次の問題を読んで，あとの問いに答えなさい。解答の答え合わせのあと，発音アプリの指示に従って，問題文と解答を声に出して読みなさい。 アプリ

This is a manhole toilet. I watched a demonstration. If you want to use a toilet, you have to open the manhole first. Next, put a seat on it. Then, set up a tent over it. Now you can use the toilet.

(注)manhole　マンホール　　toilet　トイレ　　demonstration　実演　　seat　便座
　　set up　(テントを)張る　　tent テント　　over　〜の上に

☐(1) What is this article about? (注)article　記事

— _____

☐(2) If you want to use a toilet, what do you have to do first?

— _____

ヒント　⑤(2)「取る」はtakeで表せる。

29

❶ 下線部の発音が同じものには〇を，そうでないものには×を，解答欄に書きなさい。 6点

(1) m<u>u</u>st　　　　　　(2) g<u>o</u>ldfish　　　　　　(3) bel<u>ie</u>ve

　　r<u>u</u>le　　　　　　　　wr<u>o</u>ng　　　　　　　　m<u>ee</u>ting

❷ 最も強く発音する部分の記号を解答欄に書きなさい。 6点

(1) wor - ry　　　　　　(2) en - gi - neer　　　　　　(3) ex - act - ly

　　ア　イ　　　　　　　　ア　イ　ウ　　　　　　　　ア　イ　ウ

❸ 対話が完成するように，＿＿に入る適切な語を書きなさい。 20点

(1) *A :* This is Kana. ＿＿＿＿＿＿ ＿＿＿＿＿＿ ＿＿＿＿＿＿ to Lisa?

　　*B :* Speaking.　What's up, Kana?

(2) *A :* What do you think about our new teacher?

　　*B :* I ＿＿＿＿＿＿ ＿＿＿＿＿＿ he is kind.

(3) *A :* ＿＿＿＿＿＿ I ＿＿＿＿＿＿ ＿＿＿＿＿＿ read this book yesterday?

　　*B :* Yes, you had to read it.

(4) *A :* She is interested in music.

　　*B :* Oh, ＿＿＿＿＿＿ she?　I'm interested in it too.

❹ 各組の文がほぼ同じ意味を表すように，＿＿に入る適切な語を書きなさい。 15点

(1)⎡He must finish his homework.

　 ⎣He ＿＿＿＿＿＿ ＿＿＿＿＿＿ finish his homework.

(2)⎡Don't take pictures here.

　 ⎣You ＿＿＿＿＿＿ ＿＿＿＿＿＿ pictures here.

(3)⎡It'll be rainy tomorrow.

　 ⎣We'll ＿＿＿＿＿＿ ＿＿＿＿＿＿ tomorrow.

❺ 次の対話文を読んで，あとの問いに答えなさい。 29点

*Mother :*　We are going to visit Japan next month. ①We ( 　 ) ( 　 ) ( 　 ) about
　　　　　　our plan for that.

*Nancy :*　OK.　Where will we go in Japan?

*Mother :*　Well, let's check the guide book together. ②( us / Kyoto / I / is /
　　　　　　good / think / for ).　We can wear *kimonos* in Kyoto.

*Nancy :*　③Can we?　I like Japanese *kimonos*.　They are beautiful.　Look!
　　　　　　*Maiko-san* is beautiful in this picture.　Can we take pictures with *maiko-san*?

*Mother :*　④I don't think so.　The guide book says we ( ⑤ ) take pictures with

成績評価の観点　技…言語や文化についての知識・技能　表…外国語表現の能力

them when they are walking on the street.  If many people do so,

they will be late for their work.

*Nancy :*　I see.　　　　　　　　　(注)guide book　ガイドブック　　say ～　（本などに）～とある

(1) 下線部①が「私たちはそのための計画について話さなければなりません。」という意味になるように，（　）に入る適切な語を書きなさい。

(2) 下線部②が意味の通る英文になるように，（　）内の語を並べかえなさい。

(3) 下線部③の内容を次のように説明するとき，（　）に入る適切な日本語を書きなさい。

自分たちが京都で（　　）ことができるのかということ。

差
がつく (4) 下線部④を，soの内容を明らかにして日本語にしなさい。

(5) （⑤）に入る適切な語句を選び，記号を書きなさい。

　　ア won't　　　　イ mustn't　　　　ウ don't have to

点
UP ❻ 書く✎ 次のようなとき英語で何と言うか，（　）内の指示に従って書きなさい。 表 24点

(1) 今日の最低気温は13度となると伝えたいとき。（todayを使って7語で）

(2) 自分の兄は英語を勉強する必要がないと伝えたいとき。（doesn'tを使って7語で）

(3) 相手に，彼がパーティーに来ると思うかたずねたいとき。（thatを使って10語で）

| ❶ (1) | | (2) | | (3) | | ❷ (1) | | (2) | | (3) | |
| --- | --- | --- | --- | --- | --- | --- | --- | --- | --- | --- | --- |
| | 2点 | | 2点 | | 2点 | | | 2点 | | 2点 | 2点 |

| ❸ (1) | | | (2) | |
| --- | --- | --- | --- | --- |
| | | 5点 | | 5点 |
| (3) | | | (4) | |
| | | 5点 | | 5点 |

| ❹ (1) | | (2) | |
| --- | --- | --- | --- |
| | 5点 | | 5点 |
| (3) | | | |
| | 5点 | | |

| ❺ (1) | |
| --- | --- |
| | 4点 |
| (2) | |
| | 7点 |
| (3) | |
| | 4点 |
| (4) | |
| | 7点 |
| (5) | |
| 7点 | |

| ❻ (1) | |
| --- | --- |
| | 表 8点 |
| (2) | |
| | 表 8点 |
| (3) | |
| | 表 8点 |

▶ 表 の印がない問題は全て 技 の観点です。

31

# PROGRAM 3
# Taste of Culture 1

| 教科書の 重要ポイント | 不定詞の名詞的用法 | 教科書 pp.30 ～ 32・37 |

**Ken wants to play baseball.** 〔ケンは野球をしたがっています(←野球をすることを欲しています)。〕
　　　　　　　「野球をすること」

**To play soccer is fun.** 〔サッカーをすることは楽しいです。〕
「サッカーをすること」

**Our plan is to swim this afternoon.** 〔私たちの計画は，今日の午後に泳ぐことです。〕
　　　　　　　「今日の午後に泳ぐこと」

- ・〈to＋動詞の原形〉の形を不定詞という。

- ・名詞的用法の不定詞＝「～すること」
  - →名詞の働きをする。
  - →「動詞の目的語」・「文の主語」・「be動詞のあと」に使える。

| 動詞の目的語 | Ken wants to play baseball. |

| 文の主語 | To play soccer is fun. |
　　　　　　　　　　　　→ 不定詞は3人称・単数扱い

| be動詞のあと | Our plan is to swim this afternoon. |

ナルホド！

**Words & Phrases** 　次の日本語は英語に，英語は日本語にしなさい。

□(1) hip-hop 　　（　　　　　　　）　　□(4) ラケット 　＿＿＿＿＿＿＿＿＿＿

□(2) corn dog 　（　　　　　　　）　　□(5) 高価な 　＿＿＿＿＿＿＿＿＿＿

□(3) cotton candy （　　　　　　　）　　□(6) 贈り物, プレゼント ＿＿＿＿＿＿＿＿＿＿

**1** 例にならい，「…は～したがっています。」という意味の文を完成させなさい。

| 例 I | (1) Mika | (2) Mr. Brown | (3) they |
|---|---|---|---|
| play tennis | eat pizza | go fishing | visit Australia |

例 **I want to play tennis.**

☐(1) Mika wants _____ _____ pizza.

☐(2) Mr. Brown _____ _____ _____ _____.

☐(3) _____

**2** 日本語に合うように，____に適切な語を書きなさい。

☐(1) 私はその公園の中を歩くのが好きです。

I _____ _____ _____ in the park.

☐(2) 英語を勉強することは重要です。

_____ _____ _____ _____ important.

☐(3) あなたは昼食に何を食べたいですか。

What do you _____ _____ _____ for lunch?

☐(4) 私の夢はアメリカ合衆国で働くことです。

My dream _____ _____ _____ in the U.S.

**3** 日本語に合うように，（　）内の語を並べかえなさい。

☐(1) トムは去年，日本に住み始めました。

( to / Japan / Tom / live / started / in ) last year.

_____ last year.

☐(2) 私たちは，今日は買い物に行く必要はありません。

( don't / shopping / we / go / to / need ) today.

_____ today.

☐(3) ここにはとてもたくさんの人々がいます。

( people / are / here / many / there / so ).

_____ .

PROGRAM 3

ぴたトレ
**1**
要点チェック

PROGRAM 3
Taste of Culture ②

時間
**15分**

解答
p.7

〈新出語・熟語 別冊p.8〉

教科書の
重要ポイント
**動名詞**

教科書 pp.30 〜 31・33・37

**<u>Playing</u> tennis is interesting.** 〔テニスをすることはおもしろいです。〕
「テニスをすること」

**I enjoyed <u>eating</u> lunch with my friends.** 〔私は友だちと昼食をとることを楽しみました。〕
「友だちと昼食をとること」

**My hobby is <u>watching</u> baseball games.**
「野球の試合を見ること」　　〔私の趣味は野球観戦をすること[野球の試合を見ること]です。〕

・「〜すること」は動詞の-ing形で表すこともできる。
・この動詞の-ing形を動名詞という。

○I enjoyed eating lunch with my friends.
×I enjoyed *to eat* lunch with my friends.

・一般動詞には，目的語に不定詞〈to＋動詞の原形〉か動名詞の一方しかとらないものもある。

| 両方を目的語にとる動詞 | 例 like, start |
| --- | --- |
| 不定詞のみを目的語にとる動詞 | 例 want, hope |
| 動名詞のみを目的語にとる動詞 | 例 enjoy, finish, practice, stop |

Words & Phrases　次の日本語は英語に，英語は日本語にしなさい。

□(1) vendor （　　　　　　　　）　　□(5) 登場人物　＿＿＿＿＿＿＿＿

□(2) noodle （　　　　　　　　）　　□(6) ロブスター　＿＿＿＿＿＿＿＿

□(3) quiz （　　　　　　　　）　　□(7) 〜など

□(4) step （　　　　　　　　）　　　　　〜, ＿＿＿＿＿＿＿＿＿

□(8) 〜の代わりに ＿＿＿＿ ＿＿＿＿〜

**1** 例にならい，「…は～することを楽しみました。」という意味の文を完成させなさい。

| 例 I | (1) Satoshi | (2) Asuka | (3) we |
|---|---|---|---|
|  watch TV |  read comics |  make a pizza |  swim in the sea |

例 **I enjoyed watching TV.**

☐(1) Satoshi _____ _____ comics.

☐(2) Asuka _____ _____ _____ _____ .

☐(3) _____

**注目!**

**-ing のつけ方**

・多くの語
　→そのまま-ing
例 play → playing

・eで終わる語
　→ eをとって-ing
例 make → making

・〈短母音＋子音字〉で終わる語
　→語尾を重ねて-ing
例 swim → swimming

PROGRAM 3

**2** 日本語に合うように， ____に適切な語を書きなさい。

☐(1) 私は疲れたので，走るのをやめました。
　　 I got tired, so I _____ _____ .

☐(2) 私の趣味は動物の写真を撮ることです。
　　 My hobby is _____ _____ of animals.

☐(3) 私は1時間くらい前に自分の部屋を掃除し終えました。
　　 I _____ _____ my room about an hour ago.

☐(4) そのレストランを見つけるのは簡単でした。
　　 _____ _____ _____ _____
　　 easy.

**テストによく出る!**

**動名詞の意味**

自然な日本語にするため，動名詞を「～すること」と訳さない場合がある。
例・enjoy ~ing
「～することを楽しむ」⇒「～して楽しむ」
・finish ~ing
「～することを終える」⇒「～し終える」

**3** 日本語に合うように，（　）内の語句や符号を並べかえなさい。

☐(1) あなたは毎日漢字を書く練習をしているのですか。
　　（ *kanji* / you / writing / do / practice ）every day?
　　_____ every day?

☐(2) 私は子どものときにピアノをひき始めました。
　　 When ( a child / I / I / was / the piano / started / playing / , ).
　　 When _____ .

☐(3) あなたはどんな種類の音楽を聞きますか。
　　（ do / music / to / what / of / listen / kind / you ）?
　　_____ ?

**⚠ミスに注意**

(2)be動詞と動詞の-ing形があるからといって，進行形にするとは限らないよ。日本語が与えられていない問題の場合は特に注意しよう。

ぴたトレ
**1**
要点チェック

PROGRAM 3
Taste of Culture ③

時間
**15**分

解答
p.8

〈新出語・熟語 別冊p.8〉

教科書の
重要ポイント ｜ **不定詞の副詞的用法・形容詞的用法** 教科書 pp.30 ～ 31・34・37

## I went to Hokkaido to see my uncle. 〔私はおじに会うために北海道に行きました。〕

wentの目的を表す

「おじに会うために」

・副詞的用法の不定詞〈to ＋動詞の原形〉＝「～するために」
　→動作の目的を表す。

ナルホド！

## Daniel has a lot of books to read. 〔ダニエルには読むべき本がたくさんあります。〕

名詞a lot of booksを説明する

「読むべき」

・形容詞的用法の不定詞〈to ＋動詞の原形〉＝「～する（ための／べき）」
　→前にある名詞や代名詞を説明する。

ナルホド！

**Words & Phrases** 次の日本語は英語に，英語は日本語にしなさい。

☐(1) toothpick 　　（　　　　　　　　）　　☐(4) それぞれの　＿＿＿＿＿＿＿＿＿

☐(2) Go for it. 　　（　　　　　　　　）　　☐(5) ～のように見える

☐(3) around the world　　　　　　　　　　　＿＿＿＿＿ ＿＿＿＿＿ ～
　　　　　　　　　　（　　　　　　　　）　　☐(6) ～もいれば，…もいる。

　　　　　　　　　　　　　　　　　　　　　＿＿＿＿＿ ～．＿＿＿＿＿ ….

**1** 例にならい，「私は〜するために…しました。」という意味の文を完成させなさい。

| 例 went to the gym | (1) stayed at home | (2) came home early | (3) visited Osaka |
|---|---|---|---|
| practice basketball | do my homework | help my mother | see my old friend |

⚠ **ミスに注意**

文の主語の人称や時，文の種類に関係なく，〈to＋動詞の原形〉の形は変わらないよ。

例 **I went to the gym to practice basketball.**

☐(1) I stayed at home ＿＿＿＿＿ ＿＿＿＿＿ my homework.

☐(2) I came home early ＿＿＿＿ ＿＿＿＿ ＿＿＿＿ ＿＿＿＿.

☐(3) ＿＿＿＿＿＿＿＿＿＿＿＿＿＿＿＿＿＿＿＿

**2** 日本語に合うように，＿＿に適切な語を書きなさい。

☐(1) 私はその雑誌を買いに書店に行きました。

I went to a bookstore ＿＿＿＿＿ ＿＿＿＿＿ the magazine.

☐(2) 京都には訪れるべき場所がたくさんあります。

Kyoto has a lot of ＿＿＿＿＿ ＿＿＿＿＿ ＿＿＿＿＿.

☐(3) 私は週末には朝食を作るために早起きします。

I get up early ＿＿＿＿＿ ＿＿＿＿＿ ＿＿＿＿＿ on weekends.

☐(4) 私には今，あなたと話す時間がありません。

I don't have ＿＿＿＿ ＿＿＿＿ ＿＿＿＿ with you now.

**注目!**

動作の目的を表す〈to＋動詞の原形〉の意味
自然な日本語にするため，「〜するために」と訳さない場合がある。
例「〜するのに」
　「〜しに」

**3** 日本語に合うように，（　）内の語句を並べかえなさい。

☐(1) 私たちはサッカーの試合を見に競技場に行きました。

( watch / we / to / to / the stadium / went / a soccer game ).

＿＿＿＿＿＿＿＿＿＿＿＿＿＿＿＿＿＿＿.

☐(2) あの店で何か飲み物を買いましょう。

( at / let's / to / buy / drink / that shop / something ).

＿＿＿＿＿＿＿＿＿＿＿＿＿＿＿＿＿＿＿.

☐(3) 私は，彼女はテニスをしたがっていると思います。

( tennis / to / I / wants / think / play / she ).

＿＿＿＿＿＿＿＿＿＿＿＿＿＿＿＿＿＿＿.

**テストによく出る!**

注意すべき〈something to＋動詞の原形〉の訳

・something to eat
　「食べるための何か」
　→「何か食べ物」
・something to drink
　「飲むための何か」
　→「何か飲み物」

PROGRAM 3

# Steps 2 文章の構成を考えよう

| 教科書の<br>重要ポイント | **文章の構成** | 教科書 p.38 |

・文章の構成は「導入（Beginning）」→「展開（Body）」→「まとめ（Ending）」が基本。

・「導入（Beginning）」
→話題を紹介し，聞き手をひきつける部分。

★「導入」でよく使われる表現の例
☐ I'm going to talk [write] about ～.
「～についてお話しします［書きます］。」

・「展開（Body）」
→自分が述べたいこととその理由などを具体的に述べる部分。

★「展開」でよく使われる表現の例
☐ First [Second, Third …], ～.「まず［第2に，第3に…］，～。」
☐ Next, ～.「次に，～。」
☐ Finally [Lastly], ～.「最後に，～。」

・「まとめ（Ending）」
→これまでに述べてきた内容をまとめる部分。
→主張を繰り返したり，前向きな気持ちや希望を述べたりするとよい。
→スピーチの場合は最後に聞き手への感謝の気持ちを伝える。

★「まとめ」でよく使われる表現の例
☐ I think (that) ～.「～だと思います。」
☐ I hope (that) ～.「～ということを望みます。」
☐ How about ～ing?「～してはどうでしょうか。」
☐ Thank you (for listening).「（聞いてくださって）ありがとうございます。」

| Words & Phrases | 次の日本語は英語に，英語は日本語にしなさい。

☐(1) tower （　　　　　　　　） 　　☐(2) 背の高い _____

**1** 日本語に合うように，＿＿＿に適切な語を書きなさい。

□(1) 私たちの修学旅行についてお話しします。

I'm ＿＿＿＿＿ ＿＿＿＿＿ ＿＿＿＿＿ about our school trip.

□(2) まず，みなさんはいくつかのスポーツを楽しむことができます。第２に，みなさんは数人の有名な選手と話すことができます。

＿＿＿＿＿ , you can enjoy some sports. ＿＿＿＿＿, you can talk with some famous players.

□(3) もしこのお祭りに興味があるなら，参加してはどうでしょうか。

If you are interested in this festival, ＿＿＿＿＿ ＿＿＿＿＿ ＿＿＿＿＿ it?

□(4) 聞いてくださって，ありがとうございます。

＿＿＿＿＿ ＿＿＿＿＿ ＿＿＿＿＿ ＿＿＿＿＿ .

**2** 次のア～カを，「導入」「展開」「まとめ」で構成された１つのスピーチ文になるように並べかえ，その順番を記号で答えなさい。

ア Second, I hope many children will be interested in science.

イ It's to be a science teacher.

ウ Now, I study science a lot for my dream. Thank you.

エ There are two reasons for that.

オ I'm going to talk about my dream.

カ First, I like science very much.

□( 　 ) → ( 　 ) → ( 　 ) → ( 　 ) → ( 　 ) → ( 　 )

**3** 日本語に合うように，（　）内の語や符号を並べかえなさい。

□(1) 私の宝物についてお話しします。

( to / I'm / my / about / going / treasure / talk ).

＿＿＿＿＿＿＿＿＿＿＿＿＿＿＿＿＿＿ .

□(2) 最後に，みなさんはたくさんの花を見ることができます。

( see / of / a / finally / can / flowers / lot / you / , ).

＿＿＿＿＿＿＿＿＿＿＿＿＿＿＿＿＿＿ .

□(3) 私は，みんながそこでの滞在を楽しむことができると思っています。

( think / can / there / enjoy / I / everyone / staying ).

＿＿＿＿＿＿＿＿＿＿＿＿＿＿＿＿＿＿ .

Steps 2

テストによく出る!

「～してくれてありがとう。」

相手の行為に対して「～してくれてありがとう。」と感謝の言葉を述べる場合は, Thank you[Thanks] for ～ing. と言う。

注目!

文の並べ替え

複数の英文を意味が通るように並べ替えるときは, つなぎことばや代名詞も大切なポイントになるので, 読み込む前にそれらを含むものがないかをチェックするようにしよう。

⚠ミスに注意

(3)語群に接続詞thatが入っていないので, thinkに直接〈主語＋（助）動詞～〉を続けることに注意しよう。

# Our Project 4
# 「夢の旅行」を企画しよう

**教科書の重要ポイント** プレゼンテーションの構成　　教科書 pp.39～43

・プレゼンテーションは「導入(Beginning)」→「展開(Body)」→「まとめ(Ending)」の構成とする。

・「導入(Beginning)」：中心となる話題の紹介
→「夢の旅行」の企画内容やプレゼンテーションで展開したい話題の概要を説明する。
　We think Okinawa is a wonderful place to visit. 〔私たちは，沖縄は訪れるべきすばらしい場所だと思います。〕
　You can enjoy many things there. 〔みなさんはそこでたくさんのことを楽しむことができます。〕
　Today, we will tell three of them to you. 〔今日はそのうちの3つをみなさんにお教えします。〕

　いくつかの例や理由を挙げて説明したい場合は，いくつ挙げるのかを事前に伝えておくといいよ。

・「展開(Body)」：具体的な内容
→導入でふれたことについての具体的な内容を述べる。
　First, you can enjoy .... 〔まず，…を楽しむことができます。〕
　Second, you can enjoy .... 〔2つ目に，…を楽しむことができます。〕
　Lastly, you can enjoy .... 〔最後に，…を楽しむことができます。〕

　例や理由を1つずつ紹介するときは，First, Second, Lastly などのつなぎことばを使おう。

・「まとめ(Ending)」：主張の繰り返し，希望，感謝のことば　など
→言いたいことをもう一度繰り返したり，希望を伝えたりしたあと，聞き手に対して感謝のことばを伝える。
　Okinawa is a really good place to visit. 〔沖縄は訪れるのに実によい場所です。〕
　We hope you will like our plan. 〔みなさんが私たちの計画を気に入ってくださることを望みます。〕
　Thank you for listening. 〔聞いてくださって，ありがとうございます。〕

**Words & Phrases** 次の日本語は英語に，英語は日本語にしなさい。

□(1) among 　（　　　　　　　　）　　□(4) 旅行者，観光客 ＿＿＿＿＿＿＿

□(2) spot 　（　　　　　　　　）　　□(5) クッキー ＿＿＿＿＿＿＿

□(3) up close 　（　　　　　　　　）　　□(6) シーフード，海産物 ＿＿＿＿＿＿＿

**1** 日本語に合うように，＿＿＿に適切な語を書きなさい。

☐(1) 私は，フランスは訪れるのによい場所だと思います。

I think France is a good ＿＿＿＿＿ ＿＿＿＿＿ ＿＿＿＿＿.

☐(2) 日本での生活はどうですか。

＿＿＿＿＿ do you ＿＿＿＿＿ your life in Japan?

☐(3) 手伝ってくださって，ありがとうございます。

＿＿＿＿＿ ＿＿＿＿＿ ＿＿＿＿＿ ＿＿＿＿＿ me.

**テストによく出る!**

How do you like ～?

**1**(2)How do you like ～?で「～をどのくらい好きですか。」，つまり「～はどうですか。」と相手に感想をたずねるときに使う表現となる。

**2** タクヤは夢の旅行の計画についてのプレゼンテーションをするために，次のようなメモを書きました。このメモをもとに，タクヤの発表での発言(1)～(3)を完成させなさい。

〈メモ〉

> ・訪れるのによい場所：沖縄
> ・理由は3つ
> 　①美しい海で泳げる　②歴史を学べる　③食べ物がとてもおいしい
> ・終わりのことば：私の計画はどうですか。

☐(1) I think Okinawa is a good ＿＿＿＿＿ ＿＿＿＿＿ ＿＿＿＿＿.
I have three reasons.

☐(2) ＿＿＿＿＿, you can swim in the beautiful sea. ＿＿＿＿＿,
you can learn its history. ＿＿＿＿＿, the food in Okinawa
is delicious.

☐(3) ＿＿＿＿＿ do you ＿＿＿＿＿ my plan?

**3** 日本語に合うように，（　）内の語を並べかえなさい。

☐(1) 私たちの計画は京都に滞在することです。

( is / Kyoto / to / our / stay / plan / in ).

＿＿＿＿＿＿＿＿＿＿＿＿＿＿＿＿＿＿＿＿＿＿＿＿

☐(2) 京都は訪れるべきすばらしい場所です。

( a / to / is / place / Kyoto / visit / wonderful ).

＿＿＿＿＿＿＿＿＿＿＿＿＿＿＿＿＿＿＿＿＿＿＿＿

☐(3) みなさんが私たちの計画を気に入ってくれることを望みます。

( will / our / you / we / plan / like / hope ).

＿＿＿＿＿＿＿＿＿＿＿＿＿＿＿＿＿＿＿＿＿＿＿＿

**注目!**

補語としての名詞的用法の不定詞と動名詞

**3**(1)A is B.「AはBです。」のBの部分（補語という）に「～すること」を入れる場合，名詞的用法の不定詞と動名詞を使い分ける必要がある。

・名詞的用法の不定詞を使う場合→plan「計画」，dream「夢」といった，これから起こることについて表す場合。

例 My dream is to work in Australia.「私の夢はオーストラリアで働くことです。」

・動名詞を使う場合→job「仕事」，hobby「趣味」といった，日常的に行っていることについて表す場合。

例 My job is teaching math.「私の仕事は数学を教えることです。」

**❶ （ ）に入る適切な語句を選び，記号を〇で囲みなさい。**

☐(1) I have some books （　）.

ア read　イ to read　ウ reading　エ to reading

☐(2) Yuta visited Hokkaido （　）his grandfather.

ア saw　イ seeing　ウ and sees　エ to see

☐(3) Did you enjoy （　）the soccer game?

ア watch　イ to watch　ウ watching　エ watched

**❷ 日本語に合うように，＿＿に適切な語を書きなさい。**

不定詞の３つの
用法と意味を思
い出そう。

☐(1) 私たちはたいへん疲れていたので，歩くのをやめました。

We were very tired, so we ＿＿＿＿＿＿ ＿＿＿＿＿＿.

☐(2) 私は牛乳を買いにスーパーに行きました。

I went to a supermarket ＿＿＿＿＿＿ ＿＿＿＿＿＿ some milk.

☐(3) サッカーの練習を始めましょう。

Let's ＿＿＿＿＿＿ ＿＿＿＿＿＿ ＿＿＿＿＿＿ soccer.

☐(4) 寝る時間ですよ。

It's ＿＿＿＿＿＿ ＿＿＿＿＿＿ ＿＿＿＿＿＿ to bed.

**❸ 日本語に合うように，（ ）内の語を並べかえなさい。**

☐(1) 私は今，何もすることがありません。( to / I / nothing / have / now / do ).

＿＿＿＿＿＿＿＿＿＿＿＿＿＿＿＿＿＿＿＿＿＿.

☐(2) あなたは沖縄で何をしたいですか。( you / in / do / do / Okinawa / want / what / to )?

＿＿＿＿＿＿＿＿＿＿＿＿＿＿＿＿＿＿＿＿?

☐(3) 私は，日本語を話すのは難しいと思います。

( that / is / Japanese / I / difficult / speaking / think ).

＿＿＿＿＿＿＿＿＿＿＿＿＿＿＿＿＿＿＿＿.

**❹ 次の日本語を，（ ）内の語数の英語にしなさい。**

☐(1) 私たちはテニスをしにここに来ました。（6語）

＿＿＿＿＿＿＿＿＿＿＿＿＿＿＿＿＿＿＿＿

☐(2) 彼は自分の部屋を掃除し終えました。（5語）

＿＿＿＿＿＿＿＿＿＿＿＿＿＿＿＿＿＿＿＿

ヒント ❷ (3)「〜の練習を始める」は「〜を練習することを始める」と考える。
❹ (2)「〜し終えました」は「〜することを終えました」と考える。

**5** 読む 次の対話文を読んで，あとの問いに答えなさい。

**Mao :** ①What do you (　　　) (　　　) have?

**Daniel :** ②( have / to / something / I / sweet / want ).

**Mao :** Then, ③(　　　) (　　　) *wata-ame*?

**Daniel :** Ah, it's cotton candy in English. It's from the U.S.

**Mao :** Is it? I didn't know ④that.

☐(1) 下線部①で，真央はダニエルに何を食べたいかたずねています。(　)に入る適切な語を書きなさい。

_____　_____

☐(2) 下線部②が「私は何か甘いものが食べたいです。」という意味になるように，(　)内の語を並べかえなさい。

_____.

☐(3) 下線部③が「綿あめはどうですか。」という意味になるように，(　)に入る適切な語を書きなさい。

_____　_____

☐(4) 下線部④が指す内容を本文中の英語４語で抜き出しなさい。

_____　_____　_____　_____

**6** 話す 次の問題を読んで，あとの問いに答えなさい。解答の答え合わせのあと，発音アプリの指示に従って，問題文と解答を声に出して読みなさい。 アプリ

　　Sea otters are cute and popular animals. They sometimes cover their eyes with their paws. They look shy but actually, they do that to warm their paws. They sometimes hold hands. They don't want to drift apart when they are sleeping.

　　　(注)sea otter ラッコ　cover おおう　with ～で　paw 手　look ～ ～に見える
　　　　　actually 実は　drift apart 離れ離れになる

☐(1) When sea otters cover their eyes with their paws, how do they look?

　　—

☐(2) Why do sea otters hold hands?

　　—

ヒント　**5**(4)thatは語句だけでなく，直前の文の内容を指すこともできる。

43

ぴたトレ
**3**
確認テスト

PROGRAM 3 ～
Our Project 4

時間 30分 ／100点 合格 70点

解答 p.9

教科書 pp.29 ～ 43

❶ 下線部の発音が同じものには〇を，そうでないものには×を，解答欄に書きなさい。 6点

(1) r<u>a</u>cket
    <u>a</u>ctor

(2) t<u>oo</u>thpick
    t<u>oo</u>k

(3) <u>ea</u>ch
    inst<u>ea</u>d

❷ 最も強く発音する部分の記号を解答欄に書きなさい。 6点

(1) a - mong
   ア   イ

(2) ex - pen - sive
   ア   イ   ウ

(3) char - ac - ter
   ア   イ   ウ

よく出る ❸ 日本語に合うように，＿＿に入る適切な語を書きなさい。 20点

(1) 本を読むことは楽しいです。

＿＿＿＿＿＿ ＿＿＿＿＿＿ ＿＿＿＿＿＿ fun.

(2) 彼女は昨日，手紙を書き終えました。

She ＿＿＿＿＿＿ ＿＿＿＿＿＿ the letter yesterday.

(3) 私の弟は，宿題を始めるためにテレビを消しました。

My brother ＿＿＿＿＿＿ off the TV ＿＿＿＿＿＿ ＿＿＿＿＿＿ his homework.

(4) 彼の計画は，毎朝，公園で走ることです。

His plan is ＿＿＿＿＿＿ ＿＿＿＿＿＿ in the park every morning.

❹ 対話が完成するように，＿＿に入る適切な語を書きなさい。 20点

(1) *A* : Are you free today?

   *B* : No. I have many things ＿＿＿＿＿＿ ＿＿＿＿＿＿ today.

(2) *A* : Why did you visit the hospital yesterday?

   *B* : ＿＿＿＿＿＿ see my grandmother.

(3) *A* : What is your dream?

   *B* : I ＿＿＿＿＿＿ ＿＿＿＿＿＿ ＿＿＿＿＿＿ an English teacher.

(4) *A* : Do you often play the piano?

   *B* : Yes. I like ＿＿＿＿＿＿ the piano.

❺ 次のナオコ(Naoko)の発表文を読んで，あとの問いに答えなさい。 24点

  Hello, everyone. I'm Naoko. I'm going to talk about my dream trip. I want to go to Australia. I have three reasons.

  First, I want to visit Uluru. Uluru is a name of a big rock. It is very big, so it looks like a mountain. I want to see old pictures of Uluru to learn about the history of Australia.

Second, I want to have a barbecue in a park.  There are many barbeque spots in many parks.  Many people in Australia enjoy eating outside on sunny days.  I want to try ①that too.

Lastly, I want to go to a forest.  A lot of koalas live in nature in Australia.  I want to take some pictures of them there.

②Australia ( an / visit / country / is / exciting / to ).  I hope I can go there someday.

(注)Uluru　ウルル（オーストラリアのエアーズロック）　　rock　岩

(1) 下線部①が指す内容を本文中の英語5語で抜き出しなさい。

(2) 下線部②が意味の通る英文になるように，（　）内の語を並べかえなさい。

(3) 本文の内容について，次の問いに（　）内の語数の英語で答えなさい。

　　1. Why does Naoko want to see old pictures of Uluru?（7語）

　　2. What does Naoko want to do in a forest?（8語）

6 書く！ 次のようなとき英語で何と言うか，（　）内の指示に従って書きなさい。 表 24点

(1) 自分はケーキを作るために，卵をいくつか買ったと伝えたいとき。（make a cakeを使って8語で）

(2) 相手に昨日，何をして楽しんだかたずねたいとき。（enjoyを使って6語で）

(3) 図書館には読むべき本がたくさんあると伝えたいとき。（thereを使って9語で）

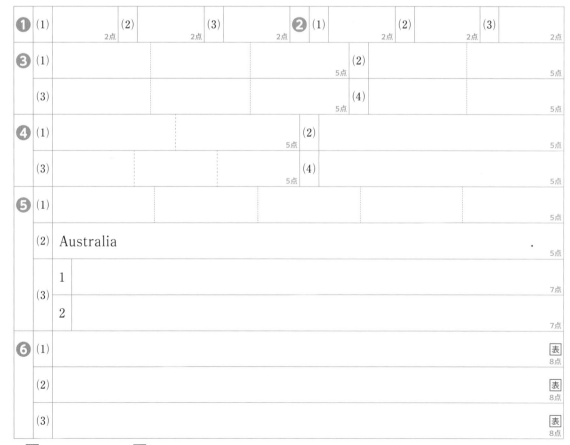

▶ 表 の印がない問題は全て 技 の観点です。

# Reading 1
# Gon, the Little Fox 1

教科書の重要ポイント **【復習】進行形・不定詞(名詞的用法・副詞的用法)** 教科書pp.44〜46

## He was catching fish and eels. 〔彼は魚やウナギを捕まえているところでした。〕

〈be動詞＋動詞の-ing形〉

- 〈am[are, is]＋動詞の-ing形〉(現在進行形)＝「〜しているところだ」
- 〈was[were]＋動詞の-ing形〉(過去進行形)＝「〜しているところだった」
  →現在や過去のあるときに進行中だった動作を表す。

## These days strange things are happening. 〔近ごろ, 奇妙なことが起こっています。〕

- 現在進行形は, 少し前から現在まで一時的に継続している動作や状態を表すこともできる。

## Gon decided to play a trick on him. 〔ごんは彼にいたずらをすることにしました。〕

〈to＋動詞の原形〉「〜すること」

## Is he here to play a trick again? 〔彼はまたいたずらをするためにここにいるのでしょうか。〕

〈to＋動詞の原形〉「〜するために」

- 〈to＋動詞の原形〉の役割
  →「〜すること」という名詞として働く。動詞の目的語にもなる。
  →「〜するために」と動作の目的を表す。
  ＊「〜する(ための)／べき」という意味で, (代)名詞を説明する役割もある。

**Words & Phrases** 次の日本語は英語に, 英語は日本語にしなさい。

□(1) shout （　　　　　　　　）　　□(6) 決定する ＿＿＿＿＿＿＿＿

□(2) clothes （　　　　　　　　）　　□(7) ドア, 扉 ＿＿＿＿＿＿＿＿

□(3) probably （　　　　　　　　）　　□(8) runの過去形 ＿＿＿＿＿＿＿＿

□(4) sick （　　　　　　　　）　　□(9) 死ぬ ＿＿＿＿＿＿＿＿

□(5) ground （　　　　　　　　）　　□(10) だれか ＿＿＿＿＿＿＿＿

**1** 例にならい，「…は〜していました。」という意味の文を完成させなさい。

⚠ミスに注意

be動詞は，主語の人称・数や文が表す時によって使い分けよう。

| 例 Kazuki | (1) Yuka | (2) they | (3) I |
|---|---|---|---|
| talk with his friends | sit on a chair | wear *yukata* | take a bath |

例 **Kazuki was talking with his friends.**

☐(1) Yuka ＿＿＿＿＿ ＿＿＿＿＿ on a chair.

☐(2) ＿＿＿＿＿ ＿＿＿＿＿ ＿＿＿＿＿ *yukata*.

☐(3) ＿＿＿＿＿＿＿＿＿＿＿＿＿＿＿＿＿＿＿＿

**2** 日本語に合うように，＿＿に適切な語を書きなさい。

☐(1) そのとき，彼らは公園で走っていました。

They ＿＿＿＿＿ ＿＿＿＿＿ in the park then.

☐(2) 私は宿題をするために図書館に行きました。

I went to the library ＿＿＿＿＿ ＿＿＿＿＿ my homework.

☐(3) 近ごろ，彼は絵を描いています。

These days he ＿＿＿＿＿ ＿＿＿＿＿ a picture.

☐(4) 彼らは私たちのチームに加わりたがっています。

They ＿＿＿＿＿ ＿＿＿＿＿ ＿＿＿＿＿ our team.

テストによく出る！

【復習】一般動詞の -ing形の作り方

①たいていの動詞→語尾に -ingをつける。
例 play → playing
②eで終わる動詞→eをとって -ingをつける。
例 make → making
③〈短母音＋子音字〉で終わる動詞→子音字を重ねて -ingをつける。
例 stop → stopping

**3** 日本語に合うように，（　）内の語を並べかえなさい。

☐(1) 彼女はこのごろ，たくさん本を読んでいます。

( lot / she / books / these / of / reading / a / is ) days.

＿＿＿＿＿＿＿＿＿＿＿＿＿＿＿＿＿＿＿＿ days.

☐(2) 私たちは沖縄に滞在することにしました。

( Okinawa / we / in / decided / stay / to ).

＿＿＿＿＿＿＿＿＿＿＿＿＿＿＿＿＿＿＿＿

☐(3) 彼は食べるものを買いにスーパーに行きました。

( food / a / some / to / to / he / supermarket / went / buy ).

＿＿＿＿＿＿＿＿＿＿＿＿＿＿＿＿＿＿＿＿

注目！

不定詞の意味

必ずしも「〜すること」「〜するために」といった日本語があてられるとは限らない。
例「〜することを欲する」→「〜したい」「〜するために行く」→「〜しに行く」

**教科書の重要ポイント**　【復習】接続詞 when, if　教科書p.45

## Someone brings them <u>when I'm not at home.</u>

→〈when＋主語＋動詞〜〉

〔私が家にいないときに，だれかがそれらを持ってくるのです。〕

## <u>If you don't believe me,</u> come to my house tomorrow.

→〈if＋主語＋動詞〜〉

〔もし私のことを信じていないのであれば，明日私の家に来てください。〕

・〈when＋主語＋動詞〜〉＝「〜のとき」，〈if＋主語＋動詞〜〉＝「もし〜ならば」

→〈when 〜〉は時，〈if 〜〉は条件を表す。

→文の前半・後半の両方に置くことができる。

→文の前半に置く場合は，〈when[if] 〜〉の終わりにカンマが必要。

【前半に置く場合】When I came home, my mother was cooking dinner.

→ カンマが必要

【後半に置く場合】My mother was cooking dinner when I came home.

→ カンマは不要

〔私が家に帰ったとき，母が夕食を作っていました。〕

ナルホド!

**Words & Phrases**　次の日本語は英語に，英語は日本語にしなさい。

(1) strange （　　　　　　　　）

(2) line （　　　　　　　　）

(3) out （　　　　　　　　）

(4) tooth （　　　　　　　　）

(5) these days （　　　　　　　　）

(6) one day （　　　　　　　　）

(7) bringの過去形 ＿＿＿＿＿＿＿

(8) thinkの過去形 ＿＿＿＿＿＿＿

(9) 盗む ＿＿＿＿＿＿＿

(10) 隣人 ＿＿＿＿＿＿＿

(11) 起こる ＿＿＿＿＿＿＿

(12) 〔謝って〕すみません。 ＿＿＿＿＿＿＿

**1** 日本語に合うように，（　）内から適切なものを選び，記号を〇で囲みなさい。

⚠ミスに注意

〈when[if] 〜〉の部分で未来のことを述べるときは，現在形で表すんだったよね。

- □(1) ひまなとき，あなたは何をしますか。

  What do you do ( ア if イ when ) you are free?

- □(2) もし私たちといっしょに行きたければ，私にメールを送ってください。

  ( ア If イ When ) you want to go with us, please email me.

- □(3) 明日雨が降れば，私は家にいようと思います。

  I'll stay home if ( ア it will be rainy イ it's rainy ) tomorrow.

- □(4) 今週末に彼の家に行くとき，私もいっしょに行っていいですか。

  When ( ア you will visit イ you visit ) his house this weekend, can I go with you?

**2** 次の2つの文を（　）内の語を使ってほぼ同じ内容を表す1つの文にするとき，＿＿に適切な英語を書きなさい。

⚠ミスに注意

when[if]のあとは〈主語＋動詞〜〉の文の形になるよ。(2)は片方が命令文になっているから，主語を補おう。

- □(1) I visited Hokkaido. I enjoyed skiing then. （when）

  ＿＿＿＿＿＿＿＿＿＿＿＿＿＿＿＿＿, I enjoyed skiing.

- □(2) Come to my house. You can play a new video game. （if）

  You can play a new video game ＿＿＿＿＿＿＿＿＿

  ＿＿＿＿＿＿＿＿＿.

- □(3) I saw Kenta. He was watching birds then. （when）

  ＿＿＿＿＿＿＿＿＿＿＿＿＿＿＿＿＿ I saw him.

**3** 日本語に合うように，（　）内の語句や符号を並べかえなさい。

注目!

〈when[if] 〜〉の位置
カンマを使うなら前半に，使わないなら後半に置く。

- □(1) もしその写真を持っているなら，私に見せてください。

  ( the picture / show / you / me / have / to / if / it / , ).

  ＿＿＿＿＿＿＿＿＿＿＿＿＿＿＿＿＿＿＿.

- □(2) 私が電話したとき，あなたは何をしていましたか。

  ( you / you / I / when / were / what / doing / called / , )?

  ＿＿＿＿＿＿＿＿＿＿＿＿＿＿＿＿＿＿＿?

- □(3) あなたが忙しくなければ，いっしょに買い物に行きましょう。

  ( shopping / if / together / busy / not / you / go / are / let's ).

  ＿＿＿＿＿＿＿＿＿＿＿＿＿＿＿＿＿＿＿.

**❶** ( )に入る適切な語句を選び，記号を○で囲みなさい。

☐(1) Yukari went to a bookstore ( ) the magazine.

　　ア bought　イ buying　ウ to buy　エ and buys

☐(2) *A :* Where was Paul?

　　*B :* He ( ) in his room.

　　ア studies　イ is studying　ウ studied　エ was studying

☐(3) If it ( ) sunny this weekend, I'll go shopping with my sister.

　　ア is　イ will be　ウ was　エ to be

答えを判断する
ヒントになるの
で，空所の数に
も注意しよう。

**❷** 日本語に合うように，＿＿＿に適切な語を書きなさい。

☐(1) 私はおじに会うために青森を訪ねました。

　　I visited Aomori ＿＿＿＿＿＿＿＿＿ ＿＿＿＿＿＿＿＿＿ my uncle.

☐(2) 私たちは9時にその映画を見始めました。

　　We ＿＿＿＿＿＿＿＿ ＿＿＿＿＿＿＿＿ ＿＿＿＿＿＿＿＿ the movie at nine.

☐(3) 私が家に帰ったとき，私のイヌはドアのところにすわっていました。

　　My dog ＿＿＿＿＿＿＿＿ ＿＿＿＿＿＿＿＿ at the door ＿＿＿＿＿＿＿＿ I came home.

**❸** 日本語に合うように，( )内の語を並べかえなさい。

☐(1) 彼女は花の絵を描いていました。

　　( a / flowers / she / drawing / of / was / picture ).

　　＿＿＿＿＿＿＿＿＿＿＿＿＿＿＿＿＿＿＿＿＿＿＿＿＿＿＿＿＿＿＿＿＿.

☐(2) 私はトムといっしょにテニスがしたいです。

　　( Tom / tennis / I / with / to / play / want ).

　　＿＿＿＿＿＿＿＿＿＿＿＿＿＿＿＿＿＿＿＿＿＿＿＿＿＿＿＿＿＿＿＿＿.

☐(3) もしすしが好きならば，食べに行きましょう。

　　( go / *sushi* / it / you / let's / eat / like / if / to ).

　　＿＿＿＿＿＿＿＿＿＿＿＿＿＿＿＿＿＿＿＿＿＿＿＿＿＿＿＿＿＿＿＿＿.

**❹** 次の英文を，( )内の指示に従って書きかえなさい。

☐(1) Hiroki took pictures.　（文末にat that timeを加えて過去進行形の文に）

　　＿＿＿＿＿＿＿＿＿＿＿＿＿＿＿＿＿＿＿＿＿＿＿＿＿＿＿＿＿＿＿＿＿＿＿

☐(2) You called me. I was watching TV then.　（Whenで始まるほぼ同じ内容を表す1文に）

　　＿＿＿＿＿＿＿＿＿＿＿＿＿＿＿＿＿＿＿＿＿＿＿＿＿＿＿＿＿＿＿＿＿＿＿

ヒント **❸**(3)「食べに行く」→「食べるために行く」　**❹**(2)whenには疑問詞だけでなく，接続詞としての役割もある。

**5** 読む 次の英文は，ごん (Gon) というキツネが猟師の兵十 (Hyoju) の母親が亡く(な)なったことを察したあとの場面について書かれたものです。これを読んで，あとの問いに答えなさい。

That night, Gon thought, "When Hyoju's mother was sick, she wanted to eat eel. But I stole it. ①Ah, I'm sorry, Hyoju." Gon's heart sank.

From the next day, Gon brought many chestnuts and left them at Hyoju's house. One night, Hyoju said to his neighbor. "These days ②strange things are happening. Every day I find chestnuts at my door. Someone brings them when I'm not at home. ③( もし私を信じないならば ), come to my house tomorrow."

The next day Gon brought chestnuts again. ( ④ ) this time Hyoju saw him. "Is he here to play a trick again? I'll stop him." Hyoju picked up his rifle and shot. Bang!

Gon ⑤( fall ) to the ground. Hyoju looked around and found the chestnuts. "It was you! You brought the chestnuts," he said. Gon nodded weakly.

新美南吉「ごん狐」より

□(1) ごんが下線部①のように言った理由を説明した文を完成させなさい。

兵十の母親が（　　　　　　　　　　　　　）を（　　　　　　　　　　　　　）から。

□(2) 下線部②の内容を説明した次の英文を完成させなさい。

Every day Hyoju ＿＿＿＿＿＿ chestnuts at ＿＿＿＿＿＿ ＿＿＿＿＿＿.

□(3) 下線部③の（ ）内の日本語を5語の英語にしなさい。

＿＿＿＿＿ ＿＿＿＿＿ ＿＿＿＿＿ ＿＿＿＿＿ ＿＿＿＿＿

□(4) ④の（ ）に入る適切な語を書きなさい。　　　　　　　　　　　＿＿＿＿＿＿

□(5) 下線部⑤の（ ）内の語を適切な形にしなさい。

＿＿＿＿＿＿

□(6) 次の問いに英語で答えるとき，＿＿＿に適切な語を書きなさい。

1. Who left chestnuts at the door of Hyoju's house? — ＿＿＿＿＿ ＿＿＿＿＿.

2. Why did Hyoju shoot Gon?

— Because he thought Gon was going to ＿＿＿＿＿ ＿＿＿＿＿ ＿＿＿＿＿ again.

□(7) 次の文が本文の内容に合っていれば○を，合っていなければ×を書きなさい。

ア　ごんは兵十の家にいたところを，兵十の隣人に見つかりました。　　　　（　　　）

イ　兵十はごんがクリを持っていることに気づいたにもかかわらず，ごんを撃ってしまいました。

（　　　）

ヒント　**5** (6)1. 疑問詞が主語の一般動詞の疑問文に答えるときは，〈主語＋do[does / did].〉で答える。

# Word Web 2　いろいろな形容詞

教科書の重要ポイント　**いろいろな形容詞**　教科書 p.48

**This bag is heavy.**〔このかばんは重いです。〕

・形容詞＝人やものの様子や状態などを表す語
　　→be動詞「～である」や特定の一般動詞(→PROGRAM 5 参照)のあとに置くと,
　　その文の主語の様子や状態などを表すことができる。
　　→名詞の前に置くことで, 名詞を直接修飾することもできる。
　　例　a heavy bag〔重いかばん〕

★対義語のペアで覚えておきたい形容詞

□cheap「安価な, 安い」　⇔ □expensive「高価な, 高い」

□clean「きれいな, 清潔な」　⇔ □dirty「汚れた, 汚い」

□empty「からの」　⇔ □full「いっぱいの, 満ちた」

□heavy「重い」　⇔ □light「軽い」

□high「(高さが)高い」　⇔ □low「(高さが)低い」

□narrow「狭い」　⇔ □wide「広い」

□right「正しい」　⇔ □wrong「間違っている」

□thick「厚い」　⇔ □thin「薄い」

□wet「ぬれている」　⇔ □dry「乾燥した, かわいた」

ナルホド!

**Words & Phrases**　次の日本語は英語に, 英語は日本語にしなさい。

□(1) cheap （　　　　　　　）　　□(5) 汚れた, 汚い ＿＿＿＿＿＿

□(2) wet （　　　　　　　）　　□(6) からの ＿＿＿＿＿＿

□(3) thick （　　　　　　　）　　□(7) 重い ＿＿＿＿＿＿

□(4) dry （　　　　　　　）　　□(8) 広い ＿＿＿＿＿＿

　　　　　　　　　　　　　　□(9) 薄い ＿＿＿＿＿＿

**1** 例にならい，「…は〜です。」という意味の文を完成させなさい。ただし， ☐ の中にある語のいずれか１つを必ず使うこととし，各語は１度しか使えないものとします。

| 例 this movie | (1) this box | (2) these cars | (3) this wall |
|---|---|---|---|
|  | 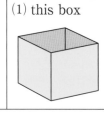 |  |  |

> interesting（例） / wrong / thin / empty / dry / dirty

例 **This movie is interesting.**

☐(1) This box is _____.

☐(2) These cars _____ _____.

☐(3) _____

**2** 日本語に合うように， ＿＿＿ に適切な語を書きなさい。

☐(1) このコンピュータは私には高すぎます。

   This computer is too _____ for me.

☐(2) この重い箱には何が入っているのですか。

   What's in this _____ _____?

☐(3) この本は厚いですが，軽いです。

   This book is _____ but _____.

☐(4) この道路はとても広いですね。

   This _____ is very _____.

**3** 日本語に合うように，（ ）内の語を並べかえなさい。

☐(1) あなたは彼のことを誤解しています。

   ( the / you / him / wrong / about / have / idea ).

   _____.

☐(2) 私に清潔なタオルを１枚持ってきていただけませんか。

   ( a / you / towel / me / could / clean / bring / to )?

   _____?

☐(3) 明日は気温がとても高くなるでしょう。

   ( will / very / the / high / be / temperature ) tomorrow.

   _____ tomorrow.

Word Web 2

⚠ ミス に 注意

thin と thick はつづりが似ているから，混同しないように注意しよう。

⚠ ミス に 注意

(1) expensive も high も日本語では「高い」だけど，使い方が違うよ。

・expensive→ものが「高い，高価な」

例 This bag is expensive.「このかばんは高いです。」

・high→位置・高さ・数値などが「高い」

例 The price of this bag is high.「このかばんの値段は高いです。」
（price＝値段）

## PROGRAM 4
## High-Tech Nature ①

| 教科書の重要ポイント | 比較級 | 教科書 pp.50 ～ 52・57 |

「～よりも」

Daniel is <u>taller than</u> his brother.　〔ダニエルは彼の兄[弟]よりも背が高いです。〕

比較級〈tall＋-er〉

「～よりも」

Baseball is <u>more popular than</u> soccer in our school.

比較級〈more ～〉　　　　　　〔私たちの学校では，野球はサッカーよりも人気があります。〕

・「…よりも～です」→〈形容詞[副詞]の比較級＋than …〉
・比較級の作り方の基本
　① 多くの語 → -erをつける。　例 long → longer
　② eで終わる語 → -rをつける。　例 nice → nicer
　③ 〈子音字＋y〉で終わる語 → yをiにかえて-erをつける。　例 happy → happier
　④ 〈短母音＋子音字〉で終わる語 → 語尾を重ねて-erをつける。　例 hot → hotter
　⑤ 比較的長い語 → 前にmoreを置く。　例 important → more important　ナルホド!

Meg is a <u>better</u> singer <u>than</u> Kumi.　〔メグはクミよりも上手な歌手[歌が上手]です。〕

goodの比較級　　　「～よりも」

・不規則に変化させて比較級を作る形容詞[副詞]もある。
　例 good, well → better　　many, much → more

比較級とthanの間に名詞が入ることもあるよ。

I <u>like</u> summer <u>better than</u> winter.　〔私は冬よりも夏のほうが好きです。〕

like ～ better than …

・「…よりも～のほうが好きです」は，betterを使ってlike ～ better than …　ナルホド!
　と表す。

**Words & Phrases** 次の日本語は英語に，英語は日本語にしなさい。

☐(1) company　（　　　　　　　　）　　☐(3) ～山　＿＿＿＿＿＿＿＿

☐(2) leaf　　　（　　　　　　　　）　　☐(4) 効果　＿＿＿＿＿＿＿＿

**1** 例にならい，「この…はあれよりも～です。」という意味の文を完成させなさい。

注目!

代名詞one

同じ種類の別の単数のものを表す場合，代名詞oneを使うことがある。

例 This bag is smaller than that one.

└→ bagを表す

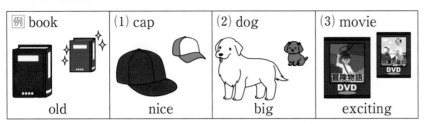

| 例 book | (1) cap | (2) dog | (3) movie |
|---|---|---|---|
| old | nice | big | exciting |

例 **This book is older than that one.**

☐(1) This cap is _____ _____ that one.

☐(2) This dog _____ _____ _____ _____

_____ .

☐(3) _____

PROGRAM 4

**2** 日本語に合うように，____ に適切な語を書きなさい。

☐(1) この本はあの本よりも簡単です。

This book is _____ _____ that one.

☐(2) ハヤトはアキラよりも速く走ります。

Hayato _____ _____ _____ Akira.

☐(3) 私は，理科は数学よりもおもしろいと思います。

I think science is _____ _____ _____ math.

☐(4) アヤはサクラよりも上手に英語を話します。

Aya _____ English _____ _____ Sakura.

⚠ミスに注意

(3)つづりが長い形容詞［副詞］は前にmoreを置いて，(4)good / wellはbetterに変化させて比較級にすることに注意！

**3** 日本語に合うように，（ ）内の語句を並べかえなさい。

☐(1) オーストラリアは日本よりも広いです。

( is / Japan / Australia / than / larger ).

_____

☐(2) 私はサッカーよりテニスのほうが好きです。

( like / tennis / I / better / soccer / than ).

_____ .

☐(3) 私にそのお祭りについて教えてください。

( about / me / the festival / tell ).

_____ .

テストによく出る!

「…より～のほうが好きです」

(2)like ～ better than …の語順で表す。

55

ぴたトレ
**1**
要点チェック

PROGRAM 4
High-Tech Nature ②

時間
**15分**

解答
p.13

〈新出語・熟語 別冊p.10〉

| 教科書の<br>重要ポイント | 最上級 | 教科書 pp.50〜51・53・57 |

→「〜(のうち)で」(仲間・同類)

## Ken can run the fastest of all the students.

→ 最上級〈fast＋-est〉〔ケンは生徒全員のうちでもっとも速く走ることができます。〕

→「〜(の中)で」(範囲・場所)

## Baseball is the most popular sport in my country.

→ 最上級〈most 〜〉　〔野球は私の国でもっとも人気のあるスポーツです。〕

- 「〔3つ[3人]以上を比べて〕もっとも〜です」→〈the＋形容詞[副詞]の最上級〉
- 最上級の作り方の基本
  ① 多くの語 → -estをつける。　例 long → longest
  ② eで終わる語 → -stをつける。　例 nice → nicest
  ③ 〈子音字＋y〉で終わる語 → yをiにかえて-estをつける。　例 happy → happiest
  ④ 〈短母音＋子音字〉で終わる語 → 語尾を重ねて-estをつける。　例 hot → hottest
  ⑤ 比較的長い語 → 前にmostを置く。　例 important → most important　ナルホド!

## Meg is the best singer in my class.　〔メグは私のクラスでもっとも上手な歌手[歌が上手]です。〕

→ goodの最上級

- 不規則に変化させて最上級を作る形容詞[副詞]もある。　ナルホド!
  例 good, well → best　　many, much → most

## I like summer the best of all the seasons.　〔私はすべての季節のうちで夏がもっとも好きです。〕

→ like 〜 the best

- 「〜がもっとも好きです」は，bestを使ってlike 〜 the bestと表す。　ナルホド!

| Words & Phrases | 次の日本語は英語に，英語は日本語にしなさい。 |

☐(1) solve　（　　　　　　　　）　　☐(3) 与える　＿＿＿＿＿＿＿＿＿

☐(2) without　（　　　　　　　　）　　☐(4) 〜のために　＿＿＿＿＿＿ 〜

**1** 例にならい,「…は3つ[3人]のうちでもっとも～です。」という意味の文を完成させなさい。

| 例 my bag | (1) Kazuma | (2) this box | (3) this cup |
|---|---|---|---|
| small | young | heavy | expensive |

⚠ミスに注意

最上級の前にtheを置くのを忘れないように注意!

例 **My bag is the smallest of the three.**

☐(1) Kazuma is _____ _____ of the three.

☐(2) This box is _____ _____ _____ _____
_____ .

☐(3) _____

**2** 日本語に合うように, ____ に適切な語を書きなさい。

☐(1) この本は5冊のうちでもっとも簡単です。
This book is the _____ _____ the five.

☐(2) 母は家族の中でもっとも早く起きます。
My mother gets up _____ _____ _____
my family.

☐(3) 理科はすべての科目のうちでもっともおもしろいと思います。
I think science is _____ _____ _____
_____ all the subjects.

☐(4) アヤは私のクラスでもっとも上手に英語を話します。
Aya speaks English _____ _____ _____ my
class.

注目!

最上級のあとの
in[of] ～

inとofはあとに来る語で使い分ける。
・〈in＋範囲・場所を表す語〉
例 in Japan「日本で」
・〈of＋仲間・同類を表す語〉
例 of the three
「3つ[3人]のうちで」
例 of all
「すべてのうちで」

**3** 日本語に合うように, ( )内の語句を並べかえなさい。

☐(1) これは日本でもっとも古いお寺です。
( is / in / temple / oldest / this / the / Japan ).
_____

☐(2) 私はすべてのスポーツのうちでサッカーがもっとも好きです。
( like / all the sports / best / I / soccer / the / of ).
_____ .

☐(3) この本は英語を学ぶのに役立ちます。
( learn / is / this book / helpful / English / to ).
_____ .

テストによく出る!

「～がもっとも好きです」
(2)like ～ the bestの語順で表す。

PROGRAM 4

# PROGRAM 4
# High-Tech Nature ③

教科書の
重要ポイント **as ～ as ...**　　　教科書 pp.50～51・54・57

**I am <u>as tall as</u> my mother.** 〔私は母と同じくらいの背の高さです。〕
　　　　　└──→ 〈as＋形容詞の原級＋as〉

**Tom can run <u>as fast as</u> Yuji.** 〔トムはユウジと同じくらい速く走ることができます。〕
　　　　　　　└──→ 〈as＋副詞の原級＋as〉

・「…と同じくらい～です」
　→〈as＋形容詞［副詞］の原級（そのままの形）＋as ...〉
　　　　　　　　　　　　　　　　　　　　　　　　　　　ナルホド!

**I am <u>not as tall as</u> my father.** 〔私は父ほど背が高くありません。〕
　　　　　└──→ 〈not as＋形容詞の原級＋as〉

**Tom cannot run <u>as fast as</u> Ken.** 〔トムはケンほど速く走ることができません。〕
　　　└──┴──→ 〈not as＋副詞の原級＋as〉

・「…ほど～ではありません」
　→〈not as＋形容詞［副詞］の原級（そのままの形）＋as ...〉
　　　　　　　　　　　　　　　　　　　　　　　　　　　ナルホド!

Words & Phrases　次の日本語は英語に，英語は日本語にしなさい。

□(1) creature 　(　　　　　　　)　　□(6) 植物 ＿＿＿＿＿＿＿

□(2) agriculture 　(　　　　　　　)　　□(7) 空間 ＿＿＿＿＿＿＿

□(3) rescue 　(　　　　　　　)　　□(8) センチメートル ＿＿＿＿＿＿＿

□(4) potential 　(　　　　　　　)　　□(9) 運ぶ ＿＿＿＿＿＿＿

□(5) be able to ～ 　(　　　　　　　)　　□(10) 捜索，探索 ＿＿＿＿＿＿＿

**1** 例にならい，「この…はあれと同じくらい～です。」という意味の文を完成させなさい。

| 例 movie | (1) watch | (2) picture | (3) cake |
|---|---|---|---|
| long | cool | beautiful | cute |

例 **This movie is as long as that one.**

☐(1) This watch is ＿＿＿＿＿ ＿＿＿＿＿ ＿＿＿＿＿ that one.

☐(2) This picture is ＿＿＿＿＿ ＿＿＿＿＿ ＿＿＿＿＿ ＿＿＿＿＿ ＿＿＿＿＿.

☐(3) ＿＿＿＿＿＿＿＿＿＿＿＿＿＿＿＿＿＿＿＿＿＿＿

**2** 日本語に合うように，＿＿に適切な語を書きなさい。

☐(1) カナはユウジと同じくらい速く泳ぎます。

Kana swims ＿＿＿＿＿ ＿＿＿＿＿ ＿＿＿＿＿ Yuji.

☐(2) その歌はこの歌ほど有名ではありませんでした。

The song ＿＿＿＿＿ ＿＿＿＿＿ ＿＿＿＿＿ ＿＿＿＿＿ this one.

☐(3) 私のクラスでは，理科が数学と同じくらいの人気があります。

In my class, science is ＿＿＿＿＿ ＿＿＿＿＿ ＿＿＿＿＿ math.

☐(4) アヤはケンタほど上手には英語を話しません。

Aya ＿＿＿＿＿ speak English ＿＿＿＿＿ ＿＿＿＿＿ ＿＿＿＿＿ Kenta.

**3** 日本語に合うように，（  ）内の語句を並べかえなさい。

☐(1) ショウタはマサキと同じくらい活発です。

( is / Shota / active / Masaki / as / as ).

＿＿＿＿＿＿＿＿＿＿＿＿＿＿＿＿＿＿＿＿＿.

☐(2) 私の家はあなたのものほど広くありません。

( as / as / my house / not / yours / large / is ).

＿＿＿＿＿＿＿＿＿＿＿＿＿＿＿＿＿＿＿＿＿.

☐(3) 私はヒカリのように上手にピアノをひきたいです。

I ( to / like / the piano / want / play / Hikari / well ).

I ＿＿＿＿＿＿＿＿＿＿＿＿＿＿＿＿＿＿＿＿＿.

教科書の重要ポイント　**楽器の名前を表す名詞**　教科書p.58

## Which do you want to play?〔あなたはどれを演奏したいですか。〕

・〈Which＋疑問文の語順〉＝「どれを[が]〜ですか」「どちらを[が]〜ですか」
　→ 2つ，またはそれ以上の限られた選択肢をもとに質問する表現。

ナルホド！

## I want to play the violin.〔私はバイオリンを演奏したいです。〕
〈play the＋楽器名〉

・「〜(楽器)を演奏する」＝〈play the＋楽器名〉

★楽器名を表す名詞の例

☐contrabass　☐drums　☐flute　☐guitar

☐harmonica　☐harp　☐piano　☐saxophone

☐trumpet　☐violin　☐xylophone

ナルホド！

**Words & Phrases**　次の日本語は英語に，英語は日本語にしなさい。

☐(1) harmonica　（　　　　　　　）　　☐(4) ハープ　＿＿＿＿＿＿＿

☐(2) xylophone　（　　　　　　　）　　☐(5) コントラバス　＿＿＿＿＿＿＿

☐(3) drum　（　　　　　　　）　　☐(6) サクソフォン　＿＿＿＿＿＿＿

**1** 例にならい，「…は〜を演奏したいです［したがっています］。」という意味の文を完成させなさい。

⚠ミスに注意

「〜（楽器）を演奏する」を英語で表すときは，ふつう楽器名の前にtheを入れるよ。

| 例 I | (1) I | (2) Asuka | (3) Hiro |
|---|---|---|---|
| piano | violin | flute | harmonica |

　　例 **I want to play the piano.**

☐(1) I want to ＿＿＿＿＿＿ ＿＿＿＿＿＿ violin.

☐(2) Asuka wants to ＿＿＿＿＿＿ ＿＿＿＿＿＿ ＿＿＿＿＿＿.

☐(3) ＿＿＿＿＿＿＿＿＿＿＿＿＿＿＿＿＿＿＿＿

**2** 日本語に合うように，＿＿に適切な語を書きなさい。

☐(1) あなたはどれを演奏したいですか。

　　＿＿＿＿＿＿ ＿＿＿＿＿＿ you ＿＿＿＿＿＿ to play?

☐(2) 〔(1)に答えて〕私はドラムセットを演奏したいです。

　　I want to ＿＿＿＿＿＿ ＿＿＿＿＿＿ ＿＿＿＿＿＿.

☐(3) 〔(1)に答えて〕私はサックスを演奏したいです。

　　I want to ＿＿＿＿＿＿ ＿＿＿＿＿＿ ＿＿＿＿＿＿.

☐(4) 〔(1)に答えて〕私は木琴を演奏したいです。

　　I ＿＿＿＿＿＿ ＿＿＿＿＿＿ ＿＿＿＿＿＿ ＿＿＿＿＿＿

　　＿＿＿＿＿＿.

注目!

**drumとdrums**

**2**(2)play the drumとすると，たいこやドラムを1個だけ使って演奏することを指すが，play the drumsとすると，ドラムセットで演奏することを指す。

**3** 日本語に合うように，（　）内の語や符号を並べかえなさい。

☐(1) あなたはどれを演奏したいですか。

　　( you / to / which / do / play / want )?

　　＿＿＿＿＿＿＿＿＿＿＿＿＿＿＿＿＿＿＿＿?

☐(2) 〔(1)に答えて〕私はトランペットを演奏したいです。

　　( play / I / to / the / want / trumpet ).

　　＿＿＿＿＿＿＿＿＿＿＿＿＿＿＿＿＿＿＿＿

☐(3) あなたはコントラバスとハープではどちらを演奏したいですか。

　　( play / which / to / contrabass / or / the / the / do / harp / you / want / , )?

　　＿＿＿＿＿＿＿＿＿＿＿＿＿＿＿＿＿＿＿＿

　　＿＿＿＿＿＿＿＿＿＿＿＿＿＿＿＿＿＿＿＿?

注目!

**whichの用法**

whichは単独で使う場合と，名詞とセットで使う場合がある。

・which「どれ［どちら］」

例 Which do you want to read?「どれ［どちら］が読みたいですか。」

・〈which＋名詞〉「どの［どちらの］〜」

例 Which book do you want to read?「どの［どちらの］本を読みたいですか。」

※どちらの場合も文末に〈, A or B〉「AかB」などの形で選択肢を示すこともできる。

Word Web 3

**❶ （ ）に入る適切な語を選び，記号を〇で囲みなさい。**

☐(1) It's (　　) today than yesterday.

ア hot イ hotter ウ hottest

☐(2) This bike is the (　　) expensive in this store.

ア very イ more ウ most

☐(3) Katsuya is the strongest (　　) these four players.

ア in イ of ウ for

**❷ 日本語に合うように，＿＿＿に適切な語を書きなさい。**

比較級・最上級
の作り方を思い
出そう。

☐(1) 父は兄よりも背が高いです。

My father is ＿＿＿＿＿＿＿ ＿＿＿＿＿＿＿ my brother.

☐(2) この本はすべてのうちでもっともたやすいです。

This book is ＿＿＿＿＿＿＿ ＿＿＿＿＿＿＿ ＿＿＿＿＿＿＿ all.

☐(3) この映画はあの映画と同じくらいおもしろいです。

This movie is ＿＿＿＿＿＿＿ ＿＿＿＿＿＿＿ ＿＿＿＿＿＿＿ that one.

☐(4) 私はイチゴよりもリンゴのほうが好きです。

I like apples ＿＿＿＿＿＿＿ ＿＿＿＿＿＿＿ strawberries.

**❸ 日本語に合うように，（ ）内の語句を並べかえなさい。**

☐(1) この絵はあの絵よりもよいです。( picture / that / this / than / better / one / is ).

＿＿＿＿＿＿＿＿＿＿＿＿＿＿＿＿＿＿＿＿＿＿＿＿＿＿＿＿＿＿＿＿．

☐(2) 日本でもっとも人気のある歌手はだれですか。

( is / the / Japan / most / singer / who / in / popular )?

＿＿＿＿＿＿＿＿＿＿＿＿＿＿＿＿＿＿＿＿＿＿＿＿＿＿＿＿＿＿＿＿？

☐(3) 私のかばんは彼女のものほど重くありません。

( is / heavy / my / hers / bag / as / as / not ).

＿＿＿＿＿＿＿＿＿＿＿＿＿＿＿＿＿＿＿＿＿＿＿＿＿＿＿＿＿＿＿＿．

**❹ 次の日本語を，（ ）内の語数の英語にしなさい。**

☐(1) 時間はお金よりも重要です。( 6 語)

＿＿＿＿＿＿＿＿＿＿＿＿＿＿＿＿＿＿＿＿＿＿＿＿＿＿＿＿＿＿＿＿

☐(2) 私はこの鳥がもっとも好きです。( 6 語)

＿＿＿＿＿＿＿＿＿＿＿＿＿＿＿＿＿＿＿＿＿＿＿＿＿＿＿＿＿＿＿＿

ヒント ❶(3) ❷(2)　最上級の文に用いる前置詞は，あとの語句が範囲・場所を表せばin，仲間・同類を表せばofを使う。

**定期テスト 予報**

●比較級・最上級・原級を使ったそれぞれの比較表現を正しく使えるかが問われるでしょう。
⇒比較級・最上級の作り方を確認しておきましょう。
⇒最上級のあとに続く前置詞inとofの使い分けをおさえておきましょう。
⇒as ～ as ...を否定文で使った場合の意味に注意しましょう。

**5** 読む カワセミについての次の対話文を読んで，あとの問いに答えなさい。

*Jack* : ①The bird (　　　) a hint (　　　) a Shinkansen engineer.

*Emily* : It did?  How?

*Jack* : Well, the Shinkansen is the ②( fast ) train in Japan.  But it made a loud noise when it entered tunnels.

*Emily* : Was the bird helpful to solve ③this problem?

*Jack* : Yes.  It dives into water without a splash.  That was a big hint.

☐(1) 下線部①が「その鳥が新幹線技術者にヒントを与えました。」という意味になるように，(　)に入る適切な語を書きなさい。

_____，_____

☐(2) 下線部②の(　)内の語を適切な形にしなさい。

_____

☐(3) 下線部③の内容を説明した文を完成させなさい。

新幹線が(　　　　　　　　　　　　)ときに(　　　　　　　　　　)という問題。

**6** 話す 次の問題を読んで，あとの問いに答えなさい。解答の答え合わせのあと，発音アプリの指示に従って，問題文と解答を声に出して読みなさい。 アプリ

*Ms. Bell* : Look at this table.  It shows the popular sports among junior high school students in Japan.

*Sora* : Soccer is the most popular among boys.  I'm surprised to see that soccer is more popular than baseball.

*Aoi* : Tennis is the most popular among girls.  Many girls belong to the tennis team in our school.

(注)table　表　　be surprised to ～　～して驚いている　　belong to ～　～に所属している

☐(1) How did Sora feel when he knew the popular sports among boys?

(注)knew　knowの過去形

—　_____

☐(2) What is the most popular sport among girls?

—　_____

ヒント　**5** (2)「もっとも～な…」は〈the＋形容詞の最上級＋名詞〉で表す。

ぴたトレ
**3**
確認テスト

PROGRAM 4 ～
Word Web 3

時間30分 ／100点　合格70点　解答 p.14

教科書 pp.49 ～ 58

❶ 下線部の発音が同じものには○を，そうでないものには×を，解答欄に書きなさい。 6点

(1) wi<u>th</u>out
   <u>h</u>eal<u>th</u>

(2) <u>a</u>griculture
   g<u>a</u>ve

(3) p<u>o</u>tential
   <u>e</u>nter

❷ 最も強く発音する部分の記号を解答欄に書きなさい。 6点

(1) rain - bow
   ア　　イ

(2) ef - fect
   ア　　イ

(3) crea - ture
   ア　　イ

❸ 日本語に合うように，（ ）内の語句や符号を並べかえなさい。 20点

(1) 私は赤色より青色が好きです。

( like / red / better / blue / than / I ).

(2) このかばんはあのかばんほど便利ではありません。

( that bag / is / as useful / this bag / as / not ).

(3) 私はエミがこのクラスでいちばん背の高い生徒だと思います。

I ( Emi / think / tallest / is / this class / student / the / in ).

(4) あなたにとって，英語と数学ではどちらが難しいですか。

( you / difficult / is / English / more / or math / which / to / , )?

❹ 各組の文がほぼ同じ意味を表すように，＿＿＿に入る適切な語を書きなさい。 15点

(1) ⎡ My pencil is longer than yours.
   ⎣ Your pencil is ＿＿＿＿ ＿＿＿＿ ＿＿＿＿.

(2) ⎡ John runs faster than Shota.
   ⎣ Shota ＿＿＿＿ run ＿＿＿＿ fast as John.

(3) ⎡ Tennis is more popular than rugby, but tennis is not as popular as soccer in my class.
   ⎣ Soccer is the ＿＿＿＿ ＿＿＿＿ ＿＿＿＿ the three in my class.

❺ 次のテレビ電話での対話文を読んで，あとの問いに答えなさい。 29点

*Saki :* Hi, I'm Saki. I'm a student in Japan.

*Lily :* Hi, Saki. I'm Lily in New Zealand. It's 15 degrees. It's a little cold, but it's not windy here today. How about in Japan?

*Saki :* It's 28 degrees now. It's hot here.

*Lily :* I see. Japan and New Zealand are small countries, right?

*Saki :* Exactly. Both are small, but my country is larger than yours.

*Lily :* Oh, is it? I didn't know that. Where do you live in Japan?

*Saki :* I live in Tokyo. It is the ①( busy )＿＿＿＿ city in Japan. I think it's the most interesting place in Japan.

*Lily :* Why do you think ②so?

*Saki :* Because we can enjoy many things, such as shopping, food, art, and so on in Tokyo. I like shopping the best ( ③ ) all.

*Lily :* I see. I want to visit Tokyo.

(注)art 芸術

(1) 下線部①の( )内の語を適切な形にしなさい。

(2) 下線部②の内容を次のように説明するとき，( )に入る適切な日本語を書きなさい。

東京が( )で( )場所であるということ。

(3) ( ③ )に入る適切な語を書きなさい。

(4) 次の文が対話文の内容に合っていれば○を，合っていなければ×を書きなさい。

1. It's hotter in Japan than in New Zealand today.

2. New Zealand is larger than Japan.

点UP **6** 書く✎ **次のようなとき英語で何と言うか，（ ）内の指示に従って書きなさい。** 表 24点

(1) 相手にどの季節がいちばん好きかたずねたいとき。（likeを使って）

(2) 時間はお金と同じくらい大切だと伝えたいとき。（importantを使って）

(3) 相手がケンジよりよい考えを持っていると伝えたいとき。（haveを使って）

| ❶ | (1) | | (2) | | (3) | | ❷ | (1) | | (2) | | (3) | |
|---|---|---|---|---|---|---|---|---|---|---|---|---|---|
| | | 2点 | | 2点 | | 2点 | | | 2点 | | 2点 | | 2点 |

| ❸ | (1) | ・ 5点 |
|---|---|---|
| | (2) | ・ 5点 |
| | (3) | I ・ 5点 |
| | (4) | ? 5点 |

| ❹ | (1) | 5点 | (2) | 5点 |
|---|---|---|---|---|
| | (3) | 5点 | | |

| ❺ | (1) | 4点 | (2) | 7点 |
|---|---|---|---|---|
| | (3) | 4点 | (4) 1 | 2 7点 / 7点 |

| ❻ | (1) | 表 8点 |
|---|---|---|
| | (2) | 表 8点 |
| | (3) | 表 8点 |

▶ 表 の印がない問題は全て 技 の観点です。

PROGRAM 4 ~ Word Web 3

65

ぴたトレ
**1**
要点チェック

PROGRAM 5
Work Experience 1

時間
**15分**

解答
p.15

〈新出語・熟語 別冊p.11〉

教科書の
重要ポイント **how to ~**

教科書 pp.60 ~ 62・67

**I don't know how to play *shogi*.** 〔私は将棋<sup>しょうぎ</sup>の仕方を知りません。〕
└──────→「将棋の仕方」〈how to＋動詞の原形〉

・〈how to＋動詞の原形〉＝「どのように~するか，~の仕方」
　→〈how to＋動詞の原形〉のかたまりで動詞の目的語になる。

**I don't know what to do next.** 〔私は次に何をしたらよいかわかりません。〕
└──────→「次に何をしたらよいか」〈what to＋動詞の原形〉

**I don't know when to start.** 〔私はいつ出発したらよいかわかりません。〕
└──────→「いつ出発したらよいか」〈when to＋動詞の原形〉

**I don't know where to go.** 〔私はどこへ行けばよいかわかりません。〕
└──────→「どこへ行けばよいか」〈where to＋動詞の原形〉

・how以外の疑問詞にも〈to＋動詞の原形〉を続けることができる。

・〈疑問詞＋to＋動詞の原形〉の意味

| how to ~ | どのように~するか，~の仕方 |
|---|---|
| what to ~ | 何を~したらよいか |
| when to ~ | いつ~したらよいか |
| where to ~ | どこへ[に，で]~したらよいか |

**Words & Phrases** 次の日本語は英語に，英語は日本語にしなさい。

□(1) shelf （　　　　　　　）　　　□(4) 商品，品物 ＿＿＿＿＿＿＿＿

□(2) treat （　　　　　　　）　　　□(5) とがめる，責める ＿＿＿＿＿＿

□(3) be good at ~ （　　　　　　　）　　　□(6) 誤って，間違って

＿＿＿＿＿ ＿＿＿＿＿

**1** 日本語に合うように，（　）内から適切なものを選び，記号を○で囲みなさい。

□(1) 私は妹に何をあげればよいかわかりません。

I don't know （ア how　イ what）to give to my sister.

□(2) どこで誕生日ケーキを買えばよいか知りたいです。

I want to know （ア when　イ where）to buy a birthday cake.

□(3) その電車にいつ乗ればよいか確かめようと思います。

I'll check （ア when　イ what）to take the train.

□(4) 彼はとてもおいしい紅茶の作り方を知っています。

He knows （ア how　イ what）to make delicious tea.

**2** 例にならい，「…は～の仕方を知っています。」という意味の文を完成させなさい。

| 例 I | (1) Ayumi | (2) Jack | (3) Ms. Honda |
|---|---|---|---|
| play *go* | play the violin | make *okonomiyaki* | draw pictures well |

例 **I know how to play *go*.**

□(1) Ayumi knows ＿＿＿＿＿ ＿＿＿＿＿ play the violin.

□(2) Jack knows ＿＿＿＿ ＿＿＿＿ ＿＿＿＿ *okonomiyaki*.

□(3) ＿＿＿＿＿＿＿＿＿＿＿＿＿＿＿＿＿＿＿＿

**3** 日本語に合うように，（　）内の語を並べかえなさい。

□(1) 私はそのカメラの使い方がわかりませんでした。

( to / I / camera / know / use / the / how / didn't ).

＿＿＿＿＿＿＿＿＿＿＿＿＿＿＿＿＿＿＿＿．

□(2) 彼らはみんなスポーツをすることが大好きです。

( sports / love / they / playing / all ).

＿＿＿＿＿＿＿＿＿＿＿＿＿＿＿＿＿＿＿＿．

□(3) だれもその答えを見つけることができませんでした。

( the / one / find / answer / could / no ).

＿＿＿＿＿＿＿＿＿＿＿＿＿＿＿＿＿＿＿＿

ぴたトレ
**1**
要点チェック

PROGRAM 5
Work Experience ②

時間
**15分**

解答
p.16

〈新出語・熟語 別冊p.11〉

教科書の
重要ポイント 〈look＋形容詞〉〈get＋形容詞〉〈become＋名詞［形容詞］〉 教科書 pp.60〜61・63・67

**Ms. Miller looks happy.** 〔ミラーさんは幸せそうに見えます。〕

→ 〈look＋形容詞〉＝「〜に見える」「〜のようだ」

・〈look＋形容詞〉＝「〜に見える」「〜のようだ」
→人やものの様子を表す。

ナルホド!

**I got tired.** 〔私は疲れました。〕

→ 「疲れた」〈get＋形容詞〉

**Rika became a famous singer.** 〔リカは有名な歌手になりました。〕

→ 「有名な歌手になった」〈become＋名詞〉

**Ken became famous.** 〔ケンは有名になりました。〕

→ 「有名になった」〈become＋形容詞〉

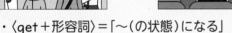

becameはbecomeの過去形だよ。

・〈get＋形容詞〉＝「〜（の状態）になる」
・〈become＋名詞［形容詞］〉＝「〜になる」

ナルホド!

Words & Phrases 次の日本語は英語に，英語は日本語にしなさい。

□(1) lonely （　　　　　　　）　□(5) 覚えている ＿＿＿＿＿＿＿＿

□(2) while （　　　　　　　）　□(6) 聞き手 ＿＿＿＿＿＿＿＿

□(3) waiting room （　　　　　　）　□(7) メートル ＿＿＿＿＿＿＿＿

□(4) get 〜 place （　　　　　）　□(8) 行動を起こす ＿＿＿＿＿＿＿＿

**1** 日本語に合うように，（　）内から適切なものを選び，記号を〇で囲みなさい。

注目!

「～になる」の表現

「～になる」はふつう〈become ＋ 名詞［形容詞］〉や〈get＋形容詞〉で表す。なお，未来のことや希望を表す文では，be動詞の原形be も「～になる」という意味で使うことができる。

例 I want to be a doctor.「私は医師になりたいです。」

□(1) この本はおもしろそうに見えます。

This book （ア is　イ looks） interesting.

□(2) その歌は大人気になるでしょう。

The song will （ア become　イ look） very popular.

□(3) 彼女はとても疲れました。

She （ア was　イ got） very tired.

□(4) 彼はパイロットになりました。

He （ア was　イ became） a pilot.

**2** 例にならい，「…は～に見えます。」という意味の文を完成させなさい。

テストによく出る!

「～に見える」の表現

「～」の部分に入る言葉で表現が異なる。
・「～（の状態）に見える」＝〈look＋形容詞〉
・「～（人・もの）に見える」＝〈look like＋人・もの〉

| 例 Masaki | (1) Yuka | (2) Tom | (3) Kate |
|---|---|---|---|
|  |  |  | |
| happy | sad | sleepy | friendly |

例 **Masaki looks happy.**

□(1) Yuka ＿＿＿＿＿＿＿＿＿ sad.

□(2) Tom ＿＿＿＿＿＿＿ ＿＿＿＿＿＿＿.

□(3) ＿＿＿＿＿＿＿＿＿＿＿＿＿＿＿＿＿＿＿＿＿＿

**3** 日本語に合うように，（　）内の語を並べかえなさい。

注目!

while

(3) while は when［if］と同じ使い方をする接続詞で，あとに〈主語＋動詞［be動詞＋動詞の-ing形］～〉が続く。
なお，「間に」という日本語に惑わされて前置詞であるduring「～の間に」と混同しないように注意（duringはあとに名詞が続く）。

□(1) その少年はとてもおなかがすいているようでした。

( very / boy / looked / the / hungry ).

＿＿＿＿＿＿＿＿＿＿＿＿＿＿＿＿＿＿＿＿＿＿＿.

□(2) ジムはすばらしい医師になりました。

( a / Jim / doctor / became / great ).

＿＿＿＿＿＿＿＿＿＿＿＿＿＿＿＿＿＿＿＿＿＿＿.

□(3) 私が夕食を作っている間，弟は私のそばにいました。

( was / was / dinner / brother / I / while / me / my / by / cooking ).

＿＿＿＿＿＿＿＿＿＿＿＿＿＿＿＿＿＿＿＿＿＿＿
＿＿＿＿＿＿＿＿＿＿＿＿＿＿＿＿＿＿＿＿＿＿＿.

PROGRAM 5

# PROGRAM 5
# Work Experience ③

教科書の重要ポイント　〈主語＋動詞＋人＋もの〉　教科書 pp.60～61・64・67

**My grandfather <u>gave</u> me his watch.** 〔祖父は私に彼の腕時計をくれました。〕
　　　　　　　　　　動詞　　人　　もの

**My aunt <u>bought</u> me a nice bag.** 〔おばは私にすてきなかばんを買ってくれました。〕
　　　　　　動詞　　　人　　もの

- ・〈動詞＋人＋もの〉＝「(人)に(もの)を～する[してあげる]」
  → give「与える」, buy「買う」, tell「教える, 言う」,
  send「送る」, show「見せる」など

 〈人〉が代名詞の場合は「～を[に]」の形にするよ。

 ナルホド!

**My grandfather <u>gave</u> his watch to me.** 〔祖父は私に彼の腕時計をくれました。〕
　　　　　　　　　　動詞　　　もの　　　　人

**My aunt <u>bought</u> a nice bag for me.** 〔おばは私にすてきなかばんを買ってくれました。〕
　　　　　　動詞　　　　もの　　　　　人

- ・〈動詞＋人＋もの〉は〈動詞＋もの＋to[for]＋人〉でも表せる。
  →toとforは動詞によって使い分ける。

| toを使う動詞 | 例 give, show, teach, tell |
|---|---|
| forを使う動詞 | 例 buy, cook, get, make |

 ナルホド!

Words & Phrases　次の日本語は英語に，英語は日本語にしなさい。

☐(1) alone 　　（　　　　　　　）　　☐(5) 話, 物語　＿＿＿＿＿＿＿＿＿

☐(2) glad 　　（　　　　　　　）　　☐(6) 貸す　＿＿＿＿＿＿＿＿＿

☐(3) son 　　（　　　　　　　）　　☐(7) 娘　＿＿＿＿＿＿＿＿＿

☐(4) importance　（　　　　　　　）　　☐(8) ～を知る，～に気づく

　　　　　　　　　　　　　　　　　　　　　＿＿＿＿＿＿＿＿～

**1** 日本語に合うように，（　）内から適切なものを選び，記号を〇で囲みなさい。

□(1) 父は私に新しい自転車をくれました。

My father （ア bought　イ gave） me a new bike.

□(2) 私は家族に夕食を作ってあげようと思います。

I'll make dinner （ア to　イ for） my family.

□(3) 私はときどき，彼らに絵はがきを送ります。

I sometimes send （ア them　イ they） postcards.

□(4) モリタ先生は，私たちに数学を教えてくれます。

Mr. Morita （ア teaches math us　イ teaches us math）.

**テストによく出る!**

**to か for か**

(2)どちらを使うかは動詞によって変わる。

・to →相手が必ず必要な動作を表す動詞

例 give →「あげる」という動作は相手がいないとできない。

・for →自分一人で完了する動作を表す動詞

例 buy →「買う」という動作は一人でできる。

**2** 例にならい，「―は私に～を…してくれました。」という意味の文を完成させなさい。

| 例 Hiroto | (1) Akari | (2) John | (3) my mother |
|---|---|---|---|
| give / this book | show / her guitar | cook / an omelet | buy / a cap |

⚠ **ミスに注意**

〈動詞 ＋ 人 ＋ もの〉の〈人〉に代名詞が来るときは，「～を[に]」の形にすることに注意しよう。

例 **Hiroto gave me this book.**

□(1) Akari ＿＿＿＿＿＿ ＿＿＿＿＿＿ her guitar.

□(2) John ＿＿＿＿＿ ＿＿＿＿＿ ＿＿＿＿＿ ＿＿＿＿＿.

□(3) ＿＿＿＿＿＿＿＿＿＿＿＿＿＿＿＿＿＿＿＿＿

**3** 日本語に合うように，（　）内の語を並べかえなさい。

□(1) 私たちにあなたの考えを教えていただけませんか。

( you / us / idea / could / your / tell )?

＿＿＿＿＿＿＿＿＿＿＿＿＿＿＿＿＿＿＿＿＿＿?

□(2) 祖父は毎月，私にたくさんの野菜を送ってくれます。

( of / me / a / grandfather / vegetables / lot / sends / my )
every month.

＿＿＿＿＿＿＿＿＿＿＿＿＿＿＿＿＿＿＿＿
every month.

□(3) 私たちは働くことの大切さを学ぶべきです。

( should / the / of / we / working / importance / learn ).

＿＿＿＿＿＿＿＿＿＿＿＿＿＿＿＿＿＿＿＿.

**注目!**

**前置詞のあとの「～すること」**

(3)不定詞〈to ＋動詞の原形〉と動名詞のどちらも「～すること」という意味を表すが，前置詞のあとに名詞として置く場合は動名詞しか使えない。

例 「勉強することの大切さ」＝the importance of studying（×to study）

# Power-Up 3
# レストランで食事をしよう

---

**教科書の重要ポイント**　**食事の注文**　　　教科書p.68

**Are you ready to order?**〔ご注文はお決まりですか。〕

**— Yes, I'd like to have a steak.**〔はい，ステーキをいただきたいです。〕

└──→ I wouldの短縮形

・Are you ready to order? ＝「ご注文はお決まりですか。」
→注文が決まっていればYesと答え，
I'd like to have ～.「～をいただきたいです。」などで食べたいものを伝える。

ナルホド!

**What do you recommend?**〔お勧めは何ですか。〕

**— I recommend this T-bone Steak.**〔こちらのTボーン・ステーキです。〕

・What do you recommend? ＝「お勧めは何ですか。」
→相手に勧められた料理が気に入ったら，I'll have it.「それをいただきます。」
などと答える。

ナルホド!

**Anything else?**〔ほかにご注文はございますか。〕

**— That's all for now.**〔今はそれですべてです。〕

・Anything else? ＝「ほかにご注文はございますか。」
→追加で注文する場合：I'd like to have ～.などと注文する。
→すべて注文し終えた場合：That's all for now.などと答える。

ナルホド!

---

**Words & Phrases**　次の日本語は英語に，英語は日本語にしなさい。

☐(1) ready （　　　　　　　）　　☐(5) 勧める ＿＿＿＿＿＿＿＿＿

☐(2) else （　　　　　　　）　　☐(6) 注文する ＿＿＿＿＿＿＿＿＿

☐(3) be ready to ～（　　　　　　　）　　☐(7) こんにちは。 ＿＿＿＿＿ ＿＿＿＿ ＿.

☐(4) Would you like ～?
（　　　　　　　）

**1** 例にならい，「～をいただきたいです。」という意味の文を完成させなさい。

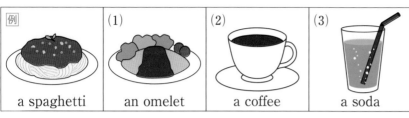

| 例 | (1) | (2) | (3) |
|---|---|---|---|
| a spaghetti | an omelet | a coffee | a soda |

例 **I'd like to have a spaghetti.**

☐(1) I'd ＿＿＿＿＿ ＿＿＿＿＿ ＿＿＿＿＿ an omelet.

☐(2) ＿＿＿＿＿ ＿＿＿＿＿ ＿＿＿＿＿ ＿＿＿＿＿ a coffee.

☐(3) ＿＿＿＿＿＿＿＿＿＿＿＿＿＿＿＿＿＿＿＿＿＿＿＿＿

**注目!**

不可算名詞につくa

(2)(3) coffee や soda などは本来数えることができない名詞（不可算名詞）だが，注文する場面では「1杯」という意味でa [an] をつけることがある。また，2以上を表す語をつけて複数形にすることも可能。

**2** 日本語に合うように，＿＿＿に適切な語を書きなさい。

☐(1) ご注文はお決まりですか。

＿＿＿＿＿ you ＿＿＿＿＿ ＿＿＿＿＿ ＿＿＿＿＿ ？

☐(2) はい，スープをいただきたいです。

Yes, ＿＿＿＿＿ ＿＿＿＿＿ ＿＿＿＿＿ ＿＿＿＿＿ a soup.

☐(3) お勧めは何ですか。

＿＿＿＿＿ do you ＿＿＿＿＿ ？

☐(4) ほかにご注文はございますか。—今はそれですべてです。

＿＿＿＿＿ ＿＿＿＿＿ ？ — ＿＿＿＿＿ ＿＿＿＿＿ for now.

**⚠ミスに注意**

(2)(4)空所の数によって，短縮形とふつうの形を使い分けよう。

Power-Up 3

**3** 日本語に合うように，（ ）内の語を並べかえなさい。

☐(1) お飲み物はいかがですか。

( something / you / like / drink / would / to )?

＿＿＿＿＿＿＿＿＿＿＿＿＿＿＿＿＿＿＿＿＿＿＿＿＿ ?

☐(2) トマトジュースをいただきたいです。

( juice / I / a / like / have / to / tomato / would ).

＿＿＿＿＿＿＿＿＿＿＿＿＿＿＿＿＿＿＿＿＿＿＿＿＿ .

☐(3) 卵はどのように調理いたしましょうか。

( would / your / you / egg / like / how )?

＿＿＿＿＿＿＿＿＿＿＿＿＿＿＿＿＿＿＿＿＿＿＿＿＿ ?

**注目!**

レストランで使われるその他の重要表現

・Would you like ～?「～はいかがですか。」

・How would you like ～?「～（の調理方法・焼き加減など）はどのようにいたしましょうか。」

① ( )に入る適切な語句を選び，記号を◯で囲みなさい。

( )の前後をよく確認してから答えを選ぼう。

☐(1) Do you remember ( ) to leave home?

　　ア what　イ when　ウ where　エ whose

☐(2) This bike ( ) cool.

　　ア sees　イ looks　ウ watches　エ looks like

☐(3) Could you ( )?

　　ア tell your idea me　　　　　イ tell me to your idea

　　ウ tell your idea for me　　　エ tell me your idea

② 日本語に合うように，＿＿に適切な語を書きなさい。

☐(1) 彼は今，忙しそうに見えます。

　　He ＿＿＿＿＿＿ ＿＿＿＿＿＿ now.

☐(2) どこに行くか確かめましょう。

　　Let's check ＿＿＿＿＿＿ ＿＿＿＿＿＿ ＿＿＿＿＿＿.

☐(3) 彼女は有名なダンサーになりました。

　　She ＿＿＿＿＿＿ ＿＿＿＿＿＿ ＿＿＿＿＿＿ ＿＿＿＿＿＿.

③ 日本語に合うように，( )内の語を並べかえなさい。

☐(1) ご注文はお決まりですか。( ready / you / order / are / to )?

＿＿＿＿＿＿＿＿＿＿＿＿＿＿＿＿＿＿＿＿＿＿＿＿＿＿＿＿＿＿＿ ?

☐(2) 私の兄は私に，新しいギターをくれました。

　　( gave / my / me / a / brother / new / guitar ).

＿＿＿＿＿＿＿＿＿＿＿＿＿＿＿＿＿＿＿＿＿＿＿＿＿＿＿＿＿＿＿ .

☐(3) チェスの仕方を私に見せていただけませんか。

　　( me / could / show / you / play / to / chess / how )?

＿＿＿＿＿＿＿＿＿＿＿＿＿＿＿＿＿＿＿＿＿＿＿＿＿＿＿＿＿＿＿ ?

④ 次の英文を，( )内の指示に従って書きかえなさい。

☐(1) What should I do? I don't know that.　(Iで始まるほぼ同じ意味を表す6語の1文に)

＿＿＿＿＿＿＿＿＿＿＿＿＿＿＿＿＿＿＿＿＿＿＿＿＿＿＿＿＿＿＿＿＿

☐(2) I bought him a new cap.　(ほぼ同じ意味を表す7語の文に)

＿＿＿＿＿＿＿＿＿＿＿＿＿＿＿＿＿＿＿＿＿＿＿＿＿＿＿＿＿＿＿＿＿

ヒント ③ (3)「(人)に(もの)を～する」の「(もの)」に「～の仕方」が入った形。
④ (1)「私は何をすべきですか。それがわかりません。」⇒「私は何をすべきか[したらよいか]わかりません。」

●〈疑問詞＋to＋動詞の原形〉，〈look＋形容詞〉，〈get＋形容詞〉，〈become＋形容詞［名詞］〉，
〈動詞＋人＋もの〉の形が問われるでしょう。
定期テスト
予報
⇒〈疑問詞＋to＋動詞の原形〉が「（疑問詞の意味）＋〜するか」という意味で動詞の目的語になる
ことを確認しておきましょう。
⇒lookやget，becomeに形容詞や名詞を続けた形の意味を確認しておきましょう。
⇒〈動詞＋人＋もの〉の語順と意味，〈動詞＋もの＋to［for］＋人〉への書きかえ方を確認しておきましょう。

**5** 読む🔈 健が，職業体験で郵便局員として荷物を届けに行ったときのことを発表し
ています。次の英文を読んで，あとの問いに答えなさい。

　　An old woman lived there alone.　When we gave her the package, ①she (f　　)
(o　　) it was from her son.　②She looked very happy and thanked us many
times.　I was so glad to see that.　This work experience taught me the
importance of working for others.

☐(1) 下線部①が「彼女はそれが彼女の息子からのものだと気づきました」という意味になるように，
（　）に入る適切な語を書きなさい。ただし，それぞれ与えられている文字で始めること。

　　　　　　　　　　　　　　　　　　　　　　f_____ o_____

☐(2) 下線部②を日本語にしなさい。

_____

☐(3) 健が職業体験で学んだことは何ですか。6語の英語で書きなさい。

_____

☐(4) 次の選択肢から正しいものを1つ選び，記号を〇で囲みなさい。

　　ア お年寄りの女性は，彼女の息子と住んでいた。

　　イ お年寄りの女性は健たちに感謝した。

　　ウ 健は職業体験で，自分のために働くことは大切だということを学んだ。

**6** 話す🔈 次の問題を読んで，あとの問いに答えなさい。解答の答え合わせのあと，
発音アプリの指示に従って，問題文と解答を声に出して読みなさい。[アプリ]

*Aoi :*　Anpanman is a unique hero.　His face is anpan.　When he finds hungry
　　　　people, he gives a part of his face to them.

*Emily :*　He is a very kind hero.　What is this black and purple character?

*Aoi :*　He is Baikinman.　He is a troublemaker and the rival of Anpanman.

（注）part 部分　　troublemaker トラブルメーカー，いたずらばかりする人　　rival ライバル

☐(1) When Anpanman finds hungry people, what does he do?

　—_____

☐(2) Who is the Anpanman's rival?

　—_____

ヒント　**5** (3)taughtはteachの過去形。

ぴたトレ
**3**
確認テスト

PROGRAM 5 ~
Power-Up 3

時間 30分 ／100点 合格 70点 解答 p.17

教科書 pp.59 ~ 68

❶ 下線部の発音が同じものには〇を，そうでないものには×を，解答欄に書きなさい。 6点

(1) m<u>e</u>ter (2) t<u>au</u>ght (3) sh<u>ow</u>
sh<u>e</u>lves w<u>a</u>lk h<u>ow</u>

❷ 最も強く発音する部分の記号を解答欄に書きなさい。 6点

(1) re - mem - ber (2) mis - take (3) choc - o - late
  ア　　 イ　　 ウ　　　　ア　　 イ　　　　　 ア　　 イ　　 ウ

❸ 日本語に合うように，＿＿＿に入る適切な語を書きなさい。 20点

(1) 放課後，私に英語を教えてもらえますか。

Can you ＿＿＿＿＿ ＿＿＿＿＿ ＿＿＿＿＿ after school?

(2) 私は速く泳ぐ方法を知りたいです。

I want to know ＿＿＿＿＿ ＿＿＿＿＿ ＿＿＿＿＿ fast.

(3) 今日の夕方，空が美しくなりました。

The sky ＿＿＿＿＿ ＿＿＿＿＿ this evening.

(4) トムは毎月，私に手紙を送ってくれます。

Tom ＿＿＿＿＿ a letter ＿＿＿＿＿ ＿＿＿＿＿ every month.

❹ 次の文を（ ）内の指示に従って書きかえるとき，＿＿＿に入る適切な語を書きなさい。 15点

(1) ⎡ Where should I eat?  I don't know that.  （ほぼ同じ意味を表す1文に）
    ⎣ I don't know ＿＿＿＿＿ ＿＿＿＿＿ eat.

(2) ⎡ My brother made me lunch yesterday.  （ほぼ同じ意味を表す文に）
    ⎣ My brother made lunch ＿＿＿＿＿ ＿＿＿＿＿ yesterday.

(3) ⎡ The student was a member of the tennis club.  （「～になった」という文に）
    ⎣ The student ＿＿＿＿＿ ＿＿＿＿＿ ＿＿＿＿＿ of the tennis club.

❺ 次の対話文を読んで，あとの問いに答えなさい。 29点

*Beth :* You look excited, Ken.

*Ken :* Well, I'm thinking about a dance show.  I'll have ①it in Aoba Park next
Saturday.

*Beth :* Will you?  ②( you / your / me / dance performance / show / can ) now?

*Ken :* Sure.

— *Ken dances for Beth.* —

*Beth :* You looked cool when you were dancing.  I want to be a good dancer like you.

*Ken :* You can come to my dance school.  It's near the station.  I have a class today.

*Beth :* I'll come there.  What do I have to bring then?

*Ken :* Please bring something to drink.

成績評価の観点　技…言語や文化についての知識・技能　表…外国語表現の能力

*Beth :* OK. I hope to have a good time.　　　　　　　　(注)dance　ダンス

(1) 下線部①が指す内容を対話文中の英語3語で抜き出しなさい。

(2) 下線部②が意味の通る英文になるように，（　）内の語句を並べかえなさい。

(3) 次の英文が対話文の内容に合うように，＿＿に入る適切な語を書きなさい。

　　1. Ken looked ＿＿＿＿＿ during his dance performance.

　　2. Beth wants to know ＿＿＿＿＿ to ＿＿＿＿＿ to the dance school.

(4) 対話文の内容について，次の問いに（　）内の語数の英語で答えなさい。

　　What does Beth want to be? （9語）

**❻** 書く✎ **次のようなとき英語で何と言うか，（　）内の指示に従って書きなさい。** 表　24点

(1) 今週，自分は忙しくなるだろうと伝えたいとき。（getを使って6語で）

(2) 自分の母が，自分に新しいカメラを買ってくれたと伝えたいとき。（cameraを使って7語で）

(3) 彼はいつタナカ先生(Mr. Tanaka)に話しかければよいかわからないと伝えたいとき。

　　　　　　　　　　　　　　　　　　　　　　　　　　（speakを使って9語で）

| ❶ | (1) | | (2) | | (3) | | ❷ | (1) | | (2) | | (3) | |
|---|---|---|---|---|---|---|---|---|---|---|---|---|---|
| | | 2点 | | 2点 | | 2点 | | | 2点 | | 2点 | | 2点 |

| ❸ | (1) | |
|---|---|---|
| | | 5点 |
| | (2) | |
| | | 5点 |
| | (3) | |
| | | 5点 |
| | (4) | |
| | | 5点 |

| ❹ | (1) | | (2) | |
|---|---|---|---|---|
| | | 5点 | | 5点 |
| | (3) | | | |
| | | | 5点 | |

| ❺ | (1) | |
|---|---|---|
| | | 4点 |
| | (2) | now? |
| | | 4点 |
| | (3) | 1　　　　2 |
| | | 7点 |
| | (4) | |
| | | 7点 |

| ❻ | (1) | 表 8点 |
|---|---|---|
| | (2) | 表 8点 |
| | (3) | 表 8点 |

▶ 表 の印がない問題は全て 技 の観点です。

# PROGRAM 6
# Live Life in True Harmony ①

教科書の重要ポイント　**受け身を表す文**　教科書 pp.70 ～ 72・77

**English is used in many countries.** 〔英語は多くの国々で使われています。〕

「使われている」〈be動詞＋過去分詞〉

・〈be動詞＋過去分詞〉＝「～され(てい)る」
　→be動詞は主語や文が表す「時」に合わせて使い分ける。

過去分詞には動詞の原形に-(e)dをつけて作るものと，動詞の原形を不規則に変化させて作るものがあるよ。

ナルホド！

**Is English used in China?** 〔中国では英語が使われていますか。〕

**English isn't used there.** 〔そこでは英語が使われていません。〕

・受け身の疑問文・否定文の作り方は，ふつうのbe動詞の文と同じ。

| 肯定文 | English is used in China. |

be動詞を主語の前に出す

| 疑問文 | Is English used in China? |

| 肯定文 | English is ____ used there. |

be動詞のあとにnotを置く

| 否定文 | English is not used there. |

疑問文への答え方も，ふつうのbe動詞の文と同じだよ。

ナルホド！

**Words & Phrases**　次の日本語は英語に，英語は日本語にしなさい。

☐(1) tackle　　（　　　　　　）　　☐(6) 台所　　＿＿＿＿＿＿＿＿

☐(2) political　（　　　　　　）　　☐(7) 売る　　＿＿＿＿＿＿＿＿

☐(3) commercial（　　　　　　）　　☐(8) 伝言　　＿＿＿＿＿＿＿＿

☐(4) stationery（　　　　　　）　　☐(9) ～を通して＿＿＿＿＿＿＿

☐(5) issue　　（　　　　　　）　　☐(10) 世界じゅうで＿＿＿＿＿＿

**1** 日本語に合うように，（ ）内から適切なものを選び，記号を〇で囲みなさい。

注目!

過去分詞形

規則動詞の過去分詞形は，過去形と同様に原形に-(e)dをつけて作る。

例 原形 過去形 過去分詞形

use used used

□(1) サッカーは多くの国々でプレーされています。

Soccer is (ア playing イ played) in many countries.

□(2) この部屋は毎日掃除されていますか。

(ア Is イ Does) this room cleaned every day?

□(3) これらの駅は現在使われていません。

These stations (ア don't use イ aren't used) now.

□(4) 最初のコンピュータはいつ発明されましたか。

When was the first computer (ア invent イ invented)?

**2** 例にならい，「…は，～されました[されていました]。」という意味の文を完成させなさい。

テストによく出る!

不規則動詞の過去分詞形は1つひとつ覚える。

(2)(3)sellもseeも不規則動詞。-(e)dをつけても過去分詞形にならない。

原形 過去形 過去分詞形

sell sold sold

see saw seen

| 例 this room | (1) this car | (2) these flowers | (3) a beautiful bird |
|---|---|---|---|
| use / yesterday | wash / this morning | sell / at the shop | see / in the park |

例 **This room was used yesterday.**

□(1) This car _____ _____ this morning.

□(2) _____ _____ _____ _____ at the shop.

□(3) _____

**3** 日本語に合うように，（ ）内の語を並べかえなさい。

⚠ミスに注意

(2)受け身の疑問文・否定文の作り方は，ふつうのbe動詞の文と同じだよ。ちなみに，書きかえ問題などで疑問文・否定文を作るとき，過去分詞は原形に戻さないので，注意しよう。

□(1) このかばんは日本で作られました。

( this / Japan / was / bag / in / made ).

_____.

□(2) これらのキャラクターは世界じゅうで愛されているのですか。

( the / are / these / world / characters / around / loved )?

_____?

□(3) マイクは日本の文化に興味があります。

( culture / is / in / Mike / Japanese / interested ).

_____.

PROGRAM 6

79

# PROGRAM 6
# Live Life in True Harmony ②

時間 **15**分
解答 p.19

〈新出語・熟語 別冊p.12〉

教科書の重要ポイント 　**受け身を表す文（動作の行為者を示す場合）** 教科書 pp.70～71・73・77

*Botchan* was written by **Natsume Soseki.** 〔『坊っちゃん』は夏目漱石によって書かれました。〕

→「夏目漱石によって」〈by ～〉

→「書かれた」〈be動詞＋過去分詞〉

・〈by ～〉＝「～によって」

　→だれにされたのかを示すときに使う。

　→byのあとに代名詞が来る場合は「～を［に］」の形に。

| ふつうの文 | Natsume Soseki | wrote | *Botchan*. |

writeの過去形

| 受け身の文 | *Botchan* | was written | by | Natsume Soseki. |

〈be動詞＋過去分詞〉　〈by ～〉

ふつうの文を受け身の文に書きかえると，話題の中心が「する側」から「される側」に移るよ。

ナルホド!!

Words & Phrases 　次の日本語は英語に，英語は日本語にしなさい。

☐(1) respect 　（　　　　　　　）

☐(2) celebrate 　（　　　　　　　）

☐(3) greatly 　（　　　　　　　）

☐(4) mutual 　（　　　　　　　）

☐(5) civil rights 　（　　　　　　　）

☐(6) 休日 　＿＿＿＿＿＿＿＿

☐(7) （絵具で絵を）描く 　＿＿＿＿＿＿＿＿

☐(8) たたかう 　＿＿＿＿＿＿＿＿

☐(9) 影響を及ぼす 　＿＿＿＿＿＿＿＿

☐(10) ～を創設する，～を設立する

　＿＿＿＿＿ ＿＿＿＿＿ ～

**1** 例にならい，「…は，―によって～されました。」という意味の文を完成させなさい。

| 例 this curry | (1) this room | (2) these books | (3) my house |
|---|---|---|---|
| cook / my brother | clean / the students | write / Dazai Osamu | build / my grandfather |

例 **This curry was cooked by my brother.**

☐(1) This room was cleaned _____ the students.

☐(2) These books _____ _____ _____ Dazai Osamu.

☐(3) _____

**2** 日本語に合うように，_____ に適切な語を書きなさい。

☐(1) この公園は多くの人々によって訪れられています。

   This park _____ _____ _____ many people.

☐(2) この自転車は彼女によって使われているのですか。

   _____ this bike _____ _____ _____?

☐(3) このテーブルは父によって作られました。

   This table _____ _____ _____ my father.

☐(4) これらの本は彼らに好まれていません。

   These books _____ _____ _____ _____.

**3** 日本語に合うように，（ ）内の語を並べかえなさい。

☐(1) 私のネコたちはワダさんによって見つけられました。

   ( were / Mr. Wada / found / cats / by / my ).

   _____.

☐(2) この絵は彼が描いたのですか。

   ( picture / painted / was / him / by / this )?

   _____?

☐(3) 彼は私に自分の宝物を見せてくれました。

   ( me / his / showed / treasure / he ).

   _____.

ぴたトレ
**1**
要点チェック

PROGRAM 6
Live Life in True Harmony ③

時間 **15**分 ｜ 解答 p.19

〈新出語・熟語 別冊p.12〉

教科書の
重要ポイント ｜ **by以外の前置詞を使う受け身の表現** 教科書 pp.70〜71・74・77

*Kabuki* is known to many people in the world. 〔歌舞伎は世界の多くの人々に知られています。〕
→「世界の多くの人々に」〈to 〜〉
→「知られている」〈be動詞＋過去分詞〉

・〈be動詞＋known to 〜〉＝「〜に知られている」

The top of Mt. Fuji is covered with snow. 〔富士山の頂上は雪でおおわれています。〕
→「雪で」〈with 〜〉
→「おおわれている」〈be動詞＋過去分詞〉

・〈be動詞＋covered with 〜〉＝「〜でおおわれている」

Words & Phrases ｜ 次の日本語は英語に，英語は日本語にしなさい。

☐(1) dedicate （　　　　　　　　）

☐(2) jail （　　　　　　　　）

☐(3) soybean （　　　　　　　　）

☐(4) flour （　　　　　　　　）

☐(5) award （　　　　　　　　）

☐(6) 大統領 ＿＿＿＿＿＿＿＿＿＿

☐(7) Tシャツ ＿＿＿＿＿＿＿＿＿＿

☐(8) 木材 ＿＿＿＿＿＿＿＿＿＿

☐(9) おおう ＿＿＿＿＿＿＿＿＿＿

☐(10) 何百万もの〜 ＿＿＿＿＿ ＿＿＿＿＿〜

**1** 例にならい，「…は，〜に知られています。」という意味の文を完成させなさい。

| 例 this movie | (1) the news | (2) this man | (3) these singers |
|---|---|---|---|
|  | <br> |  |  |
| many people | all of us | them | young people |

例 **This movie is known to many people.**

☐(1) The news is ＿＿＿＿＿＿ ＿＿＿＿＿＿ all of us.

☐(2) This man ＿＿＿＿＿ ＿＿＿＿＿ ＿＿＿＿＿ them.

☐(3) ＿＿＿＿＿＿＿＿＿＿＿＿＿＿＿＿＿＿＿＿＿＿

**2** 日本語に合うように，＿＿に適切な語を書きなさい。

☐(1) この歌は多くの人々に知られています。

This song ＿＿＿＿＿ ＿＿＿＿＿ ＿＿＿＿＿ many people.

☐(2) これらの場所は木々でおおわれています。

These places ＿＿＿＿＿ ＿＿＿＿＿ ＿＿＿＿＿ ＿＿＿＿＿.

☐(3) 彼女の名前は町のすべての人に知られていました。

Her name ＿＿＿＿＿ ＿＿＿＿＿ ＿＿＿＿＿

in the town.

☐(4) 彼の机は本でいっぱいでした。

His desk ＿＿＿＿＿ ＿＿＿＿＿ ＿＿＿＿＿ ＿＿＿＿＿.

**3** 日本語に合うように，（ ）内の語を並べかえなさい。

☐(1) その出来事は多くの人々には知られていません。

( to / the / not / people / is / event / many / known ).

＿＿＿＿＿＿＿＿＿＿＿＿＿＿＿＿＿＿＿＿＿＿＿＿＿

☐(2) その宝物は葉におおわれていました。

( was / the / leaves / covered / treasure / with ).

＿＿＿＿＿＿＿＿＿＿＿＿＿＿＿＿＿＿＿＿＿＿＿＿＿

☐(3) 私のお気に入りの歌がその歌手によって歌われました。

( favorite / by / sung / song / singer / was / my / the ).

＿＿＿＿＿＿＿＿＿＿＿＿＿＿＿＿＿＿＿＿＿＿＿＿＿

ぴたトレ
1
要点チェック

Steps 3　会話をつなげ，深めよう

時間
15分

解答
p.19

〈新出語・熟語 別冊p.12〉

教科書の
重要ポイント　**あいづち／会話のつなげ方**　教科書p.78

**I went to Aomori last weekend.**〔私は先週末，青森に行きました。〕

— **Oh, did you?**〔おお，そうなのですか。〕／**Aomori?**〔青森ですか。〕／**Really?**〔ほんとうですか。〕

★相手の発言に対してあいづちを打つときに使う表現

□〔一般動詞の文に対して〕　〈Do[Does / Did]＋主語?〉「そうなのですか。」
　　　　　　　　　　　　　　　→ あとに続く主語や文が表す時によって使う語を変える。

□〔be動詞の文に対して〕　　〈be動詞＋主語?〉「そうなのですか。」

□〔助動詞の文に対して〕　　〈助動詞＋主語?〉「そうなのですか。」

□Really?「ほんとうですか。」

※ほかにも，例文のAomori?のように，

　相手の発言の一部を上げ調子で繰り返すこともある。
　　　　　　　　　　　　　→ 文末を上げて読む読み方

あいづちを打つときの表現では，主語は代名詞にするよ。　ナルホド!

**Who is Oda Nobunaga?**〔織田信長とはだれですか。〕

**Is he popular in Japan?**〔彼は日本では人気があるのですか。〕

**Tell me more about him.**〔彼についてもっと教えてください。〕
　　　　　　　→「もっと多くのこと」という意味の名詞

・相手に質問をしたり，もっと教えてくれと頼んだりすると，会話をつなぎ，深めることが
　できる。

★【復習】会話をつなぐ質問によく使われる疑問詞

□ what「何(の)」　　　　　　　□ which「どれ[どの]，どちら[どちらの]」

□ who「だれ」　　　　　　　　□ when「いつ」

□ where「どこに[へ，で]」　　□ why「なぜ」

□ how「どのように」

ナルホド!

Words & Phrases　次の日本語を英語にしなさい。

□　科学者　（　　　　　　　　　　　）

**1** 日本語に合うように，＿＿＿に適切な語を書きなさい。

□(1) 妹がこのカレーを作ったのですよ。―おお，そうなのですか。

My sister cooked this curry.

— Oh, ＿＿＿＿＿＿ ＿＿＿＿＿＿?

□(2) ケンタとジムは親友なのです。―おお，そうなのですか。

Kenta and Jim are good friends.

— Oh, ＿＿＿＿＿＿ ＿＿＿＿＿＿?

□(3) タナカさんは今年の夏，オーストラリアに滞在するつもりです。

―おお，そうなのですか。

Mr. Tanaka will stay in Australia this summer.

— Oh, ＿＿＿＿＿＿ ＿＿＿＿＿＿?

**2** 次の対話が成り立つように，＿＿＿に適切な語を書きなさい。

□(1) *A :* ＿＿＿＿＿＿ did you study yesterday?

*B :* In the city library.

□(2) *A :* ＿＿＿＿＿＿ is Sato Kenta?

*B :* He is my favorite musician.

□(3) *A :* ＿＿＿＿＿＿ do you like this singer?

*B :* Because his voice is beautiful.

□(4) *A :* ＿＿＿＿＿＿ is your bag, the red one or the blue one?

*B :* The blue one is.

**3** 日本語に合うように，（　）内の語を並べかえなさい。

□(1) 彼とはどのようにして出会ったのですか。

( him / did / meet / you / how )?

＿＿＿＿＿＿＿＿＿＿＿＿＿＿＿＿＿＿＿＿?

□(2) 彼は日本の多くの人々に知られているのですか。

( Japan / many / he / to / people / is / in / known )?

＿＿＿＿＿＿＿＿＿＿＿＿＿＿＿＿＿＿＿＿?

□(3) その男性についてもっと教えてください。

( that / me / about / more / man / tell ).

＿＿＿＿＿＿＿＿＿＿＿＿＿＿＿＿＿＿＿＿.

Steps 3

## Our Project 5
## こんな人になりたい

教科書の重要ポイント　**be動詞・一般動詞【復習】，助動詞【復習】**　教科書 pp.79〜83

### He is an American scientist. 〔彼はアメリカ人の科学者です。〕

### They invented a new kind of robot. 〔彼らは新しい種類のロボットを発明しました。〕

・性格や容姿，職業などから「〜である［だった］」と人物像を表すときは，be動詞を使う。
　★be動詞の使い分け

| 主語 | be動詞（現在形） | be動詞（過去形） |
|---|---|---|
| I | am | was |
| I, you以外の単数 | is | was |
| you, 複数 | are | were |

・話題にしている人物が行う［行った］ことを表すときは，一般動詞（be動詞以外の動詞）を使う。過去のことを述べるときは過去形にする。

ナルホド！

### He can play tennis very well. 〔彼はテニスがとても上手にできます。〕

### We mustn't stop trying. 〔私たちは挑戦することをやめてはいけません。〕

・話題にしている人物の意志やできること，その人物から学んだ教訓の内容は助動詞を使って表せる。
　★覚えておくべき助動詞の例
　意志やできること→　□can「〜できる」　　　□could「〜できた」
　　　　　　　　　　　□will「〜しようと思う，〜でしょう」
　教訓の内容→　□must「〜しなければならない，
　　　　　　　　　　　〔否定形で〕〜してはいけない」
　　　　　　　□should「〜すべきである」

助動詞のあとは動詞の原形が来るんだったね。

ナルホド！

**Words & Phrases**　次の日本語は英語に，英語は日本語にしなさい。

□(1) positive （　　　　　　　　　）　　　□(3) そのような　＿＿＿＿＿＿＿＿＿

□(2) failure （　　　　　　　　　）　　　□(4) 〜を恐れる

　　　　　　　　　　　　　　　　　　　　　　be ＿＿＿＿＿＿ ＿＿＿＿＿＿ 〜

**1** 日本語に合うように，＿＿＿に適切な語を書きなさい。

☐(1) 彼はそのとき，学生でした。

＿＿＿＿＿ ＿＿＿＿＿ a student at that time.

☐(2) 彼女は多くの子どもたちに英語を教えました。

She ＿＿＿＿＿ ＿＿＿＿＿ to a lot of children.

☐(3) 私たちは心配しすぎてはいけません。

We ＿＿＿＿＿ ＿＿＿＿＿ too much.

**テストによく出る!**

**must と have to**

どちらも「～しなければならない」という意味を表すが，次のような違いがあることを思い出そう。

・否定文での意味

mustn't[must not]
＝「～してはならない」

don't have to ＝「～しなくてもよい」

・過去形の有無

must →なし（過去の文では使えない。）

have to → had to

**2** リナは「自分のなりたい人」として祖母を挙げ，メモを見ながら彼女についてのポスターを作っています。そのメモの一部を参考に，ポスターから抜粋した文(1)～(3)を完成させなさい。

〈メモ〉

・自分のなりたい人：祖母

・自分のなりたい人について：

現在80歳，数学教師として働いていた，

趣味がたくさんある（ギターの演奏，旅行など）

・学んだこと：何事もやってみるべきだ。

☐(1) My grandmother ＿＿＿＿＿ eighty years old.  She ＿＿＿＿＿ ＿＿＿＿＿ a math teacher.

☐(2) She has a lot of ＿＿＿＿＿ ＿＿＿＿＿ ＿＿＿＿＿ playing the guitar and traveling.

☐(3) I learned that I ＿＿＿＿＿ ＿＿＿＿＿ everything.

Our Project 5

**3** 日本語に合うように，（　）内の語を並べかえなさい。

☐(1) 彼女はすばらしい歌手として知られています。

( as / is / a / she / singer / known / wonderful ).

＿＿＿＿＿＿＿＿＿＿＿＿＿＿＿＿＿＿＿＿.

☐(2) 彼らはその宝物を見つけられて幸運でしたね。

( were / the / they / to / treasure / find / lucky ).

＿＿＿＿＿＿＿＿＿＿＿＿＿＿＿＿＿＿＿＿.

☐(3) 彼は，例えばトラやライオンなどの動物が好きです。

( tigers / animals / he / as / lions / likes / such / and ).

＿＿＿＿＿＿＿＿＿＿＿＿＿＿＿＿＿＿＿＿.

**注目!**

**原因・理由を表す不定詞**

(2)〈感情・状態を表す形容詞＋to＋動詞の原形〉で「～して[できて]…」という意味になる。

例　I'm happy to hear that.「それを聞いてうれしいです。」

**❶ （　）に入る適切な語句を選び，記号を○で囲みなさい。**

受け身の疑問文・否定文の作り方は，ふつうのbe動詞の文の場合と同じだったね。

- □(1) The park is (　　) by them every weekend.
  - ア clean　イ cleans　ウ cleaned　エ cleaning
- □(2) This singer is known (　　) many people in Japan.
  - ア as　イ by　ウ to　エ with
- □(3) (　　) in the forest? — Yes, he was sitting under a tree.
  - ア Did he find　イ Was he found　ウ Can he find　エ Was he finding

**❷ 日本語に合うように，＿＿に適切な語を書きなさい。**

- □(1) これらの花は花屋で買われます。
  - These flowers ＿＿＿＿＿＿＿＿ ＿＿＿＿＿＿＿＿ in flower shops.
- □(2) この市はたくさんの人々に訪ねられています。
  - This city ＿＿＿＿＿＿＿ ＿＿＿＿＿＿＿ ＿＿＿＿＿＿＿ many people.
- □(3) その電話番号は現在使われておりません。
  - The phone number ＿＿＿＿＿＿＿ ＿＿＿＿＿＿＿ now.
- □(4) 地面は葉でおおわれていました。
  - The ground ＿＿＿＿＿＿＿ ＿＿＿＿＿＿＿ ＿＿＿＿＿＿＿ leaves.

**❸ 日本語に合うように，（　）内の語を並べかえなさい。**

- □(1) この絵は私のおじによって描かれました。( uncle / picture / my / painted / was / this / by ).
  - ＿＿＿＿＿＿＿＿＿＿＿＿＿＿＿＿＿＿＿＿＿＿＿＿＿＿＿＿＿＿＿＿.
- □(2) このお寺はいつ建てられたのですか。( this / was / when / temple / built )?
  - ＿＿＿＿＿＿＿＿＿＿＿＿＿＿＿＿＿＿＿＿＿＿＿＿＿＿＿＿＿＿＿＿?
- □(3) そのコートはこの店では売られていません。
  - ( this / the / is / store / coat / sold / not / in ).
  - ＿＿＿＿＿＿＿＿＿＿＿＿＿＿＿＿＿＿＿＿＿＿＿＿＿＿＿＿＿＿＿＿.

**❹ 次の日本語を，（　）内の語数の英語にしなさい。**

- □(1) これらの部屋は毎日使われています。( 6 語)
  - ＿＿＿＿＿＿＿＿＿＿＿＿＿＿＿＿＿＿＿＿＿＿＿＿＿＿＿＿＿＿＿＿
- □(2) このケーキはリサ(Risa)によって作られたのではありません。( 6 語)
  - ＿＿＿＿＿＿＿＿＿＿＿＿＿＿＿＿＿＿＿＿＿＿＿＿＿＿＿＿＿＿＿＿

ヒント　❹(1)「これらの部屋」は複数形であることに注意。

**5** 読む 次の対話文を読んで，あとの問いに答えなさい。

*Ms. Miller :* Do you know the song "Happy Birthday"?

*Ken :* No. Was it ①( write ) by Stevie Wonder?

*Ms. Miller :* Yes, it was. ②It (　) (　) (　) (　) (　) a national holiday for Dr. Martin Luther King, Jr.

*Ken :* I know his name. He fought for civil rights.

*Ms. Miller :* ③That's right.

□(1) 下線部①の（　）内の語を適切な形にしなさい。

□(2) 下線部②が「それはマーティン・ルーサー・キング，ジュニア牧師のための祝日を創設するために使われました。」という意味になるように，（　）に入る適切な語を書きなさい。

□(3) 下線部③が指す内容を本文中の英語5語で抜き出しなさい。

**6** 話す 次の問題を読んで，あとの問いに答えなさい。解答の答え合わせのあと，発音アプリの指示に従って，問題文と解答を声に出して読みなさい。 アプリ

*Interviewer :* First of all, why did you choose your work?

*Dr. Takita :* I fell in love with wild animals in Africa. At first, I started as a volunteer. Then I joined a team of vets to save wild animals.

*Interviewer :* What's happening in Maasai Mara?

*Dr. Takita :* Elephants are killed for ivory. Poachers know ivory is sold at a high price.

(注)interviewer インタビューする人　　fall in love 恋に落ちる　　wild 野生の
at first はじめは　　volunteer ボランティア　　save 救う
Maasai Mara マサイマラ国立保護区　　kill 殺す　　ivory 象牙
poacher 密猟者　　price 価格

□(1) Why did Dr. Takita join a team of vets? （sheを使って答える）

—

□(2) Why do poachers kill elephants?

—

ヒント **5** (3)thatより前の文に注目する。

ぴたトレ
**3**
確認テスト

PROGRAM 6 ～
Our Project 5

時間30分 ／100点　合格70点　解答 p.21

教科書 pp.69 ～ 83

**❶** 下線部の発音が同じものには〇を，そうでないものには×を，解答欄に書きなさい。　6点

(1) k<u>i</u>tchen　　　　　(2) c<u>o</u>ver　　　　　(3) j<u>ai</u>l

k<u>i</u>nd　　　　　　　j<u>u</u>st　　　　　　gr<u>ea</u>tly

**❷** 最も強く発音する部分の記号を解答欄に書きなさい。　6点

(1) mes - sage　　　　(2) hol - i - day　　　(3) re - spect

ア　　イ　　　　　　ア　イ　ウ　　　　　ア　　イ

**❸** 対話が完成するように，＿＿に入る適切な語を書きなさい。　15点

(1) *A :* ＿＿＿＿＿ he ＿＿＿＿＿ by young people?

　　*B :* Yes, he is.  I love him too.

差がつく (2) *A :* Can you buy these books in your country?

　　*B :* No, they are ＿＿＿＿＿ ＿＿＿＿＿ in my country.

(3) *A :* Who built this temple?

　　*B :* It ＿＿＿＿＿ ＿＿＿＿＿ ＿＿＿＿＿ my grandfather.

**❹** よく出る 日本語に合うように，（　）内の語句を並べかえなさい。　20点

(1) 私たちは全員，今日の新聞を読みました。

　( all / read / today's / by / us / was / of / newspaper ).

(2) その公園はきれいな花でおおわれています。

　( flowers / is / beautiful / with / the park / covered ).

(3) このレストランはいつ開店しましたか。

　( opened / restaurant / was / when / this )?

(4) この本を楽しむために，中国語は必要ありません。

　( enjoy / needed / Chinese / not / to / is ) this book.

**❺** 次の発表文を読んで，あとの問いに答えなさい。　29点

　Hello, everyone.  This is my favorite book, *"Harry Potter"*.  I like *Harry Potter* books the best of all.  ①I think ( people / known / many / the books / are / to ) in the world.  ②The writer is J. K. Rowling.　She wrote seven long stories of *Harry Potter*.  I read all of ③them.  And eight movies were made from her books. The books and the movies are loved all over the world.

　In 2014, one of the most popular amusement parks in Japan made *Harry Potter* world there.  I'm going to visit the amusement park next month.  I want to enjoy its world a lot.

　成績評価の観点　技…言語や文化についての知識・技能　表…外国語表現の能力

(注)*Harry Potter* ハリー・ポッター(小説のタイトル)　　J. K. Rowling ハリー・ポッターの作者

(1) 下線部①が意味の通る英文になるように，（　）内の語句を並べかえなさい。

(2) 下線部②とほぼ同じ意味を表すように，＿＿＿に入る適切な語を書きなさい。

　　The books were ＿＿＿＿＿＿ ＿＿＿＿＿＿ J. K. Rowling.

(3) 下線部③が指す内容を本文中の英語6語で抜き出しなさい。

(4) 本文の内容について，次の問いに（　）内の語数の英語で答えなさい。

　　1. How many movies of *Harry Potter* can we see? （5語）

　　2. What was made in 2014? （5語）

**⑥ 書く✔ 次のようなとき英語で何と言うか，（　）内の指示に従って書きなさい。** 表 24点

(1) 彼女の鳥がどこで見つけられたかたずねたいとき。 （foundを使って5語で）

(2) その木は，彼によって切られたのではないと伝えたいとき。 （himを使って6語で）

(3) 自分の車はドイツで1999年に作られたと伝えたいとき。 （wasを使って8語で）

| ❶ | (1) | | (2) | | (3) | | ❷ | (1) | | (2) | | (3) | |
|---|---|---|---|---|---|---|---|---|---|---|---|---|---|
| | | 2点 | | 2点 | | 2点 | | | 2点 | | 2点 | | 2点 |

| ❸ | (1) | | (2) | |
|---|---|---|---|---|
| | | | 5点 | 5点 |
| | (3) | | | 5点 |

| ❹ | (1) | . 5点 |
|---|---|---|
| | (2) | . 5点 |
| | (3) | ? 5点 |
| | (4) | this book. 5点 |

| ❺ | (1) | I think　　　　　　　　　　in the world. 4点 |
|---|---|---|
| | (2) | 4点 |
| | (3) | 7点 |
| | (4) | 1　　　7点 |
| | | 2　　　7点 |

| ❻ | (1) | 表 8点 |
|---|---|---|
| | (2) | 表 8点 |
| | (3) | 表 8点 |

▶ 表 の印がない問題は全て 技 の観点です。

PROGRAM 6 ～ Our Project 5

91

ぴたトレ
**1**
要点チェック

**Reading 2**
**Friendship beyond Time and Borders** 1

時間 **15分**

解答 p.22

〈新出語・熟語 別冊p.13〉

教科書の
重要ポイント | 【復習】助動詞 will | 教科書 p.84

## From March 19, the air above Iran <u>will be</u> a no-fly zone.

willのあとは動詞の原形 ← 〔3月19日より, イラン上空は飛行禁止地帯となります。〕

## We <u>will shoot down</u> all planes. 〔私たちはすべての飛行機を撃ち落とします。〕

・〈will＋動詞の原形〉→未来のことについて述べる場合に使う。

→「～でしょう」という【推測】や「～しようと思います」という【意志】などを表す。

→「～することになります」など, 現在形のように訳されることもある。

→【意志】のwillは, 「～します」という意味で, 約束を表す。

ナルホド!

Words & Phrases 次の日本語は英語に, 英語は日本語にしなさい。

☐(1) border (       )    ☐(3) 戦争 _____

☐(2) above (       )    ☐(4) 空港 _____

**1** 日本語に合うように, ＿＿＿に適切な語を書きなさい。

☐(1) 私の弟は明日で10歳になります。

     My brother _____ _____ ten years old tomorrow.

☐(2) わかりました。テレビを消します。

     All right.  I _____ _____ _____ the TV.

> ⚠ミスに注意
>
> 主語が何であっても,〈will＋動詞の原形〉の形は変わらないよ。また, 日本語では未来のことでも現在形のように表すこともあるので, 英語にする場合は現在・未来のどちらの時のことを表しているのかに注意しよう。

**2** 日本語に合うように, ( )内の語を並べかえなさい。

☐(1) 今週末は雨が降ります。

     ( will / rainy / this / it / be ) weekend.

     _____ weekend.

☐(2) 明日の11時にあなたの家にうかがいます。

     ( at / I / house / will / visit / eleven / your ) tomorrow.

     _____ tomorrow.

# Reading 2
# Friendship beyond Time and Borders ②

〈新出語・熟語 別冊p.13〉

| 教科書の<br>重要ポイント | 【復習】副詞的用法の不定詞 | 教科書p.84 |

## Suddenly two Turkish planes came to rescue them.

「彼らを救助するために」

〔突然２機のトルコの飛行機が彼らを救助しにやってきました。〕

・副詞的用法の不定詞〈to＋動詞の原形〉＝「～するために」
　→動作の目的を表す。

ナルホド!

**Words & Phrases**　次の日本語は英語に，英語は日本語にしなさい。

☐(1) land　（　　　　　　　　）　　☐(3) sendの過去形 ＿＿＿＿＿＿

☐(2) run short（　　　　　　　　）　☐(4) 次々と

＿＿＿＿　＿＿＿＿　＿＿＿＿

**1** 日本語に合うように，＿＿に適切な語を書きなさい。

☐(1) 私たちは野球をするためにその公園に行きました。

　　We went to the park ＿＿＿＿＿ ＿＿＿＿＿ ＿＿＿＿＿.

☐(2) なぜあなたは職員室に行ったのですか。

　　―サトウ先生と話すためです。

　　Why did you go to the teachers' room?

　　― ＿＿＿＿＿ ＿＿＿＿＿ ＿＿＿＿＿ Mr. Sato.

☐(3) その店に彼へのプレゼントを１つ買いに行きましょう。

　　Let's go to the store ＿＿＿＿ ＿＿＿＿ ＿＿＿＿ ＿＿＿＿

　　for him.

| テストによく出る! |
| Why ～?に対する<br>応答 |

Why ～?「なぜ～ですか。」という質問に答える場合，２通りの答え方がある。
①〈Because＋主語＋動詞～.〉「なぜなら～だからです。」→理由を答える。
②〈To＋動詞の原形～.〉「～するためです。」→目的を答える。

**2** 日本語に合うように，（　）内の語を並べかえなさい。

☐(1) 彼女は医者になろうと勉強しました。

　　( a / to / she / be / studied / doctor ).

　　＿＿＿＿＿＿＿＿＿＿＿＿＿＿＿＿＿＿.

☐(2) 私はおじさんに会いに行こうと思います。

　　( my / I / go / uncle / see / will / to ).

　　＿＿＿＿＿＿＿＿＿＿＿＿＿＿＿＿＿＿.

Reading 2

ぴたトレ
**1**
要点チェック

# Reading 2
# Friendship beyond Time and Borders ③

時間 **15分**

解答 p22

〈新出語・熟語 別冊p.13〉

教科書の
重要ポイント | 名詞を修飾する前置詞句 | 教科書 pp.85〜86

## People in a nearby fishing village rescued 69 survivors.

「人々」　　　「近くの漁村にいる」

〔近くの漁村にいる人々が69人の生存者を救助しました。〕

## The friendship between the two countries still continues today.

「親交」　　　「2国間の」

〔2国間の親交は今日でも続いています。〕

・〈前置詞＋語句〉が前の名詞を修飾することがある。

---

**Words & Phrases** 次の日本語は英語に，英語は日本語にしなさい。

☐(1) understand （　　　　　　　）　 ☐(3) 地震 _____

☐(2) continue （　　　　　　　）　 ☐(4) 村 _____

---

**1** 日本語に合うように，____に適切な語を書きなさい。

☐(1) あの机の上にあるコンピュータを使ってもいいですか。

Can I use the _____ _____ _____ _____?

☐(2) イヌを1匹つれたあの少年は私の弟です。

That _____ _____ _____ _____ is my
brother.

> **注目!**
> 「〜をつれた」
> (2)「〜をつれた」は「〜といっしょに」と考える。

---

**2** 日本語に合うように，（　）内の語句を並べかえなさい。

☐(1) あの木の下にいる少女はだれですか。

( the girl / is / that tree / who / under )?

_____?

☐(2) 私にはカナダ出身の友だちがいます。

( a / from / I / Canada / friend / have ).

_____.

> **⚠ミスに注意**
> 何が何を修飾するのかを
> よく考えて，語順を間違
> えないようにしよう。

ぴたトレ
1
要点チェック

Reading 2
Friendship beyond Time and Borders ④

時間
15分

解答
p.22

〈新出語・熟語 別冊p.13〉

教科書の
重要ポイント 【復習】動名詞 教科書p.86

## We can make a better world by helping each other outside our borders.

「助けること」

〔私たちは国境の外でおたがいに助け合うことによってよりよい世界をつくることができます。〕

---

・動名詞〈動詞の-ing形〉＝「～すること」

★名詞的用法の不定詞〈to＋動詞の原形〉との違い
→enjoy, finish, stopなどの特定の動詞の目的語になれる。
→前置詞のあとに置くことができる。

---

Words & Phrases 次の日本語は英語に, 英語は日本語にしなさい。

□(1) hit （　　　　　　）　　□(3) flyの過去形 ＿＿＿＿＿＿＿＿

□(2) ambassador （　　　　　　）　　□(4) おたがいに[を] ＿＿＿＿ ＿＿＿＿

---

1 日本語に合うように, ＿＿＿に適切な語を書きなさい。

□(1) 書くのをやめ, 鉛筆を机の上に置いてください。
＿＿＿＿＿＿ ＿＿＿＿＿＿, and put your pencil on your desk.

□(2) 私は皿を洗うことによって母を手伝いました。
I helped my mother ＿＿＿＿＿＿ ＿＿＿＿＿＿ the dishes.

□(3) その川で泳ぐことについてどう思いますか。
What do you think ＿＿＿＿＿＿ ＿＿＿＿＿＿ in the river?

2 日本語に合うように, （　）内の語を並べかえなさい。

□(1) 私たちはその公園で走ることを楽しみました。
( in / park / we / running / the / enjoyed ).

＿＿＿＿＿＿＿＿＿＿＿＿＿＿＿＿＿＿＿＿＿＿＿＿＿.

□(2) あなたは歴史を勉強することに興味があるのですか。
( you / in / history / are / studying / interested )?

＿＿＿＿＿＿＿＿＿＿＿＿＿＿＿＿＿＿＿＿＿＿＿＿＿?

テストによく出る!

一般動詞の-ing形
の作り方

①たいていの動詞→その
まま-ingをつける。
例 play → playing

②eで終わる動詞→eを
とって-ingをつける。
例 take→taking

③〈短母音＋子音字〉で終
わる動詞→子音字を重
ねて-ingをつける。
例 stop→stopping

Reading 2

**①** ( )に入る適切な語句を選び，記号を○で囲みなさい。

( )の前後や選択肢の違いなどに注意して答えを選ぼう。

☐(1) I'll ( ) some sandwiches for lunch.

　　ア have　イ had　ウ to have　エ having

☐(2) *A :* Why do you have to stay home?

　　*B :* ( ) help my mother.

　　ア To　イ For　ウ Of　エ Because

☐(3) Why don't we read comics instead of ( ) out?

　　ア go　イ goes　ウ to go　エ going

**②** 日本語に合うように，＿＿＿に適切な語を書きなさい。

☐(1) あなたを手伝いに来ました。

　　I came ＿＿＿＿＿＿ ＿＿＿＿＿＿ ＿＿＿＿＿＿.

☐(2) 彼に手紙を書くのはどうですか。

　　How ＿＿＿＿＿＿ ＿＿＿＿＿＿ a letter to him?

☐(3) もう一度それをするならば，そのことをあなたのおかあさんに言います。

　　If you do it again, I ＿＿＿＿＿＿ ＿＿＿＿＿＿ ＿＿＿＿＿＿ ＿＿＿＿＿＿ about that.

**③** 日本語に合うように，( )内の語や符号を並べかえなさい。

☐(1) テーブルの上にあるそのケーキは，とてもおいしそうに見えます。

　　( the / looks / the / on / delicious / table / cake ).

　　＿＿＿＿＿＿＿＿＿＿＿＿＿＿＿＿＿＿＿＿＿＿＿＿＿＿.

☐(2) 私はくつを買いに買い物に行きました。　( buy / I / shopping / shoes / to / went ).

　　＿＿＿＿＿＿＿＿＿＿＿＿＿＿＿＿＿＿＿＿＿＿＿＿＿＿.

☐(3) もしあの本が好きならば，私はそれをあなたにあげます。

　　( you / you / I / that / to / if / book / it / give / will / like / , ).

　　＿＿＿＿＿＿＿＿＿＿＿＿＿＿＿＿＿＿＿＿＿＿＿＿＿＿.

**④** 次の英文を，( )内の指示に従って書きかえなさい。

☐(1) I went to Kyoto.　（「自分の祖母に会いに」という意味を加えて）

　　＿＿＿＿＿＿＿＿＿＿＿＿＿＿＿＿＿＿＿＿＿＿＿＿＿＿

☐(2) We can learn many things.　（「インターネットを使うことによって」という意味を加えて）

　　＿＿＿＿＿＿＿＿＿＿＿＿＿＿＿＿＿＿＿＿＿＿＿＿＿＿

ヒント　**②**(3)「教える，言う」という意味を持つ単語を使う。　**④**(2)「〜によって」は前置詞byを使って表せる。

**5** 読む 次の英文を読んで，あとの問いに答えなさい。

　In March 1985, Iran and Iraq were at war.  The president of Iraq said, "From March 19, the air above Iran will be a no-fly zone.  We will shoot down all planes."  Many countries ①( send ) planes to rescue their people in Iran.  The planes landed ②( 次々と ).

　At the airport, a lot of Japanese people waited and waited, but no planes came for them.  Time was running short.  Suddenly two Turkish planes came to rescue them.  ③They took all the 215 Japanese out of Iran.  Japanese people couldn't believe it.  Why Turkish planes?

　Almost 130 years ago, a Turkish ship came to Japan on a goodwill mission.  However, on the way back to Turkey, the ship ④( meet ) a strong typhoon.  It sank off the coast of Wakayama, and 587 people died.

　⑤People in a nearby fishing village rescued 69 survivors.  They didn't understand Turkish.  They didn't have enough food.  ( ⑥ ) they gave their last chickens to the survivors.

□(1) 下線部①・④の（　）内の語を適切な形にしなさい。　　①＿＿＿＿＿　④＿＿＿＿＿

□(2) 下線部②の（　）内の日本語を3語の英語にしなさい。

　　　　　　　　　　　　　　　　　　　　＿＿＿＿＿ ＿＿＿＿＿ ＿＿＿＿＿

□(3) 下線部③が指す内容を本文中の3語の英語で抜き出しなさい。

　　　　　　　　　　　　　　　　　　　　＿＿＿＿＿ ＿＿＿＿＿ ＿＿＿＿＿

□(4) 下線部⑤の日本語訳を完成させなさい。

　　（　　　　　　　　　　　　　　　　　　　　　　　　）は69人の生存者を救助しました。

□(5) ⑥の（　）に入る適切な語を書きなさい。　　　　　　　　　　　　　　＿＿＿＿＿

□(6) 次の文が本文の内容に合っていれば○を，合っていなければ×を書きなさい。

　　ア　イランの大統領は，3月19日からイランに入ってきた飛行機を撃ち落とすことを宣言
　　　　しました。　　　　　　　　　　　　　　　　　　　　　　　　　　　　　（　　　）
　　イ　215人の日本人がイランの空港で待機していましたが，日本の飛行機が来ることはあり
　　　　ませんでした。　　　　　　　　　　　　　　　　　　　　　　　　　　　（　　　）
　　ウ　130年ほど前に，あるトルコの船が親善の任務で日本に来ました。　　　　（　　　）
　　エ　台風に見舞われたトルコの船に乗っていた656人の船員のうち，69人が和歌山で救助
　　　　されました。　　　　　　　　　　　　　　　　　　　　　　　　　　　　（　　　）

ヒント　5 (5)接続詞の問題は前後のつながりをよく確認しよう。

Reading 2

# Word Web 4　いろいろな前置詞

教科書の重要ポイント | **場所・方向・運動などを表す前置詞** | 教科書p.88

**Is there a boy under the tree?** 〔その木の下に男の子がいますか。〕

**― Yes, there is.** 〔はい，います。〕／ **No, there isn't.** 〔いいえ，いません。〕

・前置詞＝名詞の前に置いて使う語。〈前置詞＋名詞〉の形で場所・方向などを表す。

★場所を表す前置詞の例
- □ above「〜の上（方）に」
- □ among「〔3つ以上のものの集合体について〕〜の間に」
- □ around「〜の周囲に」　　□ behind「〜のうしろに」
- □ between「〔2つのものについて〕〜の間に」
- □ by「〜のそばに」　　□ in「〜の中に」
- □ in front of「〜の前に」
- □ on「〔接触していることを表して〕〜の（上）に」
- □ over「〔おおいかぶさるような状態で〕〜の上（方）[真上]に」
- □ under「〜の下に」

★方向・運動を表す前置詞の例
- □ across「〜を横切って」　　□ into「〜の中へ」
- □ out of「〜の外へ」　　□ through「〜を通り抜けて」
- □ to「〜へ」

★その他の前置詞の例
- □ after「〜を追って，〜のあとに（続いて）」
- □ along「〜に沿って」
- □ with「〜といっしょに，〜を持っている」

ナルホド!

**Words & Phrases**　次の日本語は英語に，英語は日本語にしなさい。

□(1) along （　　　　　　　）　　□(4) 〜のうしろに _____

□(2) across （　　　　　　　）　　□(5) 池 _____

□(3) out of 〜 （　　　　　　　）　　□(6) 〜の前で[に]

_____ _____ _____ 〜

**1** 例にならい，「…に～があります。」という意味の文を完成させなさい。ただし，□の中にある語のいずれか1つを必ず使うこととし，各語は1度しか使えないものとします。

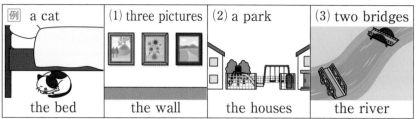

| 例 a cat | (1) three pictures | (2) a park | (3) two bridges |
|---|---|---|---|
| the bed | the wall | the houses | the river |

under(例) / over / around / on / in / between

例 **There is a cat under the bed.**

☐(1) There are three pictures _____ the wall.

☐(2) There is a park _____ _____ _____ .

☐(3) _____

**2** 日本語に合うように，____に適切な語を書きなさい。

☐(1) 道路を横切るときは注意しなさい。

Be careful when you go _____ the road.

☐(2) プールに飛び込んではいけません。

Don't _____ _____ the pool.

☐(3) その木の周りにはたくさんの子どもたちがいました。

There were many children _____ _____ _____ .

☐(4) その川に沿って歩いたとき，私はその水中にたくさんの魚がいると知りました。

When I _____ _____ the river, I learned that there were many fish _____ the water.

**3** 日本語に合うように，（　）内の語句を並べかえなさい。

☐(1) 私はあの花屋のうしろにある家に住んでいます。

( the house / that flower shop / in / I / behind / live ).

_____

☐(2) 大きな飛行機が私の自宅の上空を飛んでいきました。

( my / a / flew / plane / above / large / house ).

_____

☐(3) 私たちはその魚をくわえたネコを走って追いかけました。

( the cat / we / after / a fish / ran / with ).

_____

# PROGRAM 7
# A Gateway to Japan ①

教科書の
重要ポイント　**現在完了（完了）**　教科書 pp.90 〜 92・108

**I have just read this book.** 〔私はちょうどこの本を読んだところです。〕
「読んだところだ」〈have [has] ＋過去分詞〉

**Ken has already finished his homework.** 〔ケンはすでに宿題を終わらせてしまいました。〕
「終わらせてしまった」〈have [has] ＋過去分詞〉

・〈have [has] ＋過去分詞〉＝「（ちょうど）〜したところだ」「（すでに）〜してしまった」
→現時点で動作が完了していることを表す。
→主語が3人称・単数のときはhasを使う。
→just「ちょうど」やalready「すでに」といっしょに使うことが多い。

**I read this book.** 〔私はこの本を読みました。〕　　**I have just read this book.**

過去　　　　　　　　　　　　　　　　　　　現在

**Ken finished his homework.** 〔ケンは宿題を終わらせました。〕　　**Ken has already finished his homework.**

過去　　　　　　　　　　　　　　　　　　　現在

ナルホド！

Words & Phrases　次の日本語は英語に，英語は日本語にしなさい。

☐(1) novel　（　　　　　　　　　）　　☐(4) すでに　＿＿＿＿＿＿＿＿＿＿

☐(2) ending　（　　　　　　　　　）　　☐(5) ことば　＿＿＿＿＿＿＿＿＿＿

☐(3) bowl　（　　　　　　　　　）　　☐(6) 推理もの，なぞ　＿＿＿＿＿＿＿＿＿＿

**1** 例にならい，「…はすでに～してしまいました。」という意味の文を完成させなさい。

| 例 I | (1) we | (2) Akira | (3) Kaori |
|---|---|---|---|
| clean my room | see the movie | cook dinner | buy the book |

**テストによく出る!**

haveとhasの使い分け
・主語がI，you，複数
　→have
・主語がI，you以外の
　単数（3人称・単数）
　→has

例 **I have already cleaned my room.**

☐(1) We _____ already _____ the movie.

☐(2) Akira _____ _____ _____ dinner.

☐(3) _____.

**2** 日本語に合うように，____に適切な語を書きなさい。

☐(1) 彼らはちょうど昼食を食べたところです。

They _____ just _____ lunch.

☐(2) 彼女はすでに仕事を終えました。

She _____ already _____ her work.

☐(3) 私はちょうど彼への手紙を書いたところです。

I _____ _____ _____ a letter to him.

☐(4) 彼はすでに両親に自分の考えを話しました。

He _____ _____ _____ his idea to his parents.

**⚠ミスに注意**

just「ちょうど」やalready「すでに」はhave[has]の直後に置くよ。語順に注意しよう。

**3** 日本語に合うように，（　）内の語を並べかえなさい。

☐(1) 雨はすでにやみました。

( has / raining / it / stopped / already ).

_____.

☐(2) 私たちはちょうどサッカーの練習をし始めたところです。

( to / we / soccer / started / have / practice / just ).

_____.

☐(3) 何か新しいことをやってみたいです。

( to / new / try / I / something / want ).

_____.

**注目!**

somethingと形容詞
(3)名詞に形容詞がつく場合はふつう〈形容詞＋名詞〉の語順になるが，somethingにつく場合は〈something＋形容詞〉の語順になる。
例「何か冷たい飲み物」
　＝something cold to drink（×cold something to drink）

PROGRAM 7

ぴたトレ
**1**
要点チェック

PROGRAM 7
A Gateway to Japan ②

時間
**15分**

解答
p.24

〈新出語・熟語 別冊p.13〉

---

教科書の
重要ポイント　**現在完了の疑問文・否定文**　教科書 pp.90 ～ 91・93・108

**Has Ken finished his homework yet?** 〔ケンはもう宿題を終わらせましたか。〕

**— Yes, he has.** 〔はい，終わらせました。〕 **/ No, he hasn't.** 〔いいえ，まだです。〕
　　　　　　　　　　　　　　　　　　　　　　→ has notの短縮形

- 現在完了の疑問文は，have [has]を主語の前に出して作る。
- 完了を表す場合，文末にyet「もう」を置くことも多い。
- have [has]を使って答える。

　肯定文 Ken has finished his homework.　〔ケンは宿題を終わらせてしまいました。〕
　　　　　　　→ have [has]を主語の前に出す
　疑問文 Has Ken finished his homework yet?
　　　　　　　　　　　　　　　　　　　→「もう」

　　　— Yes, he has. / No, he has not [hasn't].

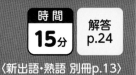
＼ナルホド！／

---

**I haven't read this book yet.** 〔私はまだこの本を読んでいません。〕
　　→ have notの短縮形

- 現在完了の否定文は，have [has]のあとにnotを置いて作る。
- 完了を表す場合，文末にyet「まだ」を置くことも多い。

　肯定文 I have 　　　 read this book.　〔私はこの本を読んでしまいました。〕
　　　　　　　　↓ have [has]のあとにnotを置く
　否定文 I have not read this book yet.
　　　　　　　＝ haven't　　　　　　　　→「まだ」

yetは，疑問文では「もう」，否定文では「まだ」という意味になるよ。
＼ナルホド！／

---

Words & Phrases　**次の日本語は英語に，英語は日本語にしなさい。**

☐(1) yet　　　（　　　　　　　　　　）　　☐(4) 外国の　　＿＿＿＿＿＿＿＿＿＿

☐(2) wing　　（　　　　　　　　　　）　　☐(5) プロの　　＿＿＿＿＿＿＿＿＿＿

☐(3) get home　（　　　　　　　　　）　　☐(6) ～によれば　＿＿＿＿＿ ＿＿＿＿～

**1** 例にならい，「…はもう～しましたか。」という意味の文と，
その答えの文を完成させなさい。

| 例 you | (1) you | (2) Mike | (3) Saki |
|---|---|---|---|
| read this book / Yes | call Takashi /No | get up / Yes | do her homework/No |

例 **Have you read this book yet?** — Yes, I have.

□(1) _____ you _____ Takashi yet?
— No, I _____.

□(2) _____ Mike _____ up _____?
— Yes, _____ _____.

□(3) _____
— _____

**2** 日本語に合うように，_____ に適切な語を書きなさい。

□(1) あなたはもうその問題を解決しましたか。
_____ you _____ the problem _____?

□(2)〔(1)に答えて〕はい，解決しました。／いいえ，まだです。
Yes, I _____. ／ No, I _____.

□(3) 私はまだそのマンガ本を買っていません。
I _____ _____ _____ the comic
book _____.

□(4) アオイはまだ部屋を掃除し終えていません。
Aoi _____ _____ cleaning her room _____.

**3** 日本語に合うように，（ ）内の語句や符号を並べかえなさい。

□(1) カナはもう帰宅しましたか。
( home / Kana / yet / gotten / has )?
_____?

□(2) 私はまだ彼からのメールを読んでいません。
( not / the / him / email / I / from / read / have / yet ).
_____

□(3) 母によれば，彼は子どものときに英語を勉強し始めました。
( he / to / a child / started / when / English / studying /
according / he was / my mother / , ).
_____
_____.

PROGRAM 7

ぴたトレ
**1**
要点チェック

PROGRAM 7
A Gateway to Japan ③

時間
**15分**

解答
p.24

〈新出語・熟語 別冊p.13〉

| 教科書の<br>重要ポイント | 現在完了（経験） | 教科書 pp.90〜91・94・108 |

## I have visited Kyoto three times. 〔私は京都を3回訪れたことがあります。〕

「訪れたことがある」〈have [has] ＋過去分詞〉

- 〈have [has] ＋過去分詞〉＝「〜したことがある」
  →これまでの経験の有無や回数・頻度を表す。
  →主語が3人称・単数のときはhasを使う。

「1回」はonce，「2回」はtwice，3回以上は 〜 timesの形で表すよ。

ナルホド！

## I have never eaten *okonomiyaki*. 〔私は一度もお好み焼きを食べたことがありません。〕

- 〈have [has] ＋never＋過去分詞〉＝「（一度も）〜したことがない」
  →経験を表す現在完了の否定文では，ふつうnotの代わりにnever「一度も〜ない」を使う。

ナルホド！

## Have you ever been to Australia? 〔あなたはこれまでにオーストラリアに行ったことがありますか。〕

- 〈Have [Has] ＋主語＋ever＋過去分詞〜?〉＝「…はこれまでに〜したことがありますか。」
  →経験を表す現在完了の疑問文では，主語のあとにever「これまでに」を置くことが多い。
- have [has] been to 〜＝「〜に行ったことがある」

ナルホド！

**Words & Phrases** 次の日本語は英語に，英語は日本語にしなさい。

☐(1) similar （　　　　　）　　　☐(5) 部分 _____

☐(2) attract （　　　　　）　　　☐(6) 2度，2回 _____

☐(3) situation （　　　　　）　　　☐(7) 〜と…の間の[に]

_____ 〜 _____ …

☐(4) ever （　　　　　）　　　☐(8) 日々，日ごとに

_____

**1** 日本語に合うように，（　）内から適切なものを選び，記号を〇で囲みなさい。

□(1) 私の兄は以前オーストラリアを訪れたことがあります。

My brother （ア is　イ has） visited Australia before.

□(2) 私はテレビでその映画を何度も見たことがあります。

I have watched the movie on TV many （ア time　イ times）.

□(3) あなたはこれまでに刺身を食べてみたことはありますか。

Have you （ア never　イ ever） tried *sashimi*?

□(4) 彼女は一度もギターをひいたことがありません。

She has （ア never　イ ever） played the guitar.

> ⚠ ミスに注意
>
> 現在完了（経験）の文で使うeverとneverを混同しないように注意しよう。
> ・ever→疑問文で「これまでに」
> ・never→否定文でnotの代わりに使って「一度も〜ない」

**2** 例にならい，「—は…回〜したことがあります。」という意味の文を完成させなさい。

| 例 I（3回） | (1) Saki（4回） | (2) Jim（2回） | (3) Kate（1回） |
| --- | --- | --- | --- |
| ski in Hokkaido | play tennis with Ken | eat *soba* | take a plane |

> 注目!
>
> 回数を表す表現
> 「1回」であればonce，「2回」であればtwice，3回以上であれば〜timesで表し，文末に置く。

例 **I have skied in Hokkaido three times.**

□(1) Saki ＿＿＿＿＿ ＿＿＿＿＿ tennis with Ken ＿＿＿＿＿ times.

□(2) ＿＿＿＿＿ ＿＿＿＿＿ ＿＿＿＿＿ *soba* ＿＿＿＿＿.

□(3) ＿＿＿＿＿＿＿＿＿＿＿＿＿＿＿＿＿＿＿＿＿＿＿＿

**3** 日本語に合うように，（　）内の語を並べかえなさい。

□(1) 私は一度も登山をしたことがありません。

（ a / I / climbed / have / mountain / never ）.

＿＿＿＿＿＿＿＿＿＿＿＿＿＿＿＿＿＿＿＿＿＿＿.

□(2) あなたはこれまでにカナダに行ったことがありますか。

（ to / you / been / Canada / ever / have ）?

＿＿＿＿＿＿＿＿＿＿＿＿＿＿＿＿＿＿＿＿＿＿?

□(3) その映画はさらに人気になりつつあります。

（ is / more / the / getting / movie / popular ）.

＿＿＿＿＿＿＿＿＿＿＿＿＿＿＿＿＿＿＿＿＿＿.

> テストによく出る!
>
> 「〜に行ったことがある」
> 「〜に行ったことがある」という経験を表す場合は，goの過去分詞形を使うのではなく，be動詞の過去分詞形を使ってhave[has] been to 〜と表す。

PROGRAM 7

## Steps 4
## 相手にわかりやすい説明をしよう

**教科書の重要ポイント** | **説明の仕方** | 教科書p.97

・あるものごとや人について説明するときは，大まかな内容から始め，徐々に細かい内容を追加していくとよい。

・次のような要素を多く入れるとわかりやすい説明になる。

① what / who （分類：それは何[だれ]か　など）
例 *Hanetsuki* is a kind of Japanese game. 〔羽根つきとは日本のゲームの一種です。〕

② what （特徴：どんな形[色]か　など）
例 It's like a badminton. 〔それはバドミントンのようなものです。〕

③ how （方法：どのようにするのか　など）
例 We play it with a *paddle and *shuttlecock.
*paddle （へら状の）板　shuttlecock （バドミントンなどの）シャトル，羽根
〔私たちはそれを板と羽根を使ってします。〕

④ when, where （時・場所：いつ[どこで]するのか　など）

⑤ why （理由：なぜするのか　など）
例 It's played on *New Year's Day because Japanese people think the year will be happy by doing so.
*New Year's Day 正月
〔それは正月にされます，なぜなら日本の人々はそうすることでその年が幸せなものになると考えているからです。〕

**Words & Phrases** 次の日本語は英語に，英語は日本語にしなさい。

☐(1) plastic （　　　　　　　）

☐(2) repeatedly （　　　　　　　）

☐(3) square （　　　　　　　）

☐(4) eco-friendly （　　　　　　　）

☐(5) 砂糖 ＿＿＿＿＿＿＿

☐(6) 牛肉 ＿＿＿＿＿＿＿

☐(7) 包む ＿＿＿＿＿＿＿

☐(8) 1つ[1枚]の〜
a ＿＿＿＿ ＿＿＿＿〜

**1** 日本語に合うように，＿＿＿＿に適切な語を書きなさい。

□(1) それらは役立って安いので，とても人気があります。

They are very popular ＿＿＿＿＿＿＿＿ they are useful and cheap.

□(2) それはたいてい塩で食べます。

We usually eat it ＿＿＿＿＿＿＿ ＿＿＿＿＿＿＿.

□(3) その家はお寺のように見えます。

The house ＿＿＿＿＿＿＿ ＿＿＿＿＿＿＿ a temple.

**テストによく出る！**

「～のように見える」
の表し方

・「〔様子・状態を表して〕～のように見える」
→〈look＋形容詞〉

例「悲しんでいるように見える」= look sad

・「〔人や物を例に挙げて〕～のように見える」
→〈look like＋名詞〉

例「ネコのように見える」= look like a cat

**2** 次のメモの内容に合うように，＿＿＿＿に適切な語を書き，たい焼きについての説明を完成させなさい。

〈メモ〉

| 〈紹介するもの〉　たい焼き |
| --- |
| (1) 日本のスイーツ (sweets) の一種。 |
| (2) パンケーキのようなもの。 |
| (3) 中に餡子という甘い豆のペースト (bean paste) が入っている。 |
| (4) チョコレートなどが代わりに使われることもある。 |

This is *taiyaki*. □(1) It is ＿＿＿＿＿＿＿ ＿＿＿＿＿＿＿ ＿＿＿＿＿＿＿

Japanese sweets. □(2) It ＿＿＿＿＿＿＿ ＿＿＿＿＿＿＿ a pancake.

□(3) It ＿＿＿＿＿＿＿ *anko*, sweet bean paste, in it.

□(4) Sometimes another thing such as chocolate ＿＿＿＿＿＿＿

＿＿＿＿＿＿＿ ＿＿＿＿＿＿＿ ＿＿＿＿＿＿＿ *anko.*

**⚠ミスに注意**

メモと英文では表現の仕方が異なっている場合もあるので，よく確認して，間違えないようにしよう。例えば **2**(3)は，メモでは「餡子…が入っている」と餡子が主語になっているのに，英文ではIt（＝たい焼き）という「物」が主語になっているね。

**3** 日本語に合うように，（　）内の語句を並べかえなさい。

□(1) 焼肉は日本で最も人気のある食べ物の１つです。

( of / in / is / food / Japan / *yakiniku* / most / one / the / popular ).

＿＿＿＿＿＿＿＿＿＿＿＿＿＿＿＿＿＿＿＿＿＿＿＿＿＿＿＿＿＿＿

＿＿＿＿＿＿＿＿＿＿＿＿＿＿＿＿＿＿＿＿＿＿＿＿＿＿＿＿＿＿＿.

□(2) それはアイスクリームを作るときに使います。

( it / we / we / ice cream / use / make / when ).

＿＿＿＿＿＿＿＿＿＿＿＿＿＿＿＿＿＿＿＿＿＿＿＿＿＿＿＿＿＿＿.

□(3) それらは新年を祝うために食べられます。

( are / the New Year / they / celebrate / eaten / to ).

＿＿＿＿＿＿＿＿＿＿＿＿＿＿＿＿＿＿＿＿＿＿＿＿＿＿＿＿＿＿＿.

# Power-Up 4
# 空港アナウンスを聞こう

教科書の重要ポイント **空港のアナウンスで使われる表現** 教科書p.98

**Aoba Airlines Flight 201 to London is cancelled due to bad weather.**

└→「取り消された状態である」＝「欠航になっている」

〔アオバ航空ロンドン行201便は悪天候のため，欠航になっております。〕

- 〈便の名前＋is [are] cancelled〉＝「～便は欠航になっている」

- due to ～「～のせいで」（＝because of ～）

**The boarding gate is changed from 10 to 15.**

└→「搭乗口」 └→「10番から15番に」

「変えられた状態である」＝「変更になっている」

〔搭乗口が10番から15番に変更になっております。〕

- The boarding gate is changed ＝「搭乗口が変更になっている」
  →主語にThe boarding timeを使うと搭乗時間について述べることができる。

- from ～ to … ＝「～から…に」
  →〈～〉に変更前の内容，〈…〉に変更後の内容を入れる。

Words & Phrases 次の日本語は英語に，英語は日本語にしなさい。

☐(1) announcement （　　　　　）

☐(2) attention （　　　　　）

☐(3) boarding （　　　　　）

☐(4) due to ～ （　　　　　）

☐(5) 取り消す ＿＿＿＿＿＿＿

☐(6) 門，（搭乗）口 ＿＿＿＿＿＿＿

☐(7) 乗客，旅客 ＿＿＿＿＿＿＿

**1** 例にならい，「—は～から…に変更されております。」という意味の文を完成させなさい。

| 例 boarding gate | (1) boarding time | (2) boarding gate | (3) boarding time |
|---|---|---|---|
| Time FlightNo To Gate XX:XX 000:0000 0000 18 ↓ Time FlightNo To Gate XX:XX 000:0000 0000 23 | Time FlightNo To Gate 13:00 000:0000 0000 XX ↓ Time FlightNo To Gate 14:00 000:0000 0000 XX | Time FlightNo To Gate XX:XX 000:0000 0000 38 ↓ Time FlightNo To Gate XX:XX 000:0000 0000 63 | Time FlightNo To Gate 18:00 000:0000 0000 XX ↓ Time FlightNo To Gate 19:30 000:0000 0000 XX |

例 **The boarding gate is changed from 18 to 23.**

☐(1) The boarding time ＿＿＿＿＿＿ ＿＿＿＿＿ from 13:00 to 14:00.

☐(2) The boarding gate ＿＿＿＿＿ ＿＿＿＿＿ ＿＿＿＿＿ 38 ＿＿＿＿＿ 63.

☐(3) ＿＿＿＿＿＿＿＿＿＿＿＿＿＿＿＿＿＿＿＿＿＿＿＿＿

**2** 日本語に合うように，＿＿＿に適切な語を書きなさい。

☐(1) ワカバ航空ニューヨーク行315便は欠航になっております。
Wakaba Airlines Flight 315 to New York ＿＿＿＿＿
＿＿＿＿＿.

☐(2) 搭乗時間が10:00から13:00に変更されました。
The boarding time ＿＿＿＿＿ ＿＿＿＿＿ ＿＿＿＿＿ 10:00
＿＿＿＿＿ 13:00.

☐(3) 私たちはその台風のせいで外出できませんでした。
We couldn't go out ＿＿＿＿＿ ＿＿＿＿＿ the typhoon.

**3** 日本語に合うように，（　）内の語句を並べかえなさい。

☐(1) 搭乗口が10番から18番に変更されました。
( 10 / 18 / gate / to / the / changed / boarding / was / from ).
＿＿＿＿＿＿＿＿＿＿＿＿＿＿＿＿＿＿＿＿＿＿＿＿＿.

☐(2) 悪天候のため，その便は欠航になっております。
( bad / flight / is / to / the / due / cancelled / weather ).
＿＿＿＿＿＿＿＿＿＿＿＿＿＿＿＿＿＿＿＿＿＿＿＿＿

☐(3) さっきのは北海道行506便のアナウンスでしたか。
( Hokkaido / Flight 506 / an / that / for / was / to / announcement )?
＿＿＿＿＿＿＿＿＿＿＿＿＿＿＿＿＿＿＿＿＿＿＿＿＿
＿＿＿＿＿＿＿＿＿＿＿＿＿＿＿＿＿＿＿＿＿＿＿＿＿?

注目!
from ～ to …の意味
①「～から…に」
→変更前と変更後の内容を表す。
例 is changed from 13:00 to 15:00
「13:00から15:00に変更されている」
②「～から…へ［まで］」
→「出発点と到達点」，「送り手と受け手」，「期間の始まりと終わり」などを表す。
例 from Tokyo to Osaka
「東京から大阪へ」
from April 1 to May 31「4月1日から5月31日まで」

注目!
that の意味
(3) that には「（寸前まであったものなどを指して）さっきのもの［人］」という意味もある。
例 Who was that?
「さっきのはだれだったのですか。」

Power-Up 4

109

**①** ( )に入る適切な語を選び，記号を〇で囲みなさい。

☐(1) We have already ( ) lunch.

ア eat イ ate ウ eaten エ eating

☐(2) ( ) you finished your homework?

ア Did イ Were ウ Have エ Can

☐(3) He ( ) written the email to her.

ア isn't イ doesn't ウ never エ hasn't

> 現在完了を使った文の形を思い出そう。

**②** 日本語に合うように，＿＿に適切な語を書きなさい。

☐(1) 彼はすでにその問題を解決しました。

He ＿＿＿＿＿ ＿＿＿＿＿ ＿＿＿＿＿ the problem.

☐(2) 私は，今日はまだ彼を見ていません。

I ＿＿＿＿＿ ＿＿＿＿＿ him ＿＿＿＿＿ today.

☐(3) あなたはこれまでにカナダに行ったことがありますか。

＿＿＿＿＿ you ＿＿＿＿＿ ＿＿＿＿＿ to Canada?

**③** 日本語に合うように，( )内の語を並べかえなさい。

☐(1) 私たちはちょうどテニスをし始めたところです。

( tennis / we / playing / started / have / just ).

＿＿＿＿＿＿＿＿＿＿＿＿＿＿＿＿＿＿＿＿＿.

☐(2) あなたはもうその方法をやってみましたか。( the / you / yet / tried / have / way )?

＿＿＿＿＿＿＿＿＿＿＿＿＿＿＿＿＿＿＿＿＿?

☐(3) 私たちはその話を一度も聞いたことがありません。

( the / heard / we / story / never / have ).

＿＿＿＿＿＿＿＿＿＿＿＿＿＿＿＿＿＿＿＿＿.

**④** 次の日本語を，( )内の語数の英語にしなさい。

☐(1) あなたはもうその本を買いましたか。( 6語 )

＿＿＿＿＿＿＿＿＿＿＿＿＿＿＿＿＿＿＿＿＿

☐(2) 私はこの映画を2回見たことがあります。( 6語 )

＿＿＿＿＿＿＿＿＿＿＿＿＿＿＿＿＿＿＿＿＿

ヒント **①** (2)(3)文の動詞が過去分詞形になっていることに注目する。
**③** justやyet, neverを置く位置に注意。

●完了や経験を表す現在完了を正しく使えるかが問われるでしょう。
⇒現在完了の形〈have[has]＋過去分詞〉をおさえておきましょう。
⇒疑問文・否定文の作り方を練習しておきましょう。
⇒完了・経験を表す現在完了の文でよく使われる語句(already, just, yetなど)を確認しておきましょう。

**5** 読む 次の対話文を読んで，あとの問いに答えなさい。

*Mao :* Hi, Daniel.  You look happy.  ①( good / did / happen / something )?

*Daniel :* ②(　　)(　　)(　　) an email from my uncle in Italy.

*Mao :* Your uncle in Italy?  What does he do there?

*Daniel :* Ah, he's a sportswriter.  He loves Japanese pop culture ③(　　) *manga* and *anime*.

*Mao :* Great!

☐(1) 下線部①が意味の通る英文になるように，(　)内の語を並べかえなさい。

_____?

☐(2) 下線部②が「私はちょうど，イタリアにいるおじからメールを受け取ったところです。」という意味になるように，(　)に入る適切な語を書きなさい。

_____  _____  _____

☐(3) 下線部③が「マンガやアニメのような」という意味になるように，(　)に入る適切な語を書きなさい。

_____

☐(4) 次の問いに英語で答えるとき，____に適切な語を書きなさい。

What is Daniel's uncle's job?  — He _____ _____ _____ in Italy.

**6** 話す 次の問題を読んで，あとの問いに答えなさい。解答の答え合わせのあと，発音アプリの指示に従って，問題文と解答を声に出して読みなさい。 アプリ

　The robot was not a company product.  A team of junior high school students in Osaka developed it.  It was difficult for them to program the robot.  They worked hard on it.  They believe that it will be helpful for sign language users.

(注)product　製品　　develop　開発する　　It was ～ for — to ....　—にとって…することは～だった。
program　プログラムする　　work hard on ～　～に熱心に取り組む
sign language user　手話を使う人

☐(1) Who developed the robot?

　—_____

☐(2) Who will the robot be helpful for?

　—_____

ヒント　**5**(1)somethingに形容詞をつける場合は語順に注意。

**❶** 下線部の発音が同じものには〇を，そうでないものには×を，解答欄に書きなさい。　6点

(1) atten<u>ti</u>on
ar<u>ti</u>st

(2) d<u>o</u>ne
<u>u</u>ncle

(3) h<u>ea</u>rd
w<u>o</u>rd

**❷** 最も強く発音する部分の記号を解答欄に書きなさい。　6点

(1) sit - u - a - tion
　ア　イ　ウ　エ

(2) pas - sen – ger
　ア　　イ　　ウ

(3) at - tract
　ア　　イ

**❸** 日本語に合うように，（　）内の語句を並べかえなさい。　15点

(1) 私は今までにホワイトさんを見たことがありません。

( Ms. White / seen / I / never / have / before ).

(2) 彼らはこの歌を何回歌ったことがありますか。

( sung / many / song / this / times / they / have / how )?

(3) エマはすでに映画を見終えました。

( seeing / has / the movie / finished / Emma / already ).

**❹** 対話が完成するように，＿＿＿に入る適切な語を書きなさい。　20点

(1) *A :* Can I use this computer?

*B :* Sure.  I ＿＿＿＿＿＿ already used it.

(2) *A :* ＿＿＿＿＿＿ Mike left home ＿＿＿＿＿＿?

*B :* Yes. he has just left home.

(3) *A :* ＿＿＿＿＿＿ you ever ＿＿＿＿＿＿ to Kyoto?

*B :* No, I haven't.  But my father has been there before.

(4) *A :* I've just had dinner.  How about you?

*B :* I ＿＿＿＿＿＿ had dinner ＿＿＿＿＿＿.  I'm hungry.

**❺** 次のリョウコ(Ryoko)の発表文を読んで，あとの問いに答えなさい。　29点

　　We study English every day at school.  We've already learned many English words.  However, ①(　　)(　　)(　　) talked to someone in English in your life?  I would answer, "No, I haven't."  And I have never been abroad.  I think many students are the same.  I don't think Japanese students have to study English at school.

　　I told ②my idea to my sister, and she told me about her school life.  She studies at college to be a vet.  Information is getting newer day by day.  She can study many things in Japanese, but the newest information is written only in English. It means that if we don't understand English, we can't get good information.

成績評価の観点　技…言語や文化についての知識・技能　表…外国語表現の能力

In the future, I want to be a pianist. ③I (     ) (     ) an experience like my sister (     ). But I'll keep studying English for my future.

(1) 下線部①が意味の通る英文になるように，（　）に入る適切な語を書きなさい。

(2) 下線部②の内容を次のように説明するとき，（　）に入る適切な日本語を書きなさい。

日本の生徒は（　　）で（　　）をする必要がないということ。

(3) 下線部③が「私は姉のような経験がまだありません。」という意味になるように，（　）に入る適切な語を書きなさい。

(4) 次の英文が本文の内容に合うように，＿＿に入る適切な語を書きなさい。

　　1. Ryoko has ＿＿＿＿＿＿ ＿＿＿＿＿＿ to foreign countries.

　　2. ＿＿＿＿＿＿ is used to write the newest information.

❻ 書く✎ 次のようなとき英語で何と言うか，（　）内の語数で書きなさい。 表 24点

(1) 相手にその新入生のことをすでに耳にしたかたずねたいとき。（8語）

(2) 自分は科学についてのその本を一度読んだことがあると伝えるとき。（8語）

(3) 彼はまだ彼の家族への手紙を書いていないと伝えたいとき。（9語）

| ❶ | (1) 2点 | (2) 2点 | (3) 2点 | ❷ | (1) | (2) 2点 | (3) 2点 | 2点 |

| ❸ | (1) | · 5点 |
| | (2) | ? 5点 |
| | (3) | · 5点 |

| ❹ | (1) 5点 | (2) 5点 |
| | (3) 5点 | (4) 5点 |

| ❺ | (1) | 4点 |
| | (2) | 7点 |
| | (3) | 4点 |
| | (4) 1 | 2 7点 | 7点 |

| ❻ | (1) | 表 8点 |
| | (2) | 表 8点 |
| | (3) | 表 8点 |

▶ 表 の印がない問題は全て 技 の観点です。

ぴたトレ
**1**
要点チェック

PROGRAM 8
A Hope for Lasting Peace 1

時 間
**15分**

解答
p.27

〈新出語・熟語 別冊p.14〉

教科書の
重要ポイント　**現在完了（継続）**　　教科書 pp.100 ～ 102・109

**Taro has lived here since 2015.** 〔タロウは2015年からここに住んでいます。〕
└──→「(ずっと)住んでいる」〈have [has] ＋過去分詞〉

**Taro and Kiyoshi have been good friends for many years.**
└──→「(ずっと)～である」〈have [has] ＋過去分詞〉
〔タロウとキヨシは何年もの間よい友だちです。〕

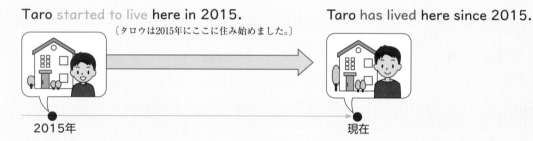

Taro started to live here in 2015.
〔タロウは2015年にここに住み始めました。〕

Taro has lived here since 2015.

2015年　　　現在

・〈have [has] ＋過去分詞〉＝「(ずっと)～している」「(ずっと)～である」
　→ある状態が現在まで続いていることを表す。
　→主語が３人称・単数のときはhasを使う。
・継続を表す現在完了でよく使う表現
　〈since＋一時点を表す語句〉「～から(ずっと)」　〈for＋期間・時間を表す語句〉「～の間」

ナルホド!

**How long have Taro and Kiyoshi been good friends?**
└──→「どのくらいの間～」
〔タロウとキヨシはどのくらいの間よい友だちなのですか。〕

・〈How long have [has] ＋主語＋過去分詞～?〉
　　　＝「…はどのくらいの間～している [である] のですか。」
　→since ～やfor ～を使って答える。

ナルホド!

**Words & Phrases**　次の日本語は英語に，英語は日本語にしなさい。

☐(1) Absolutely. 　（　　　　　　　）　　☐(4) ～して以来 _____

☐(2) souvenir 　（　　　　　　　）　　☐(5) せっけん _____

☐(3) clay 　（　　　　　　　）　　☐(6) 見てください。

_____ a _____ .

**1** 例にならい，「私は…の間[…以来]（ずっと）～しています[です]。」という意味の文を完成させなさい。

| 例 live in Japan | (1) want a new car | (2) work here | (3) be sick |
|---|---|---|---|
| three years | last year | ten years | last weekend |

例 **I have lived in Japan for three years.**

☐(1) I _____ _____ a new car _____ last year.

☐(2) I _____ _____ _____ ten years.

☐(3) _____

テストによく出る！
**forとsinceの使い分け**
・for→期間や時間を表す語句の前に置く。
・since→過去の一時点を表す語句の前に置く。〈主語＋動詞～〉を続けることもできる。
例 for an hour「1時間」
since last week「先週から」
since I was a child「子どものころから」

**2** 日本語に合うように，___に適切な語を書きなさい。

☐(1) ミサは先月からオーストラリアに滞在しています。

Misa _____ _____ in Australia _____ last month.

☐(2) あなたは何年間も日本語を勉強しているのですか。

_____ you _____ Japanese _____ many years?

☐(3) ケンタはどのくらいの間そのサッカーチームの一員なのですか。

_____ _____ _____ Kenta _____ a member of the soccer team?

☐(4) 〔(3)に答えて〕2年間です。／10歳のときからです。

_____ two years. ／ _____ he was ten.

注目！
**現在完了（継続）と動作動詞**
状態を表す動詞（状態動詞）であるliveやwantなどだけでなく，study, use, help, play, workなど，習慣的な動作を表す動詞も現在完了（継続）で使うことができる。
例 I have used this desk for ten years.「私はこの机を10年間使っています。」

**3** 日本語に合うように，（　）内の語を並べかえなさい。

☐(1) 彼女たちは今朝からずっと図書館にいます。

( the / they / since / been / library / in / have ) this morning.

_____ this morning.

☐(2) 彼のことはいつから知っているのですか。

( you / him / long / known / have / how )?

_____?

☐(3) 私たちはもうたくさんの場所を訪れました。

( places / have / we / lot / visited / a / already / of ).

_____.

注目！
**how longの意味**
(2)自然な日本語にするため，「いつから～」など，「どのくらいの間～」以外の日本語があてられることがある。

PROGRAM 8

**ぴたトレ 1**

要点チェック

PROGRAM 8
A Hope for Lasting Peace ② ・ ③

時間 **15分**

解答 p.27

〈新出語・熟語 別冊p.14〉

教科書の重要ポイント **現在完了進行形**  教科書 pp.100 ～ 101・103 ～ 104・109

## I <u>have been cleaning</u> my room since this morning.

→「(ずっと)掃除している」〈have [has] been＋動詞の-ing形〉

〔私は今朝から自分の部屋を掃除しています。〕

## My brother <u>has been running</u> for two hours. 〔兄[弟]は2時間走り続けています。〕

→「(ずっと)走り続けている」〈have [has] been＋動詞の-ing形〉

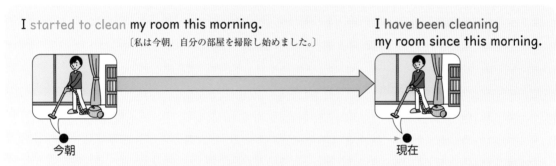

I started to clean my room this morning.
〔私は今朝, 自分の部屋を掃除し始めました。〕

I have been cleaning
my room since this morning.

今朝　　　　　　　　　　　　　　　　　　　　現在

・〈have [has] been＋動詞の-ing形〉＝「(ずっと)～している」「(ずっと)～し続けている」
→ある動作が現在まで続いていることを表す。
→主語が3人称・単数のときはhasを使う。
→よくsince ～「～から(ずっと)」やfor ～「～の間」といっしょに使う。

\ナルホド!/

## How long have <u>you been waiting</u> here? 〔あなたはどのくらいの間ここで待っているのですか。〕

→「どのくらいの間～」　　　　　　→ 現在完了進行形の疑問文の形

・〈How long have [has]＋主語＋been＋動詞の-ing形～?〉＝「…はどのくらいの間～している[し続けている]のですか。」
→since ～やfor ～を使って答える。

\ナルホド!/

**Words & Phrases** 次の日本語は英語に, 英語は日本語にしなさい。

☐(1) recycle （ 　　　　　　 ）　　☐(5) 受けとる ＿＿＿＿＿＿＿＿＿＿

☐(2) hair （ 　　　　　　 ）　　☐(6) (費用が)かかる ＿＿＿＿＿＿＿＿＿＿

☐(3) bomb （ 　　　　　　 ）　　☐(7) 環境 ＿＿＿＿＿＿＿＿＿＿

☐(4) pass away （ 　　　　　　 ）　　☐(8) ～をさがす ＿＿＿＿＿＿＿～

**1** 例にならい，「…は今朝から（ずっと）〜しています。」という意味の文を完成させなさい。

| 例 I | (1) Takashi | (2) Mina | (3) They |
|------|-------------|----------|----------|
| watch TV | play a video game | practice the guitar | talk with each other |

例 **I have been watching TV since this morning.**

☐(1) Takashi ＿＿＿＿＿ ＿＿＿＿＿ ＿＿＿＿＿ a video game since this morning.

☐(2) Mina ＿＿＿＿＿ ＿＿＿＿＿ ＿＿＿＿＿ the guitar ＿＿＿＿＿ this morning.

☐(3) ＿＿＿＿＿＿＿＿＿＿＿＿＿＿＿＿＿＿＿＿＿＿＿＿＿

**注目!**

現在完了進行形は現在まで続いている「動作」を表し，現在まで続いている「状態」は現在完了（継続）で表すことが多い。

**2** 日本語に合うように，＿＿に適切な語を書きなさい。

☐(1) 私たちは朝の9時からずっと歩き続けています。
We ＿＿＿＿＿ ＿＿＿＿＿ ＿＿＿＿＿ ＿＿＿＿＿ 9 a.m.

☐(2) 彼は何時間も眠り続けているのですか。
＿＿＿＿＿ he ＿＿＿＿＿ ＿＿＿＿＿ ＿＿＿＿＿ many hours?

☐(3) どのくらいの間，雨が降っているのですか。
＿＿＿＿＿ ＿＿＿＿＿ ＿＿＿＿＿ it ＿＿＿＿＿ raining?

☐(4) 〔(3)に答えて〕3日間です。／この前の木曜日から（ずっと）です。
＿＿＿＿＿ three days. ／ ＿＿＿＿＿ last Thursday.

**テストによく出る!**

How long で始まる現在完了進行形の疑問文への答え方

**2**(4)〈since＋過去の一時点を表す語句[主語＋動詞〜]〉または〈for＋期間・時間を表す語句〉を使って答える。

**3** 日本語に合うように，（ ）内の語を並べかえなさい。

☐(1) 私はここに来てからずっと彼女を待っています。
I ( for / I / her / here / have / since / waiting / came / been ).
I ＿＿＿＿＿＿＿＿＿＿＿＿＿＿＿＿＿＿＿＿＿＿＿＿.

☐(2) 彼はどのくらいの間，部屋で勉強しているのですか。
( he / long / studying / room / been / his / in / how / has )?
＿＿＿＿＿＿＿＿＿＿＿＿＿＿＿＿＿＿＿＿＿＿＿＿?

☐(3) 私はときどき，皿洗いをすることによって母を手伝います。
I ( my / dishes / help / washing / mother / sometimes / by ).
I ＿＿＿＿＿＿＿＿＿＿＿＿＿＿＿＿＿＿＿＿＿＿＿＿.

**注目!**

〈by＋動名詞（動詞の -ing形）〜〉

**3**(3)「〜することによって」という意味で，手段・方法を表す。by は前置詞なので，同じ「〜すること」という意味でも，不定詞〈to＋動詞の原形〉を続けることはできない。

例「インターネットを使うことによって」
＝ by using the Internet（× by to use the Internet）

PROGRAM 8

## Steps 5
## 説得力のある主張をしよう

教科書の重要ポイント **主張をするときに使う表現** 教科書 pp.110〜111

**We should go to Okinawa because we can learn important history.**

〔私たちは沖縄に行くべきです，なぜなら大切な歴史を学ぶことができるからです。〕

**We can learn important history, so we should go to Okinawa.**

→ soの前にカンマを置く

〔私たちは大切な歴史を学ぶことができます，だから私たちは沖縄に行くべきです。〕

- ・主張の支えとなる理由を述べるときは，becauseやsoを使う。
- ・becauseを使う場合→〈主張＋because＋理由〉の語順
- ・soを使う場合→〈理由, so＋主張〉の語順
  →どちらの場合も「(理由)なので(主張)」の形で訳されることが多い。

**Okinawa is a good place for learning history, but Hokkaido also has history to learn.** 〔沖縄は歴史を学ぶのによい場所です，しかし北海道にも学ぶべき歴史があります。〕

- ・相手の意見や主張を認めたうえでbutを用いて反論を述べると，自分の主張を強めることができる。

**I agree.** 〔私は賛成です。〕 / **I don't agree.** 〔私は反対です[賛成しません]。〕

- ・agree＝「同意する」
- ・相手の意見や主張に対して┌ 賛成する場合→I agree.で主張を始める。
  └ 反対する場合→I don't agree.で主張を始める。

Words & Phrases 次の日本語は英語に，英語は日本語にしなさい。

☐(1) sweat （　　　　　　　　　） ☐(2) 同意する ＿＿＿＿＿＿＿＿

**1** 日本語に合うように，＿＿＿に適切な語を書きなさい。

☐(1) 私は賛成です。

＿＿＿＿＿ ＿＿＿＿＿.

☐(2) 私は反対です。

＿＿＿＿＿ ＿＿＿＿＿ ＿＿＿＿＿.

☐(3) 私はうどんが好きなので，香川に行きたいです。

I want to go to Kagawa ＿＿＿＿＿ ＿＿＿＿＿ ＿＿＿＿＿
*udon*.

☐(4) あなたの考えはすてきですが，あなたが正しいとは思いません。

Your idea is nice, ＿＿＿＿＿ ＿＿＿＿＿ ＿＿＿＿＿
＿＿＿＿＿ you are right.

**2** 例にならい，与えられた語で始まる「～，なぜなら［だから］…」と主張する文を完成させなさい。

例 〈主張〉we should play sports

〈理由〉sports are good for our health

→ We should play sports because they are good for our health.

☐(1) 〈主張〉I like summer the best

〈理由〉we can enjoy seeing fireworks

→ I ＿＿＿＿＿＿＿＿＿＿＿＿＿＿＿＿＿＿＿＿＿

＿＿＿＿＿＿＿＿＿＿＿＿＿＿＿＿＿＿＿＿＿＿＿

☐(2) 〈主張〉I think English is important

〈理由〉English is used all over the world

→ English ＿＿＿＿＿＿＿＿＿＿＿＿＿＿＿＿＿＿

＿＿＿＿＿＿＿＿＿＿＿＿＿＿＿＿＿＿＿＿＿＿＿

**3** 日本語に合うように，（ ）内の語句や符号を並べかえなさい。

☐(1) 美しい花を見られるので，私はその公園が好きです。

( the park / I / we / like / see / flowers / beautiful / so / can /, ).

＿＿＿＿＿＿＿＿＿＿＿＿＿＿＿＿＿＿＿＿＿＿＿.

☐(2) この車はかっこいいのですが，私たちには高すぎます。

( it / this car / for / too / cool / is / us / expensive / but / is /, ).

＿＿＿＿＿＿＿＿＿＿＿＿＿＿＿＿＿＿＿＿＿＿＿.

# Power-Up 5
# メールで近況報告をしよう

教科書の
重要ポイント ｜ **メールで使われるあいさつ／【復習】過去形, 接続詞that** 教科書p.112

**Hi Emma,**

**How have you been?** 〔こんにちはエマ，最近どうですか。〕

- 〈Hi＋相手の名前〉＝「こんにちは〜」
  →親しい相手への手紙やメールの書き出しに使うあいさつ。
- How have you been?＝「最近どうですか。」
  →最後に会って[連絡をとって]から今までのことについてたずねる表現。
  →会話だけでなく，手紙やメールの最初のあいさつとしても使われる。

**We visited Okinawa last weekend.** 〔私たちは先週末に沖縄を訪れました。〕

**I really liked the sea in Okinawa because it was very beautiful.**

〔とても美しかったので，私は沖縄の海がとても気に入りました。〕

- あった出来事やそのことについての感想を述べる場合は，過去の文で表す。

★過去形の作り方
① 一般的な動詞→語尾に-edをつける。　例　play → played
② eで終わる語→語尾に-dだけをつける。　例　live → lived
③ 〈子音字＋y〉で終わる語→yをiにかえて-edをつける。　例　study → studied
④ 〈短母音＋子音字で終わる語〉→語尾の子音字を重ねて-edをつける。　例　stop → stopped
⑤ 不規則動詞→不規則に変化させる。　例　write → wrote

**I think（that）you'll like it too.** 〔あなたもそれが気に入ると思います。〕

- 自分の思っていることや意見を述べるときは，I think（that）〜. などの文で表す。
  →〈that＋主語＋(助)動詞〜〉＝「(主語)が〜ということ」
  →thatは省略可能。

Words & Phrases ｜ 次の英語を日本語にしなさい。

☐ sculpture 　　　（　　　　　　　　　）

**1** 例にならい,「私は～しました。」という意味の文を完成させなさい。

| 例 | (1) | (2) | (3) |
|---|---|---|---|
|  |  |  |  |
| stay in Okinawa | enjoy swimming | try traditional food | buy many souvenirs |

例 **I stayed in Okinawa.**

☐(1) I ＿＿＿＿＿＿ ＿＿＿＿＿＿.

☐(2) I ＿＿＿＿＿＿ ＿＿＿＿＿＿ ＿＿＿＿＿＿.

☐(3) ＿＿＿＿＿＿＿＿＿＿＿＿＿＿＿＿＿＿＿＿＿.

**2** 日本語に合うように, ＿＿＿＿に適切な語を書きなさい。

☐(1) 最近どうですか。

How ＿＿＿＿＿＿ ＿＿＿＿＿＿ ＿＿＿＿＿＿?

☐(2) 私はそこでうどんを食べ, それをとても気に入りました。

I ＿＿＿＿＿＿ *udon* there, and I really ＿＿＿＿＿＿ it.

☐(3) 私は何枚かの絵を見ましたが, それらはとても美しかったです。

I ＿＿＿＿＿＿ some pictures, and they ＿＿＿＿＿＿ very beautiful.

☐(4) 私はあなたもそこに行くべきだと思います。

I ＿＿＿＿＿＿ ＿＿＿＿＿＿ you should go there too.

**3** 日本語に合うように, ( )内の語句を並べかえなさい。

☐(1) 私は家族といっしょにオーストラリアに行きました。

( my / Australia / I / to / family / with / went ).

＿＿＿＿＿＿＿＿＿＿＿＿＿＿＿＿＿＿＿＿＿＿＿＿.

☐(2) 私たちはそこでおもしろいお祭りに参加しました。

( interesting / joined / we / an / there / festival ).

＿＿＿＿＿＿＿＿＿＿＿＿＿＿＿＿＿＿＿＿＿＿＿＿.

☐(3) スープが濃厚なので, あなたはそのラーメンを気に入ると思います。

( the soup / think / the *ramen* / thick / you'll / I / like / because / is ).

＿＿＿＿＿＿＿＿＿＿＿＿＿＿＿＿＿＿＿＿＿＿＿＿.

# Our Project 6
## この 1 年で得た「宝もの」

**教科書の重要ポイント** この 1 年の思い出・学んだことなどの伝え方 教科書 pp.113〜117

**My best memory in this school year is the school festival.**

〔私のこの学年でのいちばんの思い出は文化祭です。〕

**I enjoyed the field trip the most in this school year.**

〔私はこの学年では，遠足をいちばん楽しみました。〕

★いちばん思い出に残っている行事・出来事を伝える表現の例

□My best memory is 〜.「私のいちばんの思い出は〜です。」

□I enjoyed 〜 the most.「私は〜をいちばん楽しみました。」

ナルホド!

**I couldn't sing well, but you helped me a lot.**

〔私は上手に歌うことができませんでしたが，みなさんは私をたくさん助けてくれました。〕

**I felt very happy then.** 〔私はそのとき，とてもうれしい気分でした。〕

・経験したことやそのときの自分の気持ちなどは，過去形を使って表す。

ナルホド!

**I learned that working together is very important for us.**

〔私は，協力することは私たちにとってとても大切であるということを学びました。〕

**I hope that we can still be good friends even after we become third-year students.** 〔私は，私たちが 3 年生になったあとでもよい友達でいられたらいいなと思います。〕

★学んだこと・思いを伝える表現の例

□I learned (that) 〜.「私は〜ということを学びました。」

□I hope (that) 〜.「私は〜ということを望みます［〜であればいいなと思います］。」

ナルホド!

**Words & Phrases** 次の日本語は英語に，英語は日本語にしなさい。

□(1) contest （　　　　　　　　）

□(2) prize （　　　　　　　　）

□(3) in fact （　　　　　　　　）

□(4) 合唱 ＿＿＿＿＿＿＿＿

□(5) 不安な ＿＿＿＿＿＿＿＿

□(6) feelの過去形 ＿＿＿＿＿＿＿＿

**1** 日本語に合うように，＿＿＿に適切な語を書きなさい。

□(1) 私のいちばんの思い出は９月にあった音楽祭です。

My ＿＿＿＿＿ ＿＿＿＿＿ is the music festival in September.

□(2) 私はあなたたちといっしょに歌うのを楽しみました。

I ＿＿＿＿＿ ＿＿＿＿＿ with you.

□(3) 私は，私たちは多くのことに挑戦すべきだと学びました。

I ＿＿＿＿＿ ＿＿＿＿＿ we should try many things.

□(4) 私はあなたたちに会えてとてもうれしく思っています。

I'm very ＿＿＿＿＿ ＿＿＿＿＿ ＿＿＿＿＿ you.

**テストによく出る!**

「〜して…」

(4)「〜して…」と，ある感情を抱いた理由を述べるときは，〈be動詞＋感情を表す形容詞＋不定詞(to＋動詞の原形)〉を使う。

例 I'm excited to hear the news.「その知らせを聞いて興奮しています。」

**2** マユミは，この１年で自分が得た「宝もの」についてのスピーチをするために，次のようなメモを書きました。このメモをもとに，マユミのスピーチでの発言(1)〜(4)を完成させなさい。

〈メモ〉

・いちばんの思い出：スピーチコンクール

・具体的なエピソード：

　ユカリとケイトが練習を手伝ってくれた。

　当日はうまく話すことができた。

・学んだこと：友だちを持つことは大切だということ。

・終わりの言葉：この思い出は私の宝ものです。

・ユカリとケイトへの気持ち：ありがとう。大好きです。

**注目!**

学校行事を表す英語の例

□ chorus contest「合唱コンクール」

□ field trip「遠足」

□ music festival「音楽祭」

□ school trip「修学旅行」

□ school festival「文化祭」

□ sports festival「体育祭」

□(1) My ＿＿＿＿＿ ＿＿＿＿＿ is the speech contest.

□(2) Yukari and Kate ＿＿＿＿＿ ＿＿＿＿＿ when I practiced.
I was able to speak well at the contest.

□(3) I ＿＿＿＿＿ ＿＿＿＿＿ having friends is important.

□(4) This ＿＿＿＿＿ is my ＿＿＿＿＿. Yukari, Kate, thank you.
I really like you.

**3** 日本語に合うように，（ ）内の語を並べかえなさい。

□(1) 私は修学旅行をいちばん楽しみました。

( the / the / I / school / most / trip / enjoyed ).

＿＿＿＿＿＿＿＿＿＿＿＿＿＿＿＿＿＿＿＿＿＿.

□(2) 私はその物語のことで悲しい気分でした。

( about / I / the / sad / story / felt ).

＿＿＿＿＿＿＿＿＿＿＿＿＿＿＿＿＿＿＿＿＿＿.

**⚠ミスに注意**

(2)feltはfeelの過去形で，あとに形容詞を直接続けることができるよ。

Our Project 6

# Word Web 5　町の風景

教科書の
重要ポイント　**道案内**　　教科書 pp.118〜119

**Could you tell me the way to the city hall?** 〔市役所までの道を教えていただけませんか。〕

**— Sure. Go straight, and you can see a library on your right.**
**It's by the library.**

〔いいですよ。まっすぐ行ってください，すると右側に図書館が見えます。それはその図書館のそばにあります。〕

・Could you tell me the way to 〜? =「〜までの道を教えていただけませんか。」
　→特定の場所までの道［行き方］をたずねる表現。

★その他の道をたずねる表現
　□Where is 〜?「〜はどこですか。」
　□How can I get to 〜?「〜に行くにはどうすればよいですか。」

★道案内でよく使う表現
　□go straight「まっすぐ行く」
　□turn right [left]「右［左］に曲がる」
　□at the 〜 corner「〜番目の角で」
　□in front of 〜「〜の前で［に］」
　□You can see 〜 on your right [left].「〜が右［左］側に見えます。」

**Words & Phrases**　次の日本語は英語に，英語は日本語にしなさい。

□(1) subway　　　（　　　　　　　）　　□(7) 銀行　　＿＿＿＿＿＿＿＿＿

□(2) fire engine　（　　　　　　　）　　□(8) 教会　　＿＿＿＿＿＿＿＿＿

□(3) roller coaster（　　　　　　　）　　□(9) 像　　　＿＿＿＿＿＿＿＿＿

□(4) city hall　　（　　　　　　　）　　□(10) 工場　　＿＿＿＿＿＿＿＿＿

□(5) expressway　（　　　　　　　）　　□(11) 救急車　＿＿＿＿＿＿＿＿＿

□(6) Ferris wheel（　　　　　　　）　　□(12) タクシー＿＿＿＿＿＿＿＿＿

**1** 例にならい，「～までの道を教えていただけませんか。」という意味の文を完成させなさい。

| 例 Aoba Station | (1) Aoba Park | (2) Aoba Bookstore | (3) Aoba Hospital |

例 Could you tell me the way to Aoba Station?

☐(1) Could you tell me _____ _____ to Aoba Park?

☐(2) Could you _____ _____ _____ _____
_____ Aoba Bookstore?

☐(3) _____

**2** 日本語に合うように，＿＿＿に適切な語を書きなさい。

☐(1) 最寄りのバス停はどこですか。

_____ _____ the closest bus stop?

☐(2) まっすぐ行ってください，するとその公園があなたの目の前に見えます。

_____ _____, and you can see the park _____
_____ _____ you.

☐(3) あの角で右に曲がってください，するとその博物館があなたの左側に見えます。

_____ _____ at that corner, and you can see the
museum _____ _____ _____.

**3** 日本語に合うように，（ ）内の語句や符号を並べかえなさい。

☐(1) 郵便局に行くにはどうすればよいですか。

( I / to / the post office / can / get / how )?

_____?

☐(2) 3つ目の角で左に曲がってください。

( left / corner / at / third / turn / the ).

_____.

☐(3) まっすぐ行ってください，すると郵便局が右側に見えます。

( on / and / the post office / your / go / can / straight / right / you / see / , ).

_____
_____.

**❶ （　）に入る適切な語句を選び，記号を〇で囲みなさい。**

（　）の前後をよく確認してから答えを選ぼう。

□(1) I (　　) the dog since he was one year old.

　　ア have　イ have had　ウ are having　エ have been having

□(2) Hiroshi (　　) in the library for four hours.

　　ア study　イ have studied　ウ is studying　エ has been studying

□(3) (　　) have you been in Japan? — Since last Sunday.

　　ア How much　イ How often　ウ How long　エ How fast

**❷ 日本語に合うように，＿＿＿に適切な語を書きなさい。**

□(1) 3日間ずっと雨です。

　　It ＿＿＿＿＿＿ ＿＿＿＿＿＿ rainy ＿＿＿＿＿＿ three days.

□(2) 私たちは今朝から歩いています。

　　We ＿＿＿＿＿＿ ＿＿＿＿＿＿ ＿＿＿＿＿＿ ＿＿＿＿＿＿ this morning.

□(3) あなたは長い間大阪に住んでいますか。—はい，5歳からです。

　　＿＿＿＿＿＿ you ＿＿＿＿＿＿ in Osaka for a long time? — Yes, ＿＿＿＿＿＿ I was five.

**❸ 日本語に合うように，（　）内の語を並べかえなさい。**

□(1) 彼女は先週からその動物園を訪ねたがっています。

　　( to / week / the / since / wanted / she / last / zoo / has / visit ).

　　＿＿＿＿＿＿＿＿＿＿＿＿＿＿＿＿＿＿＿＿＿＿＿＿＿＿＿＿＿＿ .

□(2) 彼らは3時間バスケットボールを練習しています。

　　( three / they / been / hours / basketball / have / for / practicing ).

　　＿＿＿＿＿＿＿＿＿＿＿＿＿＿＿＿＿＿＿＿＿＿＿＿＿＿＿＿＿＿ .

□(3) 警察署への道を教えていただけませんか。

　　( the / the / you / to / station / could / way / me / police / tell )?

　　＿＿＿＿＿＿＿＿＿＿＿＿＿＿＿＿＿＿＿＿＿＿＿＿＿＿＿＿＿＿ ?

**❹ 次の英文を，（　）内の指示に従って書きかえなさい。**

□(1) He uses the Internet. （「10時から」という意味を加えて，動詞の-ing形を使った9語の文に）

　　＿＿＿＿＿＿＿＿＿＿＿＿＿＿＿＿＿＿＿＿＿＿＿＿＿＿＿＿＿＿

□(2) They have been playing the video game <u>for two hours</u>. （下線部が答えの中心となる疑問文に）

　　＿＿＿＿＿＿＿＿＿＿＿＿＿＿＿＿＿＿＿＿＿＿＿＿＿＿＿＿＿＿

ヒント　❹(1)「使う」という動作が現在まで続いていることを表す。　(2)「2時間」という期間をたずねる。

●継続を表す現在完了と現在完了進行形が正しく使えるかが問われるでしょう。
⇒継続を表す現在完了と現在完了進行形の形と意味の違いを確認しておきましょう。
⇒期間をたずねる疑問詞how longを使えるようにしておきましょう。

**5** 読む 原爆の子の像についての次の英文を読んで，あとの問いに答えなさい。

In 1954, Sadako became sick. She believed she would get better by ①( make ) a thousand paper cranes. ②(H____), she passed away the next year. She was only twelve.

③Many people ( ) ( ) ( ) ( ) ( ) paper cranes to the monument since it was built. The paper cranes show people's hope for peace.

□(1) 下線部①の( )内の語を適切な形にしなさい。

_____

□(2) 下線部②の( )に入る適切な語を書きなさい。ただし，与えられている文字で始めること。

H_____

□(3) 下線部③が「たくさんの人々が，記念碑が建てられてからそこに何百万もの折り鶴を送っています。」という意味になるように，( )に入る適切な語を書きなさい。

_____ _____ _____ _____ _____

□(4) 本文の内容に合う文になるように，( )に適切な数字を書きなさい。
禎子さんは( )年に( )歳で亡くなりました。

□(5) 次の問いに英語で答えるとき，____に適切な語を書きなさい。
What do the paper cranes show?
— They show _____ _____ _____ _____.

**6** 話す 次の問題を読んで，あとの問いに答えなさい。解答の答え合わせのあと，発音アプリの指示に従って，問題文と解答を声に出して読みなさい。アプリ

The other day, I watched an amazing festival on TV. A lot of people gathered at a little village in Spain. They started to throw tomatoes at each other, and soon they were red with tomato juice. I was excited to see the festival.

(注)the other day　先日　　on TV　テレビで　　gather　集まる　　little　小さな
throw　投げる　　with　〜で　　juice　果汁　　be excited to 〜　〜してわくわくした

□(1) Where did a lot of people gather?
—_____

□(2) What did people start at the festival?
—_____

ヒント **5**(1)直前に前置詞があることに注目。

ぴたトレ
**3**
確認テスト

PROGRAM 8 ～
Word Web 5

時間 30分 ／100点　合格 70点　解答 p.30

教科書 pp.99 ～ 119

❶ 下線部の発音が同じものには〇を，そうでないものには×を，解答欄に書きなさい。　6点

(1) th<u>ou</u>sand
　　th<u>ou</u>ght

(2) m<u>y</u>stery
　　rec<u>y</u>cle

(3) b<u>oar</u>ding
　　s<u>oa</u>p

❷ 最も強く発音する部分の記号を解答欄に書きなさい。　6点

(1) a - tom - ic
　　ア　イ　ウ

(2) a - gree
　　ア　イ

(3) nerv - ous
　　ア　イ

❸ 日本語に合うように，＿＿に入る適切な語を書きなさい。　20点

(1) アキとミカは今朝からずっと数学を勉強しています。

Aki and Mika ＿＿＿＿＿ ＿＿＿＿＿ ＿＿＿＿＿ math ＿＿＿＿＿ this morning.

(2) あなたのお母さんはどのくらいの間，具合が悪いのですか。

＿＿＿＿＿ ＿＿＿＿＿ ＿＿＿＿＿ your mother ＿＿＿＿＿ sick?

(3) 私は長い間ネコを飼いたいと思っています。

＿＿＿＿＿ ＿＿＿＿＿ to have a cat ＿＿＿＿＿ a ＿＿＿＿＿ time.

(4) 私は，祖父に何年間も会っていません。

I ＿＿＿＿＿ ＿＿＿＿＿ my grandfather for ＿＿＿＿＿ years.

❹ 各組の文がほぼ同じ意味を表すように，＿＿に入る適切な語を書きなさい。　15点

(1) ⎡Lisa came to Japan ten year ago.  She still lives in Japan.
　　⎣Lisa ＿＿＿＿＿ ＿＿＿＿＿ in Japan ＿＿＿＿＿ ten years.

(2) ⎡I started to swim in the sea two hours ago.  I'm still swimming.
　　⎣＿＿＿＿＿ ＿＿＿＿＿ ＿＿＿＿＿ in the sea for two hours.

(3) ⎡Ken became an English teacher when he was twenty.  He still teaches English.
　　⎣Ken ＿＿＿＿＿ ＿＿＿＿＿ an English teacher ＿＿＿＿＿ he was twenty.

❺ 次の電話での対話文を読んで，あとの問いに答えなさい。　29点

*John :*　We learned about plastic garbage at school last week.  ①( about / then / thinking / I've / it / been / since ).

*Kiko :*　Me too.  I have just read a piece of news about it on the Internet.  In 2020, a turtle was found on the beach in Japan.  The turtle was already dead then.  A doctor found that it ate two pieces of plastic garbage in the sea.

*John :*　That's ②sad news.  We have to stop using plastic.

*Kiko :*　I think ③it's difficult.  Plastic is cheap and strong, so people have ④( use ) it for a long time.

*John :*　I see.  What can we do?

*Kiko :*　I've already started using my bags for shopping.  I don't need plastic bags.

成績評価の観点　技…言語や文化についての知識・技能　表…外国語表現の能力

*John :* That's good. I will do that too.

⑴ 下線部①が意味の通る英文になるように，（　）内の語を並べかえなさい。

⑵ 下線部②の内容を次のように説明するとき，（　）に入る適切な日本語を書きなさい。

　　死んだカメが日本の（　　　）で見つかり，そのカメは海の中で（　　　）を食べていた。

差<br>がつく ⑶ 下線部③を，itの内容を明らかにして日本語にしなさい。

⑷ 下線部④の（　）内の語を1語の適切な形にしなさい。

⑸ 対話文の内容について，次の問いに（　）内の語数の英語で答えなさい。

　　Has John stopped using plastic bags yet?（3語）

❻ 書く✎ **次のようなとき英語で何と言うか，（　）内の指示に従って書きなさい。** 表 24点

⑴ 相手に，いつから京都を訪れたかったのかとたずねるとき。（howを使って8語で）

⑵ 自分たちは昨年の春からこの町にいると伝えたいとき。（this townを使って9語で）

点<br>UP ⑶ 自分はその本を買ってからずっと読んでいると伝えるとき。（bought itを使って10語で）

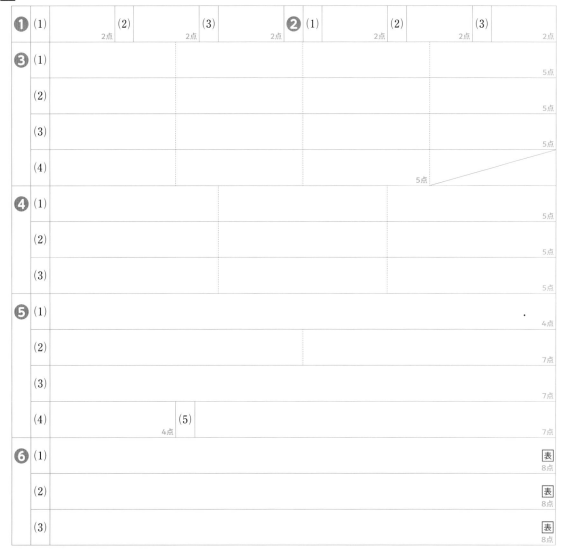

▶ 表 の印がない問題は全て 技 の観点です。

## Reading 3　Visas of Hope 　1

| 教科書の重要ポイント | 【復習】名詞的用法・形容詞的用法の不定詞 | 教科書p.121 |
| --- | --- | --- |

**They wanted to be free from the Nazis.** 〔彼らはナチスから逃れたいと思っていました。〕

「ナチスから逃れる〔自由になる〕こと」

- ・名詞的用法の不定詞〈to＋動詞の原形〉＝「～すること」
  →to be ～は「～になること」という意味を表すこともある。

〈ナルホド！〉

**He asked permission to write visas.** 〔彼はビザを発給する〔書く〕許可を求めました。〕

「ビザを発給する（ための）」

- ・形容詞的用法の不定詞〈to＋動詞の原形（＋名詞）〉＝「（…を）～する（ための）」
  →直前にある（代）名詞を説明する。

〈ナルホド！〉

**Words & Phrases**　次の日本語は英語に，英語は日本語にしなさい。

☐(1) arrive　（　　　　　　　）　　☐(3) (否定文で)だれも～ない ＿＿＿＿＿＿＿＿＿

☐(2) government　（　　　　　　　）　　☐(4) 求める ＿＿＿＿＿＿＿＿＿

**1** 日本語に合うように，＿＿に適切な語を書きなさい。

☐(1) 私はサッカーをすることが好きです。

I ＿＿＿＿＿ ＿＿＿＿＿ ＿＿＿＿＿ soccer.

☐(2) 今日私にはするべき宿題がありません。

I don't have any ＿＿＿＿＿ ＿＿＿＿＿ ＿＿＿＿＿ today.

**2** 日本語に合うように，（　）内の語を並べかえなさい。

☐(1) 彼女は医師になりたがっています。

( a / she / to / doctor / be / wants ).

＿＿＿＿＿＿＿＿＿＿＿＿＿＿＿＿＿＿.

☐(2) 私にはテレビを見る時間がありません。

( to / TV / have / don't / time / watch / I ).

＿＿＿＿＿＿＿＿＿＿＿＿＿＿＿＿＿＿.

> **注目!**
>
> **形容詞的用法の不定詞の形**
>
> ①説明を加える名詞が動詞の原形に対する目的語のはたらきをする場合→動詞の原形に対する目的語(の一部)が欠けた状態になる。
>
> 例 a book to read「読むための本」
>
> ②①以外→動詞の原形に対する目的語が欠けていない状態になる。目的語をとらない動詞を使う場合もある。
>
> 例 *power to change the future 「未来を変える力」*power 力 time to leave「出発する時間」

ぴたトレ
**1**
要点チェック

Reading 3　Visas of Hope　②

時 間
**15分**

解答
p.31

〈新出語・熟語 別冊p.15〉

教科書の
重要ポイント　【復習】接続詞ifとwhen, 進行形　教科書pp.121～122

**Don't write visas for anyone if they don't satisfy our conditions.**

〔私たちの条件を満たさないのなら，だれにもビザを発給してはなりません。〕

・〈if＋主語＋動詞〜〉＝「もし〜ならば」，〈when＋主語＋動詞〜〉＝「〜のとき」
・文の前半に置く場合，〈if[when]＋主語＋動詞〜〉の終わりにカンマが必要。

**A lot of Jewish people were waiting for him there.**

〈be動詞＋動詞の-ing形〉◀──

〔たくさんのユダヤ人がそこで彼を待っていました。〕

・〈was[were]＋動詞の-ing形〉（過去進行形）＝「〜していた」
　→動作が進行中であったことを表す。
・〈am[are, is]＋動詞の-ing形〉（現在進行形）＝「〜している」
　→動作が進行中であることを表す。

Words & Phrases　次の日本語は英語に，英語は日本語にしなさい。

☐(1) satisfy　（　　　　　　　）　　☐(3) writeの過去形　＿＿＿＿＿＿＿＿

☐(2) obey　　（　　　　　　　）　　☐(4) 無事な　　　　＿＿＿＿＿＿＿＿

**1** 日本語に合うように，＿＿に適切な語を書きなさい。

☐(1) もし疲れているなら，早く寝るべきです。

　＿＿＿＿＿ ＿＿＿＿＿ ＿＿＿＿＿ tired, you should go to bed early.

☐(2) 私は今，宿題をしています。

　I ＿＿＿＿＿＿ ＿＿＿＿＿＿ my homework now.

⚠️ミスに注意

進行形を使うときは主語
や時に注意してbe動詞
を使い分けよう

**2** 日本語に合うように，（　）内の語や符号を並べかえなさい。

☐(1) もし明日ひまだったら，私はつりに行こうと思います。

（ free / go / I'm / I'll / tomorrow / fishing / if / , ）.

＿＿＿＿＿＿＿＿＿＿＿＿＿＿＿＿＿＿＿＿＿＿＿＿＿＿.

☐(2) 私が彼女を見かけたとき，彼女はテニスをしていました。

（ I / she / tennis / when / her / was / saw / playing ）.

＿＿＿＿＿＿＿＿＿＿＿＿＿＿＿＿＿＿＿＿＿＿＿＿＿＿.

ぴたトレ
1
要点チェック

Reading 3　Visas of Hope ③

時間 **15分**
解答 p.31

〈新出語・熟語 別冊p.15〉

**教科書の
重要ポイント**　【復習】〈become＋形容詞［名詞］〉,〈動詞＋人＋もの〉と〈動詞＋もの＋to[for]＋人〉　教科書pp.122～123

## His arm became sore. 〔彼は腕が痛くなりました[彼の腕は痛みました]。〕

「痛くなった」〈become＋形容詞〉

・〈become＋形容詞［名詞］〉＝「～になる」

## The man showed him an old piece of paper. 〔その男性は1枚の古い紙切れを彼に見せました。〕

動詞　　人　　　もの

・〈動詞＋人＋もの〉＝「(人)に(もの)を～する[してあげる]」
・〈動詞＋もの＋to[for]＋人〉に書きかえることもできる。

| toを使う動詞 | 例　give, show, teach, tell |
| for を使う動詞 | 例　buy, cook, get, make |

**Words & Phrases**　次の日本語は英語に，英語は日本語にしなさい。

☐(1) tear （　　　　　　　　）　　☐(3) 発音する ＿＿＿＿＿＿＿＿

☐(2) not ～ any more ...（　　　　　）　　☐(4) 限る，制限する ＿＿＿＿＿＿＿＿

**1** 日本語に合うように，＿＿に適切な語を書きなさい。

☐(1) 私たちはとても疲れました。　We ＿＿＿＿＿ very ＿＿＿＿＿.

☐(2) 彼女は看護師になりました。　She ＿＿＿＿＿ a ＿＿＿＿＿.

☐(3) 彼は昨年，私たちに英語を教えてくれました。

　　He ＿＿＿＿＿＿ ＿＿＿＿＿＿ ＿＿＿＿＿ last year.

**⚠ミスに注意**

(3)tell も teach も「教える」という意味で使われるけれど，「(教科などの専門的なことを)教える」という場合はteachを使うよ。

**2** 日本語に合うように，（　）内の語を並べかえなさい。

☐(1) 私は彼に1冊の英語の本をあげました。

　　( an / him / I / to / book / gave / English ).

　　＿＿＿＿＿＿＿＿＿＿＿＿＿＿＿＿＿＿＿＿＿＿＿.

☐(2) 彼女は私にケーキを作ってくれました。

　　( cake / she / me / a / made / for ).

　　＿＿＿＿＿＿＿＿＿＿＿＿＿＿＿＿＿＿＿＿＿＿＿.

**教科書の重要ポイント**　【復習】現在完了進行形／形容詞を修飾する副詞的用法の不定詞　教科書p.123

## We've been looking for you since the war ended.

└→〈have[has] been＋動詞の-ing形〉　〔私たちは戦争が終わってからずっとあなたをさがしてきました。〕

- 〈have[has] been＋動詞の-ing形〉＝「(ずっと)〜している」「(ずっと)〜し続けている」
- 現在まで続けてきたことに焦点を当てて「(今までずっと)〜してきた」と
  訳されることもある。

ナルホド!

## It was easier to pronounce.

└────────────┘「発音するのが」

〔そちら(＝「センポ」という名前)のほうが発音するのが簡単でした[発音しやすかったのです]。〕

- 〈主語＋be動詞＋形容詞＋to＋動詞の原形〉＝「(主語)は〜するのが…だ」
- →副詞的用法の不定詞〈to＋動詞の原形〉が形容詞の意味を限定している。

└→ どういった点でその状態なのかを説明しているということ。

ナルホド!

**Words & Phrases**　次の日本語は英語に，英語は日本語にしなさい。

☐(1) quit　　　（　　　　　　　）　　☐(3) (複数形で)命　＿＿＿＿＿＿＿＿＿＿

☐(2) introduce　（　　　　　　　）　　☐(4) 何千もの〜　＿＿＿＿ ＿＿＿＿ 〜

**1** 日本語に合うように，＿＿＿に適切な語を書きなさい。

☐(1) 彼は3歳のときからピアノを練習してきました。

He ＿＿＿＿ ＿＿＿＿ ＿＿＿＿ the piano since he was three years old.

☐(2) その店は見つけにくいです。

The shop ＿＿＿＿＿ ＿＿＿＿＿ ＿＿＿＿＿ ＿＿＿＿＿.

**2** 日本語に合うように，（　）内の語句を並べかえなさい。

☐(1) 私は10年間ずっとこの会社で働いてきました。

( for / for / been / I / this company / working / ten years / have ).

＿＿＿＿＿＿＿＿＿＿＿＿＿＿＿＿＿＿＿＿＿＿＿.

☐(2) この本はとても読みやすかったです。

( book / to / this / very / was / read / easy ).

＿＿＿＿＿＿＿＿＿＿＿＿＿＿＿＿＿＿＿＿＿＿＿.

**注目!**

現在完了進行形・
現在完了(継続)・
現在進行形の違い

- 現在完了進行形→過去
  から現在まで続いてい
  る[続けてきた]動作を
  表すことが多い。
- 現在完了(継続)→過
  去から現在まで続いて
  いる状態を表す。
- 現在進行形→今行わ
  れている動作を表す。
  過去とのつながりは表
  さない。

Reading 3

**①** ( )に入る適切な語句を選び，記号を〇で囲みなさい。

( )の前後や選択肢の違いなどに注意して答えを選ぼう。

□(1) Yuki ( ) a popular artist in the world.

ア look　イ were　ウ became　エ have been

□(2) I want to know your idea, so please ( ) soon.

ア send an email for me　イ send an email to me

ウ send an email me　エ send me for an email

□(3) You ( ) since 9:00 a.m. You should have a break.

ア practice　イ are practicing　ウ practiced　エ have been practicing

**②** 日本語に合うように，＿＿＿に適切な語を書きなさい。

□(1) ユウタが昨日，私たちに夕食を作ってくれました。

Yuta ＿＿＿＿＿ ＿＿＿＿＿ ＿＿＿＿＿ yesterday.

□(2) そのニュースを聞いたとき，私は悲しくなりました。

I ＿＿＿＿＿ ＿＿＿＿＿ ＿＿＿＿＿ I heard the news.

□(3) 彼らは彼女の助けを求めていました。

They ＿＿＿＿＿ ＿＿＿＿＿ ＿＿＿＿＿ her help.

**③** 日本語に合うように，( )内の語や符号を並べかえなさい。

□(1) この物語は理解しづらいと思います。

( is / understand / think / story / to / I / difficult / this ).

_____ .

□(2) それがこの状況を変える最善の方法です。

( the / to / this / that / change / way / situation / best / is ).

_____ .

□(3) もしひまだったら，私を手伝ってくださいませんか。

( you / you / free / help / are / me / could / if / , )?

_____ ?

**④** 次の英文を，( )内の指示に従って書きかえなさい。

□(1) Emma studies Japanese. （「〜したがっている」というEmmaの希望を表す5語の文に）

_____

□(2) My sister talks with her friend. （「3時間ずっと」という意味を加えて11語の文に）

_____

_____

ヒント　④(2)talk「話す」は動作を表す動詞。

## ⑤ 読む 次の杉原千畝についての英文を読んで，あとの問いに答えなさい。

Time was limited. Chiune wrote visas day and night. He ate very little. His arm became sore. On his last day, he went to the station to leave for Berlin. A lot of Jewish people were waiting for him there. So Chiune kept writing visas while on the train. When the train started to leave, ①he handed out the last visa from the train window and cried out, "②I'm really sorry. I cannot write any more visas. I truly hope everyone will be safe." Someone shouted to Chiune, "Mr. Sugihara, we will not forget you. Someday we will meet you again."

Chiune returned to Japan in 1947. ③He（やめなければなりませんでした）his job. One day in 1968, Chiune received a phone call from the Israeli Embassy. Later, Chiune met a man. ④The man ( paper / him / piece / an / showed / of / old ). "Do you remember this? ⑤(　　) been (　　) (　　) you (　　) the war ended," the man said in tears.

Chiune introduced himself as "Sempo" when he was in Europe. It was easier to pronounce. Because of this, ⑥the Jewish people couldn't find him easily.

Chiune wrote 2,139 visas and ⑦saved (　　) (　　) Jewish lives. Why did he go against the Japanese government? Later, Chiune said, "I just followed my inner voice."

□(1) 下線部①を日本語にしなさい。

（　　　　　　　　　　　　　　　　　　　　　　　　　　　　　　　　　　　　）

□(2) 下線部②のように杉原千畝が言ったのはなぜですか。その理由を日本語で説明しなさい。

（　　　　　　　　　　　　　　　　　　　　　　　　　　　　　　　　　　　　）

□(3) 下線部③の（　）内の日本語を英語にしなさい。

_____

□(4) 下線部④が意味の通る英文になるように，（　）内の語を並べかえなさい。

The man _____ .

□(5) 下線部⑤・⑦が次の意味を表すように，（　）に入る適切な語を書きなさい。

⑤「私たちは戦争が終わってからずっとあなたをさがしてきました」

_____ , _____ _____ , _____

⑦「何千ものユダヤ人の命を救いました」

_____ _____

□(6) 下線部⑥の理由を説明した文を完成させなさい。

杉原千畝が（　　　　　　　　　　　　　　　　　　　　　　　　）を変えていたから。

ヒント ⑤(3)mustに過去形はない。　(4)himとshowedはあるが，toはない。　(5)we have ＝ we've

135

Reading 3

## \\ 定期テスト //

テスト前に
役立つ!

# 予想問題

> テスト前に解いて,
> わからない問題や
> まちがえた問題は,
> もう一度確認して
> おこう!

チェック!

- ●テスト本番を意識し,時間を計って解きましょう。
- ●取り組んだあとは,必ず答え合わせを行い,まちがえたところを復習しましょう。
- ●観点別評価を活用して,自分の苦手なところを確認しましょう。

# リスニングテスト

▸ pp.148 ~ 157
全 10 回

アプリを使って,リスニング問題を解きましょう。

# 英作文にチャレンジ!

▸ pp.158 ~ 160

英作文問題に挑戦してみましょう。

英作文ができたら
パーフェクトだね!

# PROGRAM 1 ～
# Word Web 1

**❶** 読む📖 次の問題を読んで，質問に答えなさい。　　　　　　　　　　31点

> *Mark :*　I want to buy new tennis balls.　My balls are too old.
>
> *Hiro :*　Where are you going to buy ①them?
>
> *Mark :*　I don't know a good shop.　Do you know?
>
> *Hiro :*　I think the shop near the library is good.　It is a very big shop.
>
> *Mark :*　Really?　(　②　) I went to the library yesterday, I couldn't find the shop.
>
> *Hiro :*　Then, let's go there together.　I have to buy a soccer ball.
>
> *Mark :*　That's a good idea.　③( after / will / busy / be / you / school ) today?
>
> *Hiro :*　Oh, I must visit my aunt today.　How about tomorrow?
>
> *Mark :*　④I am going to be free tomorrow.
>
> *Hiro :*　Great!　Then, I'll see you tomorrow.

(1) 下線部①が指すものを英語2語で書きなさい。

(2) (　②　) に入る適切な語を選び，記号を書きなさい。

　　ア If　　イ When　　ウ What　　エ Who

(3) 下線部③が「今日の放課後は忙しいでしょうか。」という意味になるように，（　）内の語を並べかえなさい。

(4) 下線部④を日本語にしなさい。

(5) 本文の内容について，次の問いに対する適切な答えを選び，記号を書きなさい。

　　1. What is Hiro going to buy tomorrow?

　　　ア Tennis balls.　　イ A soccer ball.　　ウ Books.

　　2. What does Hiro have to do today?

　　　ア He has to buy some balls.

　　　イ He has to go to the library.

　　　ウ He has to see his aunt.

**❷** 日本語に合うように，＿＿に適切な語を書きなさい。　　　　　　　24点

(1) あなたはこのコンピュータを使ってはいけません。

　　You ＿＿＿＿ ＿＿＿＿ use this computer.

(2) 私の友だちがパーティーを楽しんでくれることを望みます。

　　I ＿＿＿＿ ＿＿＿＿ my friend will enjoy the party.

(3) 彼は次の土曜日に野球を練習しないでしょう。

　　He ＿＿＿＿ ＿＿＿＿ baseball next Saturday.

　成績評価の観点　技…言語や文化についての知識・技能　表…外国語表現の能力

(4) 私が電話したときスーザンは数学を勉強していました。

Suzan was studying math _____ _____ called her.

**③ 次の英文を，（ ）内の指示に従って書きかえなさい。** 24点

(1) Mary played the piano at the concert. （be動詞を使って未来形に）

(2) We must bring our meals. （過去形に）

(3) It'll be sunny tomorrow. Let's go swimming in the sea. （ifで始めて1つの文に）

(4) You must open the window. （「必要はない」という意味の否定文に）

**④ 書く✐ 次のようなとき英語で何と言うか，（ ）内の指示に従って書きなさい。** 表 21点

(1) 明日は雪の予報かをたずねたいとき。（willを使って5語で）

(2) 自分の妹が何枚か写真を撮る予定だと伝えたいとき。（goingを使って8語で）

差がつく(3) その映画がおもしろいことを知っているかたずねるとき。（thatを使って8語で）

| ❶ | (1) | | | | (2) | | | |
|---|---|---|---|---|---|---|---|---|
| | | | | 6点 | | | | 5点 |
| | (3) | | | | | | today? | 6点 |
| | (4) | | | | | | | 6点 |
| | (5) | 1 | | | 4点 | 2 | | 4点 |
| ❷ | (1) | | | 6点 | (2) | | | 6点 |
| | (3) | | | 6点 | (4) | | | 6点 |
| ❸ | (1) | | | | | | | 6点 |
| | (2) | | | | | | | 6点 |
| | (3) | | | | | | | 6点 |
| | (4) | | | | | | | 6点 |
| ❹ | (1) | | | | | | | 表7点 |
| | (2) | | | | | | | 表7点 |
| | (3) | | | | | | | 表7点 |

▶ 表 の印がない問題は全て 技 の観点です。

**❶ 読む📖 次の問題を読んで，質問に答えなさい。**　　31点

> I am Kana and I live in Tokyo.  I went to Hokkaido last winter to see my friend, Mika.  She moved there to live with her parents and grandfather.  We went to the same school, but she moved two years ago.
>
> When I was in Hokkaido, we went skiing.  ①( easy / thought / was / I / skiing / that ), but it was difficult.  I fell a lot, but I practiced a lot.  After three hours, I could ski a little.  Skiing was fun.
>
> After skiing, ②we went to a local restaurant to eat dinner.  The seafood in Hokkaido was delicious.  It was too good and I couldn't stop ③( eat )!
>
> I enjoyed my stay in Hokkaido.  I also enjoyed being with my friend.  Now I know that (　④　), so I want to visit her again soon.

(1) 下線部①が「私はスキーをすることは簡単だと思っていました」という意味になるように，（　）内の語を並べかえなさい。

(2) 下線部②を日本語にしなさい。

(3) 下線部③の（　）内の語を適切な形にしなさい。

(4) （　④　）に入る適切な文を選び，記号を書きなさい。

　ア my hobby is eating local food　　イ seeing my friend is important for me

　ウ staying in Hokkaido is not fun for me

(5) 本文の内容について，次の問いに 3 語以上の英語で答えなさい。

　1. Does Mika live with her grandmother?

　2. Did Kana and Mika ski?

　3. Did Kana go to the local restaurant in Hokkaido?

**よく出る ❷ （　）内の語を適切な形にしなさい。ただし 1 語とは限りません。**　　16点

(1) Paul came to the party ( see ) John.

(2) We hope ( win ) the game next Sunday.

(3) Did you finish ( read ) the book?

(4) I have many things ( buy ) at the supermarket.

**❸ 各組の文がほぼ同じ意味を表すように，＿＿に適切な語を書きなさい。**　　20点

(1)┌ His father is a math teacher.
　└ His father's job is ＿＿＿ math.

(2)┌ I wanted to eat something then.
　└ I wanted something ＿＿＿ ＿＿＿ then.

　成績評価の観点　技…言語や文化についての知識・技能　表…外国語表現の能力

(3) ⌈Lisa will start playing the violin at 5 o'clock.
   └Lisa will start ＿＿＿ ＿＿＿ the violin at 5 o'clock.

(4) ⌈To speak in English is difficult for me.
   └＿＿＿ in English is difficult for me.

## ❹ 日本語に合うように，（ ）内の語を並べかえなさい。 12点

(1) 彼らを助ける時間はありますか。（ you / time / help / to / do / have / them ）?

(2) 私は外国で勉強することに決めました。（ abroad / to / decided / study / I ）.

点UP ❺ 書く✍ 次のようなとき英語で何と言うか，（ ）内の指示に従って書きなさい。 表 21点

差がつく (1) 私にはやるべき仕事がたくさんあると伝えるとき。（a lot ofを使って8語で）

(2) 私の計画は来年フランスを訪ねることだと伝えるとき。（不定詞を使って8語で）

(3) 彼にとって野球をすることは簡単だと言うとき。（動名詞を使って6語で）

| ❶ | (1) | | 5点 |
|---|---|---|---|
| | (2) | | 5点 |
| | (3) | 3点 | (4) 3点 |
| | (5) | 1 | 5点 |
| | | 2 | 5点 |
| | | 3 | 5点 |
| ❷ | (1) | 4点 | (2) 4点 |
| | (3) | 4点 | (4) 4点 |
| ❸ | (1) | 5点 | (2) 5点 |
| | (3) | 5点 | (4) 5点 |
| ❹ | (1) | | ? 6点 |
| | (2) | | . 6点 |
| ❺ | (1) | | 表 7点 |
| | (2) | | 表 7点 |
| | (3) | | 表 7点 |

▶ 表 の印がない問題は全て 技 の観点です。

❶ ／31点　❷ ／16点　❸ ／20点　❹ ／12点　❺ ／21点

定期テスト
予想問題
3

PROGRAM 4 ～
Power-Up 3

時間 30分 ／100点　合格 70点

解答 p.35

❶ 読む📖 次の問題を読んで，質問に答えなさい。　　　　38点

*Daichi :*　You look happy, Ben.

　*Ben :*　Yes, I am going to climb a mountain with my father tomorrow!

*Daichi :*　Oh, that's great.  Do you like climbing?

　*Ben :*　Yes.  I like it very much.  I feel great when I climb to the top.

*Daichi :*　I am interested, but I don't know (　①　).

　*Ben :*　How about Midori Mountain?  It's the ②( high ) mountain in this town, but climbing the mountain is easy.

*Daichi :*　Really?  I think it is too high for me.  Do you know other mountains?

　*Ben :*　Well, then, how about Sakura Mountain?  It is not as high as Midori Mountain and climbing it is not so difficult.

*Daichi :*　Sakura Mountain sounds good, but ③I don't know how to climb mountains.

　*Ben :*　I have a book about mountains.  I don't use it, so ④( the / give / will / you / book / I ).

*Daichi :*　Thank you.  You are very kind, Ben.

⑴ (　①　)に入る適切な語句を選び，記号を書きなさい。

　ア when to go　　　イ how to go

　ウ where to go　　エ what to go

⑵ 下線部②の(　)内の語を適切な形にしなさい。

⑶ 下線部③を日本語にしなさい。

⑷ 下線部④が「私がその本をあなたにあげましょう」という意味になるように，(　)内の語を並べかえなさい。

⑸ 本文の内容について，次の問いに対する適切な答えを選び，記号を書きなさい。

　1. Why did Daichi talk to Ben?

　　ア Because Ben gave Daichi the book.

　　イ Because Daichi was interested in mountains.

　　ウ Because Ben looked happy.

　2. Which mountain did Ben recommended first?

　　ア Midori Mountain.

　　イ Sakura Mountain.

　　ウ A book about mountains.

　成績評価の観点　技…言語や文化についての知識・技能　表…外国語表現の能力

❷ 日本語に合うように，＿＿に適切な語を書きなさい。　24点

(1) 私はすべてのスポーツの中でテニスが最も好きです。

　　I like tennis ＿＿＿＿ ＿＿＿＿ of all sports.

(2) 彼の友だちは人気のあるお笑い芸人になりました。

　　His ＿＿＿＿ ＿＿＿＿ a popular comedian.

(3) 数学のテストは理科のテストより簡単でした。

　　The math test was ＿＿＿＿ ＿＿＿＿ the science test.

(4) ブラウン先生は去年，私たちに日本語を教えました。

　　Mr. Brown ＿＿＿＿ ＿＿＿＿ Japanese last year.

❸ 次の英文を，（　）内の指示に従って書きかえなさい。　14点

(1) The red jacket is not as expensive as the blue jacket.

　　　　　　　　　　　　　　（下線部を主語にしてほぼ同じ意味の文に）

(2) Do you know?  When should we leave?　（to を使って 1 つの文に）

❹ 書く✏ 次のようなとき英語で何と言うか，（　）内の指示に従って書きなさい。 表 24点

(1) これは日本で最も美しい公園だと伝えるとき。（8 語で）

(2) 自分たちに何を見せてくれるか相手にたずねるとき。（will を使って 5 語で）

(3) この箱の開け方は知らないと言うとき。（to を使って 8 語で）

| ❶ | (1) | | 6点 | (2) | | 6点 |
|---|---|---|---|---|---|---|
| | (3) | | | | | 7点 |
| | (4) | | | | | 7点 |
| | (5) | 1 | | 6点 | 2 | 6点 |
| ❷ | (1) | | 6点 | (2) | | 6点 |
| | (3) | | 6点 | (4) | | 6点 |
| ❸ | (1) | | | | | 7点 |
| | (2) | | | | | 7点 |
| ❹ | (1) | | | | | 表 8点 |
| | (2) | | | | | 表 8点 |
| | (3) | | | | | 表 8点 |

▶ 表 の印がない問題は全て 技 の観点です。

❶　／38点　　❷　／24点　　❸　／14点　　❹　／24点

143

**①** 読む📖 **次の問題を読んで，質問に答えなさい。**　　　　　　　35点

> *Suzan :*　What are you watching with your smartphone, Misa?
> *Misa :*　I am watching a movie.  It was made in the U.S.  It's about the police.
> *Suzan :*　It looks interesting.  (　①　)
> *Misa :*　Last year.  It's very exciting.
> *Suzan :*　Do you watch it in Japanese?
> *Misa :*　No, in English.  The actors speak in English, but I can understand.
> *Suzan :*　That's great.  How did you study English?
> *Misa :*　I was ②( teach ) by some good teachers.  They told me that I could use the Internet to study.  ③Many movies in English ( the / seen / on / are / Internet ).  I often watch them because I love movies.
> *Suzan :*　That's a good way to study!  Do you read books, too?
> *Misa :*　Some of my favorite books are written in English.
> *Suzan :*　Wow, you really study a lot.  Oh, I bought a book yesterday.  ④It was written by a famous American writer.  I am reading it now and it is very interesting.  It is about the mother and the daughter.  I will lend it to you after I finish reading it.
> *Misa :*　You are kind!  Thank you, Suzan.

(1) (　①　)に入る適切な文を選び，記号を書きなさい。

　　ア　Where was it seen?　　イ　Who was found?

　　ウ　When was it made?　　エ　What was given?

(2) 下線部②の(　)内の語を適切な形にしなさい。

(3) 下線部③が「多くの英語の映画はインターネット上で見られます。」という意味になるように，(　)内の語を並べかえなさい。

よく出る (4) 下線部④を日本語にしなさい。

(5) 次の文が本文の内容に合っていれば○を，合っていなければ×を書きなさい。

　　ア　Suzan is watching a movie with her smartphone.

　　イ　Misa is watching Japanese movies in English.

　　ウ　Misa likes to watch movies very much.

　　エ　Suzan bought a book about the mother and the daughter yesterday.

**②** **日本語に合うように，＿＿に適切な語を書きなさい。**　　　　　20点

(1) これらのリンゴはジャックに食べられました。

　　These apples ＿＿＿＿ ＿＿＿＿ by Jack.

　成績評価の観点　技…言語や文化についての知識・技能　表…外国語表現の能力

(2) この博物館はいつ建てられましたか。

_____ _____ this museum built?

(3) パーク先生は生徒に好かれていますか。

Is Mr. Park _____ _____ the students?

(4) そのコンピュータは今，使われていません。

The computer is _____ _____ now.

**点UP ❸ 次の英文を，（　）内の指示に従って書きかえなさい。**　24点

(1) This temple is visited by <u>many tourists</u>.　（下線部を主語に）

(2) She read <u>the letter</u>.　（下線部を主語に）

(3) This bag was made <u>in Canada</u>.　（下線部をたずねる疑問文に）

(4) The window is opened by Emi.　（過去形に）

**❹ 書く！ 次のようなとき英語で何と言うか，（　）内の指示に従って書きなさい。** 表　21点

差がつく (1) この歌は子どもたちに知られていると言うとき。（6語で）

(2) あれらの鳥は日本で見られるかたずねるとき。（6語で）

(3) 彼女は道路に沿って歩いていると言うとき。（the streetを使って6語で）

| ❶ | (1) | | 4点 | (2) | | 5点 |
|---|---|---|---|---|---|---|
| | (3) | Many movies in English | | | ・ | 7点 |
| | (4) | | | | | 7点 |
| | (5) | ア | 3点 | イ | 3点 | ウ | 3点 | エ | 3点 |

| ❷ | (1) | | 5点 | (2) | | 5点 |
|---|---|---|---|---|---|---|
| | (3) | | 5点 | (4) | | 5点 |

| ❸ | (1) | | 6点 |
|---|---|---|---|
| | (2) | | 6点 |
| | (3) | | 6点 |
| | (4) | | 6点 |

| ❹ | (1) | | 表 7点 |
|---|---|---|---|
| | (2) | | 表 7点 |
| | (3) | | 表 7点 |

▶ 表 の印がない問題は全て 技 の観点です。

❶ 　／35点　❷ 　／20点　❸ 　／24点　❹ 　／21点

❶ 読む📖 次の問題を読んで，質問に答えなさい。　　35点

Dear Mr. Smith,

　　How are you?  I have stayed here in Australia for a month and I am doing fine. Thank you for your help before I left Japan.  Everything is fine.  ①( has / new / life / started / school / my ) and I met new teachers and new classmates.  I sometimes don't understand English, but they have been very kind to me.  They help me a lot and ②I have learned many things.

　　At the school, I was surprised because the students are from all over the world. Some of them are from Australia and others are from other countries such as India, France and Thailand.  I like to listen to their stories about their cultures because I can learn about other cultures.

　　Next weekend, my friends are going to have a welcome party for me.  Each of us will cook the local food from our home countries and bring it.  ③I have (　　) been to the party in Australia, so I can't wait!

　　I have ④( stay ) here only for a month now and I will stay here only for a year, but I know that my experience will be great.  I really thank you because you told me that studying in other countries was fun.

Wataru

⑴ 下線部①が「私の新しい学校生活が始まりました」という意味になるように，（　）内の語を並べかえなさい。

⑵ 下線部②を日本語にしなさい。

⑶ 下線部③が「私はオーストラリアで一度もパーティーに行ったことがありません」という意味になるように，（　）に入る適切な語を書きなさい。

⑷ 下線部④の（　）内の語を適切な形にしなさい。

⑸ 本文の内容について，次の問いに英語で答えなさい。

　1. Does Wataru always understand English?

　2. Why was Wataru surprised when he met his new classmates?

　3. What did Mr. Smith tell Wataru?

❷ （　）内の語を適切な形にしなさい。　　20点

⑴ Have you ( eat ) your lunch?

⑵ She ( have ) been sick for three days.

⑶ Joe ( run ) in the park last night.

(4) They have been ( look ) for their cat.

③ 日本語に合うように，＿＿に適切な語を書きなさい。　　　　24点

(1) 彼の父親は20年ここで働いています。

His father ＿＿＿ worked here ＿＿＿ 20 years.

(2) 彼女の話をもう聞きましたか。

Have you ＿＿＿ her story ＿＿＿?

(3) 彼らはちょうど駅に着いたところです。

They ＿＿＿ ＿＿＿ arrived at the station.

(4) ハルカは帰宅してからずっと部屋で勉強しています。

Haruka ＿＿＿ been studying in her room ＿＿＿ she got home.

④ 書く！ 次のようなとき英語で何と言うか，（　）内の指示に従って書きなさい。 表 21点

(1) 彼はどれくらいここに座っているかたずねるとき。（7語で）

(2) その博物館には2回行ったことがあると伝えるとき。（7語で）

(3) 野球場に行くにはどうすればいいかたずねるとき。（canを使って8語で）

| ❶ | (1) | | | | 5点 |
| | (2) | | | | 5点 |
| | (3) | | 5点 | (4) | | 5点 |
| | (5) | 1 | | | | 5点 |
| | | 2 | | | | 5点 |
| | | 3 | | | | 5点 |
| ❷ | (1) | | 5点 | (2) | | 5点 |
| | (3) | | 5点 | (4) | | 5点 |
| ❸ | (1) | | 6点 | (2) | | 6点 |
| | (3) | | 6点 | (4) | | 6点 |
| ❹ | (1) | | | | 表 7点 |
| | (2) | | | | 表 7点 |
| | (3) | | | | 表 7点 |

▶ 表 の印がない問題は全て 技 の観点です。

❶　　／35点　　❷　　／20点　　❸　　／24点　　❹　　／21点

／20点　解答 p.40

❶ これから4つの英文を読みます。それぞれの内容が絵に合っていれば○を，合っていなければ×を書きなさい。英文は2回読まれます。　(3点×4)　ポケリス♪ ❶

| (1) | | (2) | | (3) | | (4) | |
|---|---|---|---|---|---|---|---|

❷ ジェーンとケンは10年前の市と現在の市の2枚の地図を見ながら話しています。これから2人の対話文と，その内容についての2つの質問文を放送します。質問の答えとして最も適切なものをア～エの中から1つずつ選び，記号で答えなさい。英文は2回読まれます。　(4点×2)　ポケリス♪ ❷

(1)　ア　Two.
　　　イ　Three.
　　　ウ　Four.
　　　エ　Five.

(2)　ア　Yes, there is.
　　　イ　No, there isn't.
　　　ウ　Yes, there was.
　　　エ　No, there wasn't.

| (1) | | (2) | |
|---|---|---|---|

❶ これから 3 つの対話文を読みます。それぞれの内容に合う絵を 1 つずつ選び, 記号で答えなさい。英文は 2 回読まれます。

(4点×3) ポケ リス♪ ❸

| (1) | | (2) | | (3) | |
|---|---|---|---|---|---|

❷ これからリカがジェーンに残した留守番電話のメッセージの英文と, その内容についての 2 つの質問文を放送します。質問の答えとして最も適切なものをア～エの中から 1 つずつ選び, 記号で答えなさい。英文は 2 回読まれます。

(1) ア Next Saturday.

　　イ Yesterday.

　　ウ At one thirty.

　　エ At three.

(4点×2) ポケ リス♪ ❹

(2) ア She will clean the room.

　　イ She will buy a CD for Aya.

　　ウ She will make a cake.

　　エ She will take pictures.

| (1) | | (2) | |
|---|---|---|---|

❶ これから 3 つの英文とその内容についての質問文を放送します。質問の答えと
　 して最も適切なものをア～エの中から 1 つずつ選び，記号で答えなさい。英文
　 は 2 回読まれます。

(4点×3) 　ポケ❺
　　　　　 リス♪

(1) ア　Mexico.
　　 イ　India.
　　 ウ　Brazil.
　　 エ　Japan.

(2) ア　Once.
　　 イ　Twice.
　　 ウ　Three times.
　　 エ　She has never seen it.

(3) ア　Ken has.
　　 イ　Mike has.
　　 ウ　John has.
　　 エ　Ken and John have.

| (1) | | (2) | | (3) | |
|---|---|---|---|---|---|

❷ これからリョウとケイトの対話文を放送します。そのあとに対話文の内容につ
　 いて 4 つの質問文を読みます。質問の答えとして正しくなるように，それぞれ
　 の英文の空欄に英語を 1 語ずつ書きなさい。英文は 2 回読まれます。

(1) She has read (　　　　　) comic books.

(2) (　　　　　), she (　　　　　).

(3) It's near the (　　　　　).

(4) (　　　　　) (　　　　　).

(2点×4) 　ポケ❻
　　　　　 リス♪

| (1) | | (2) | |
|---|---|---|---|
| (3) | | (4) | |

解答 p.42

／20点

❶ これから3つの英文とその内容についての質問文を放送します。質問の答えとして最も適切なものをそれぞれの絵のア〜エから1つずつ選び，記号で答えなさい。英文は2回読まれます。

（4点×3）　ポケリス♪ ❼

(1)

(2)
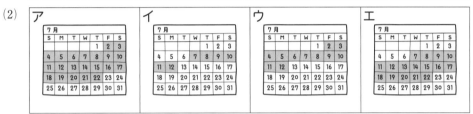

(3)

| (1) | | (2) | | (3) | |
|---|---|---|---|---|---|

❷ これからマイクのスピーチを放送します。スピーチを聞いて(1)〜(4)の質問に日本語で答えなさい。英文は2回読まれます。

（2点×4）　ポケリス♪ ❽

(1) マイクはどのくらいの間，日本語を勉強していますか。

(2) マイクは将来，日本で何がしたいと言っていますか。

(3) マイクのおばは，何が多くのことを教えてくれると言っていますか。

(4) マイクは，どうすることがとても重要だと考えていますか。

| (1) | | (3) | |
|---|---|---|---|
| (2) | | (4) | |

151

／ 20点

解答 p.43

❶ これから4つの対話文を読みます。それぞれの内容に合う絵を1つずつ選び, 記号で答えなさい。英文は2回読まれます。

(2点×4)

ポケ リス♪ ❾

| (1) | | (2) | | (3) | | (4) | |
|---|---|---|---|---|---|---|---|

❷ これから放送する英文を聞いて，メモの(1)〜(4)に入る適切な日本語を書きなさい。英文は2回読まれます。

(3点×4)

ポケ リス♪ ❿

〈メモ〉
・タクヤは（ (1) ）ことが好きだ。
・タクヤは先月（ (2) ）ために京都へ行った。
・タクヤは（ (3) ）ことが楽しかった。
・タクヤはまた（ (4) ）と思っている。

| (1) | | (2) | |
|---|---|---|---|
| (3) | | (4) | |

/ 20点

解答
p.43

❶ これから3つの英文を読みます。それぞれの内容が絵に合っていれば〇を，合っていなければ×を書きなさい。英文は2回読まれます。

(4点×3)

ポケ
リス♪ ⑪

(1)

(2) 土曜日

(3) 日曜日

| (1) | (2) | (3) |
|---|---|---|
|  |  |  |

❷ これから放送するメアリーとリョウの対話文を聞いて，その内容に合うものをア〜カの中から2つ選び，記号で答えなさい。英文は2回読まれます。

ア Mary is going to see the movie with John tomorrow.

(4点×2)

ポケ
リス♪ ⑫

イ Ryo doesn't have to do his homework before the movie.

ウ Ryo will go to the movie tomorrow morning.

エ Ryo has to go to Mary's house at one o'clock tomorrow.

オ Mary and John will meet at Ryo's house tomorrow.

カ Ryo will go to the station at two o'clock tomorrow.

153

／20点

解答
p.44

**❶** これから 4 つの対話文を読みます。それぞれの内容に合う絵を 1 つずつ選び，記号で答えなさい。英文は 2 回読まれます。

(2点×4)

ポケ
リス♪ **⑬**

| (1) | | (2) | | (3) | | (4) | |
|---|---|---|---|---|---|---|---|

**❷** これから放送するアヤのスピーチを聞いて，メモの(1)～(4)に入る適切な日本語を書きなさい。英文は 2 回読まれます。

(3点×4)

ポケ
リス♪ **⑭**

〈メモ〉
・アヤの夢は( （1） )になることだ。
・アヤは( （2） )ことが大好きだ。
・先月の文化祭では，多くの人々が( （3） )ことを楽しんだ。
・アヤは将来，( （4） )を作りたいと思っている。

| (1) | | (2) | |
|---|---|---|---|
| (3) | | (4) | |

/ 20点

解答
p.44

**❶** これから 4 つの英文とその内容についての質問文を放送します。質問の答えとして最も適切なものをそれぞれの絵のア〜ウの中から 1 つずつ選び，記号で答えなさい。英文は 2 回読まれます。

(3点×4)

ポケ
リス♪ ⑮

(1)

(2)

(3)

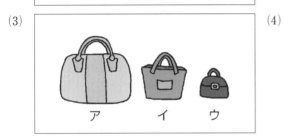

(4)

| (1) | | (2) | | (3) | | (4) | |
|---|---|---|---|---|---|---|---|

**❷** これからコウジとベッキーの対話文を放送します。そのあとに対話文の内容について 4 つの質問文を読みます。質問の答えとして正しくなるように，それぞれの英文の空欄に英語を 1 語ずつ書きなさい。英文は 2 回読まれます。

(1) She likes (　　　　　) the (　　　　　).

(2) (　　　　　) is.

(3) (　　　　　), he (　　　　　).

(4) Becky's (　　　　　) does.

(2点×4)

ポケ
リス♪ ⑯

| (1) | | (2) | |
|---|---|---|---|
| (3) | | (4) | |

/ 20点　解答 p.45

❶ これから 3 つの英文を読みます。それぞれの内容に合う絵を 1 つずつ選び，記号で答えなさい。英文は 2 回読まれます。　(4点×3)　ポケリス♪ ⑰

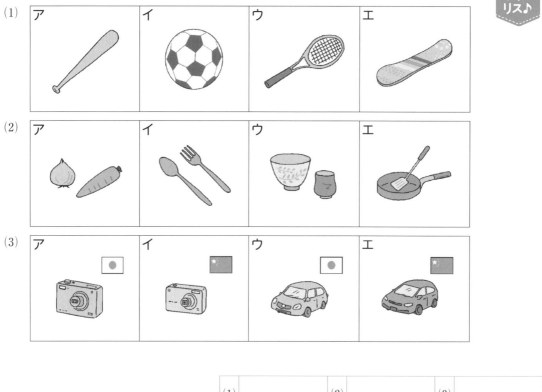

| (1) | | (2) | | (3) | |
|---|---|---|---|---|---|

❷ これからジョンとアヤの対話文を放送します。対話文を聞いて(1)〜(4)の質問に日本語で答えなさい。英文は 2 回読まれます。　(2点×4)　ポケリス♪ ⑱

(1) アヤは夏休みにだれと京都に行きましたか。

(2) アヤが京都で訪れた寺は約何年前に建てられましたか。

(3) どのような人々がたくさん京都を訪れますか。

(4) ジョンは日本のどんなものに興味がありますか。

| (1) | | (2) | |
|---|---|---|---|
| (3) | | (4) | |

❶ これから2つの対話文とその内容についての質問文を放送します。質問の答え
として最も適切なものをア～エの中から1つずつ選び，記号で答えなさい。英
文は2回読まれます。

（4点×2） ポケ リス♪ ⑲

(1) ア Baseball.
　イ Basketball.
　ウ Tennis.
　エ Soccer.

(2) ア To take care of animals.
　イ To teach science.
　ウ To help sick people.
　エ To study math.

| (1) | | (2) | |
|---|---|---|---|

❷ これから放送するカナとマイクの対話文を聞いて，表の(1)～(6)に入る適切な日
本語を書きなさい。英文は2回読まれます。

（2点×6） ポケ リス♪ ⑳

| 〈マイクの東京での予定〉 | |
|---|---|
| 金曜日 | （　(1)　）で（　(2)　）を見る |
| 土曜日 | （　(3)　）で（　(4)　）を見る |
| 日曜日 | （　(5)　）で（　(6)　）を見る |

| (1) | | (2) | |
|---|---|---|---|
| (3) | | (4) | |
| (5) | | (6) | |

**応用** 英作文にチャレンジ!

① 次の 1 ～ 3 の絵は Kana についてのあるできごとを表したものです。順番どおりに場面の展開を考えて50語程度の英文にまとめなさい。

(注)grow　～を育てる

② 自分のお気に入りの場所や行ってみたい場所について紹介する文を，どういった場所なのかがわかる文を少なくとも2つ入れて，40語程度で書きなさい。

❸ ゆりさんは友人と環境のために何ができるかを話し合って家族にも協力しても
らおうと思っています。次の〔メモ〕はそのときに書き留めたものです。あなた
がゆりさんなら，どのように家族に説明しますか。＜条件＞に従って英語で書
きなさい。

〔メモ〕 Protect the environment!
・修理できるものは新しいものを買わずに修理する。　・地産地消品を買う。
・マイ○○を持つようにする。（マイ箸，マイ水筒，マイバッグ）
・移動は自転車や徒歩でする。　・水を大切に使う。
・海岸清掃イベント(beach cleaning event)に参加する。
・食べ物を残さない。

(注)protect ～を保護する，守る　　environment 環境

＜条件＞〔メモ〕に書かれた7つのうち2つを選び，書くこと。ただし，文の数や語の数はいく
つでもよい。

|  |
|  |
|  |
|  |
|  |

❹ バケットリスト(bucket list)を作ってみましょう。これは死ぬまでにしたいこ
と，達成したいことをリストにしたもののことです。まず目標年齢を決めて，
それまでにしてみたいことを，その理由も含めて60語程度の英文にまとめなさ
い。ただし，英文の数はいくつでもよく，符号( , . ! " "など)は語数に含めま
せん。

|  |
|  |
|  |
|  |
|  |
|  |

❺ 次の架空のアニメーションの登場人物の特徴をイラストから想像し，これらの人物について述べる英文を3つ書きなさい。ただし，それぞれの文に必ず比べる表現を使うこと。

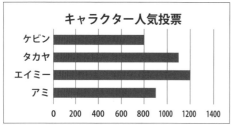

|     |     |
| --- | --- |
| (1) |     |
| (2) |     |
| (3) |     |

❻ 次のイラストの女の子のセリフを，吹き出しの中のイラストに合うように考えて30語程度で書きなさい。

What are you going to do during the summer vacation?

|     |
| --- |
|     |
|     |
|     |
|     |

# 教科書ぴったりトレーニング

〈開隆堂版・サンシャイン2年〉

この解答集は取り外してお使いください。

**pp.6〜7** ぴたトレ1

**Words & Phrases** (1)喜び　(2)別れ

(3)どうしたの？　(4)喜んで。　(5)move

(6)nothing　(7)plan　(8)by the way

**1** (1)going to play

(2)Mr. Brown is going to see

(3)Miki and I are going to go shopping next Sunday.

**2** (1)going to play　(2)Are, going to

(3)we are, we aren't[we're not]

(4)isn't going to study

**3** (1)Hiroshi is not going to join the festival(.)

(2)When are you going to go to the zoo(?)

(3)Can you play the piano at (the party?)

**考え方** **1**(1)「〜する予定です」=〈be going to＋動詞の原形〉　(2)主語が3人称単数なので，be動詞にはisを使う。　(3)主語が複数なので，be動詞にはareを使う。

**2**(1)「〜する予定です」はbe going toの文で表す。　(2)「〜する予定ですか」はbe going toの疑問文で表す。　(3)be going toの疑問文には，be動詞を使って答える。主語はwe「私たち」とする。　(4)「〜する予定ではありません」はbe going toの否定文で表す。

**3**(1)「お祭りに参加する」= join the festival　(2)「いつ〜予定ですか」なので，whenを文頭に置き，あとにbe going toの疑問文の語順を続ける。　(3)「〜してもらえますか」= Can you 〜?

**pp.8〜9** ぴたトレ1

**Words & Phrases** (1)地元の　(2)少し

(3)気を付ける[注意する]　(4)夕方に[夜に]

(5)soon　(6)forget　(7)hope

(8)keep in touch

**1** (1)will cook　(2)will visit his uncle

(3)My sisters will go shopping tomorrow.

**2** (1)I'll buy　(2)Will it be

(3)it will, won't　(4)won't play

**3** (1)Will Aya come to the party(?)

(2)We will not see the movie(.)

(3)Are you going to eat dinner at (the restaurant?)

**考え方** **1**「〜しようと思う[するでしょう]」=〈will＋動詞の原形〉　(2)主語が3人称・単数であっても〈will＋動詞の原形〉の形は変わらない。

**2**(1)「〜しようと思う」=〈will＋動詞の原形〉。空所の数から，I willの短縮形I'llを使う。　(2)willを使った疑問文は，willを主語の前に出して作る。天気・気温・時刻などについての文では主語にitを使う。　(3)willを使った疑問文には，willを使って答える。will notはwon'tと短縮できる。　(4)willを使った否定文は，willのあとにnotを置いて作る。will notはwon'tと短縮できる。

**3**(1)「〜してくれるでしょうか」はwillを使った疑問文で表す。　(2)「〜しないでしょう」はwillを使った否定文で表す。　(3)「〜する予定ですか」はbe going toの疑問文で表す。

**pp.10〜11** ぴたトレ1

**Words & Phrases** (1)もう少しで[すんでのことで〜するところ]　(2)外国に[海外へ]

(3)家に帰る　(4)〜によろしくと言う

(5)sang　(6)cry　(7)free　(8)do my best

**1** (1)When

(2)When Ms. Ito is free

(3)When Akira is free(,) he listens to music(.)

**2** (1)If you are not[you're not / you aren't] busy

(2)When I was in Australia

(3)If it is[it's] sunny tomorrow

(4)when I got up

**3** (1)He was studying when I saw him(.)

(2)If I get a good idea, I'll email you(.)

(3)It will be a nice party(.)

**1** 「～のとき」=⟨when＋主語＋動詞～⟩。主語の人称・数によって動詞の形を変えることに注意。

**2** (1)「もし忙しくなければ」は条件を表しているので，ifを使って表す。「～なければ」なので，ifのあとが否定文の形になる。 (2)「オーストラリアにいるとき」は時を表しているので，whenを使って表す。 (3)「明日晴れたら」は条件を表しているので，ifを使って表す。「明日」という未来のことであっても，ifのあとでは現在形で表すので注意。 (4)「私が起きたとき」は時を表しているので，whenを使って表す。「起きた」はget up「起きる」を過去形にして表す。

**3** (1)「～したとき」は⟨when＋主語＋動詞の過去形⟩で表し，カンマがないので文の後半に置く。「～していました」＝過去進行形⟨was[were]＋動詞の-ing形⟩ (2)「もし～すれば」は⟨if＋主語＋動詞の現在形⟩で表し，カンマがあるので文の前半に置く。「～にメールを送る」＝email ～ (3)「～でしょう」は⟨will＋動詞の原形⟩を使って表す。「～になる」はbe動詞の原形beで表せる。

---

**pp.12～13　ぴたトレ2**

**1** (1)ア (2)エ (3)ウ

**2** (1)going to stay (2)won't join
(3)will, do if it's

**3** (1)He will not like the book(.)
(2)When are you going to move to Canada(?)
(3)If it is rainy tomorrow, we will stay home(.)

**4** (1)Mao will study Japanese tomorrow.
(2)When I came home, she was washing dishes.

**5** (1)When, almost cried
(2)will be my first long stay overseas
(3)(私は)新しい学校で最善[ベスト]をつくそうと思います(。)
(4)ウ

**6** (1)He is going to visit New Zealand.
(2)She recommends a Maori village.

**1** (1)willのあとには動詞の原形がくる。 (2)主語が複数のyour parentsで，going toがあることから考える。 (3)「公園であなたを見かけたとき，あなたはサッカーをしていました。」

**2** (1)「～する予定です」＝⟨be going to＋動詞の原形⟩ (2)「～しないでしょう」＝⟨won't[will not]＋動詞の原形⟩ (3)「もし～だったら」＝if ～。「何をしようと思いますか」は疑問詞whatとwillを使った疑問文で表す。

**3** (1)「～しないでしょう」＝⟨will not＋動詞の原形⟩ (2)「いつ～する予定なのですか」は疑問詞whenとbe going toを使った疑問文で表す。 (3)並べかえる語句の中にカンマがあるので，if ～は文の前半に置く。

**4** (1)willを使った文にする。 (2)「私が帰宅したとき，彼女は皿を洗っていました。」という意味の文にする。

**5** (1)「～したとき」＝⟨when＋主語＋動詞の過去形～⟩，「もう少しで～するところ」＝almost，「泣く」＝cry (2)「～になるでしょう」はbe動詞の原形beを使ってwill be ～で表す。ここでの「外国での長い滞在」はlong stay overseasで表す。 (3)do my bestは「最善[ベスト]をつくす」。 (4)美希は，これから外国に長く滞在する予定で，メールにI'll miss everyone.と書いている。missは「さびしく思う」という意味。

**6** (1)ソラの2つ目の発言参照。「ニュージーランドを訪れる予定です」とある。 (2)ベル先生の最後の発言の1文目参照。ソラの「ニュージーランドではどの場所がお勧めですか。」という質問に対して，「マオリ村はどうですか。」と答えている。

---

**pp.14～15　ぴたトレ3**

**1** (1)○ (2)× (3)○

**2** (1)イ (2)ウ (3)イ

**3** (1)won't come home (2)When I was
(3)Are, going to, aren't
(4)if you don't have

**4** (1)Where will, study (2)when I saw her
(3)is, going to do

**5** (1)夏休みがすぐにやって来るだろうということ。
(2)If you do so, they will be happy(.)
(3)I'll practice basketball every day

(4)1. He will tell them about his life in Japan.

   2. Yes, he will.

❻ (1)If you are free, can you help me[us]? [Can you help me[us] if you are free?]

(2)How will the weather be tomorrow?

(3)I'm not going to play soccer after school today.

**考え方**

❶ (1)「引っ越す」「すぐに，まもなく」
(2)「喜び」「どうぞ，どうか」
(3)「何も～ない」「連絡」

❷ (1)2つ目の音節を強く読む。「忘れる」
(2)3つ目の音節を強く読む。「外国に，海外へ」
(3)2つ目の音節を強く読む。「別れ」

❸ (1)「～しないでしょう」＝〈will not＋動詞の原形〉 (2)「～のとき」＝〈when＋主語＋動詞～〉 (3)「～する予定ですか」＝be going toの疑問文 (4)「～でなければ」は条件なので，ifを使って表す。

❹ (1)at home「家で」という場所をたずねるので，whereで文を始めて，残りの部分を疑問文の形にして続ける。 (2)「私は母を見かけました。そのとき彼女は料理をしていました。」→「私が母を見かけたとき，彼女は料理をしていました。」 (3)「ケンの今週末の予定は何ですか。」→「ケンは今週末，何をする予定ですか。」

❺ (1)直前のサトシの発言参照。summer vacation「夏休み」，〈will＋動詞の原形〉「～するだろう」。 (2)ifとカンマがあることから，〈If ～, ...〉の形の文にする。直前までの内容より，youはBillを，theyはhis（＝Bill's）familyを指し，これらを主語として使う。動詞の原形beは主語に直接つなぐことができないので，willを前に置く。be動詞のあとに続けられるのは形容詞happyなので，〈If ～, ... will be happy.〉の形になる。直前でビルが，家族のもとに戻って日本での生活について話す予定だと述べていることから，「喜ぶ」のはビルの家族。よって，will be happyに対する主語にthey，ifのあとの主語にyouを置く。残るsoとdoはdo so「そうする」と並べてyouのあとに続けるとIf you do so, they will be happy.となり，意味が通る。 (3)「～でしょう」は〈will＋動詞の原形〉で表す。「毎日」はevery dayで

表し，文末に置く。 (4)1.「ビルは家族に何について話すでしょうか。」という問い。本文3～4行目参照。Billやhis familyを代名詞に置きかえることに注意。2.「サトシは8月にバスケットボールの試合に参加するでしょうか。」という問い。本文7～8行目参照。

**全訳**

サトシ：夏休みはすぐにやって来るだろうね。

ビル：ぼくはそのことについてうれしく思っているよ。今年の夏は，自分の国であるオーストラリアに帰って，そこの自宅に滞在する予定なんだ。ぼくの日本での生活について，家族と話す予定だよ。

サトシ：それはすばらしいね。もしそうすれば，彼らは喜ぶだろうね。

ビル：ありがとう。きみはどう，サトシ？

サトシ：ええと，ぼくのバスケットボール部が8月に大切な試合をする予定で，ぼくはそれに参加する予定なんだ。だから，ぼくはたくさんバスケットボールを練習することになるだろうね。

ビル：そうなんだ。がんばってね！

❻ (1)「あなたがひまだったら，私（たち）を手伝ってもらえますか。」という意味の文にする。Can you ～?で「～してもらえますか。」と頼む表現になる。 (2)「明日の天気はどうでしょうか。」とたずねる文にする。「どう」とたずねるときに使うhowで文を始め，「天気は～でしょう」を表すthe weather will beを疑問文の形にして続ける。tomorrow「明日（は）」はふつう文末に置く。 (3)「私は今日，放課後にサッカーをする予定ではありません。」という意味の文にする。「～する予定ではありません」はbe going toの否定文で表す。「放課後に」はafter schoolと表す。

Words & Phrases (1)すべてのこと (2)歴史

(3)ケース (4)心配する (5)～に興味がある

(6)easy (7)difficult (8)guide (9)true

(10)go hiking

**1** (1)think that (2)think that Yuka sings

(3)I think that Emily likes dogs.

**2** (1)that this picture is

(2)hear your brother works

(3)knows I don't like (4)hope that you are

**3** (1)I hope she will like this book(.)

(2)I don't think that it will be rainy tomorrow(.)

(3)I often played soccer when I was in Brazil(.)

考え方 **1**「私は，…は～だと思います。」=〈I think (that)+主語+動詞～.〉

**2** (1)「～だと思う」=〈think (that)+主語+動詞～〉 (2)「～だと聞いている」=〈hear (that)+主語+動詞～〉 (3)「～ということを知っている」=〈know (that)+主語+動詞～〉 (4)「～だということを望む」=〈hope (that)+主語+動詞～〉

**3** (1)「～だということを望む」=〈hope (that)+主語+動詞～〉。「彼女がこの本を気に入る」のは未来のことなので，hopeのあとが〈(that＋)主語+will+動詞の原形〉の形になる。 (2)「～ないと思います」は「～とは思いません」と言いかえて〈don't[doesn't] think (that)+主語+動詞～〉で表す。 (3)カンマがないので，when ～「～のとき」は文の後半に置く。「しばしば」を表すoftenは，ふつう一般動詞の前に置く。

Words & Phrases (1)ごみ[(台所の)生ごみ]

(2)廊下 (3)守る[保護する]

(4)～を拾い上げる[手に取る] (5)bring

(6)rule (7)trouble (8)first of all

**1** (1)must (2)must practice

(3)Hiroki must get up at five.

**2** (1)must go (2)must not touch

(3)must be (4)mustn't use

**3** (1)We must take off our shoes here(.)

(2)You must not jump into the pool(.)

(3)(If) you have any idea, please tell me(.)

考え方 **1**「…は～しなければなりません。」=〈主語+must+動詞の原形～.〉 (3)主語が3人称・単数でも〈must+動詞の原形〉の形は変わらない。

**2** (1)(3)「～しなければなりません」=〈must+動詞の原形〉 (2)(4)「～してはいけません」=〈must not[mustn't]+動詞の原形〉

**3** (1)「～しなければなりません」=〈must+動詞の原形〉，「～をぬぐ」=take off ～ (2)「～してはいけません」=〈must not[mustn't]+動詞の原形〉，「～に飛び込む」=jump into ～ (3)Ifが文頭にあるので，If ～「(もし)～ならば」の終わりにカンマを打つ。カンマは1つしかないので，文の後半で使うpleaseは，文末ではなく，後半の文の先頭に置く。

Words & Phrases (1)技術者[エンジニア]

(2)国の (3)急ぐ (4)寝る (5)believe

(6)build (7)exactly (8)a lot

**1** (1)have to be (2)has to cook dinner

(3)Jun has to buy a notebook.

**2** (1)have to talk (2)Does he have to go

(3)didn't have to bring (4)has to help

**3** (1)I had to go to the library(.)

(2)Do we have to leave home soon(?)

(3)Do you think he will come to the party(?)

考え方 **1**例より，「…は～しなければなりません。」は〈主語+have[has] to+動詞の原形～.〉の文で表す。 (2)(3)主語が3人称・単数のときはhas to ～を使う。

**2** (1)空所の数から，「～しなければなりません」はhave to ～を使って表す。 (2)「～しなければならないのですか」はhave[has] to ～を使った疑問文で表す。 (3)「～する必要がありませんでした」=〈didn't have to+動詞の原形〉 (4)主語が3人称・単数であり，空所が3つなので，「～しなければなりません」はhas to ～を使って表す。

**3** (1)「～しなければならなかった」=〈had to+動詞の原形〉 (2)「～しなければなりません

か。」＝〈Do[Does]＋主語＋have to＋動詞の原形〜?〉　(3)「〜だと思う」＝〈think（that）＋主語＋動詞[助動詞＋動詞の原形]〜〉

**ぴたトレ1**

Words & Phrases　(1)あとで[後に]　(2)温度[気温]
(3)レインコート　(4)風のある[風の強い]
(5)氷点下の[マイナスの]　(6)low　(7)shower
(8)degree　(9)coat　(10)Good evening

1 (1)It'll be　(2)It'll be rainy
(3)It'll[It will] be snowy tomorrow.

2 (1)It'll be windy　(2)The high will be
(3)have a lot of rain

3 (1)The low will be 10 degrees(.)
(2)It will be sunny and then cloudy (tomorrow.)
(3)We will have showers in the (evening.)

考え方
1 「（天気が）明日は〜になるでしょう。」＝It'll[It will] be 〜 tomorrow.
2 (1)天気について述べる文ではふつうitを主語にする。「風が強い」＝windy，「〜になるでしょう」＝will be 〜。空所の数からIt willはIt'llと短縮する。　(2)「最高気温」＝the high，「〜となるでしょう」＝will be 〜　(3)主語がItではなくWeなので，We will have 〜.で表す。「たくさんの」＝a lot of
3 (1)「最低気温」＝the low，「〜となるでしょう」＝will be 〜，「10度」＝10 degrees　(2)「〜のち…でしょう」＝will be 〜 and then …　(3)「にわか雨が降る」＝have showers，「夕方に」＝in the evening

**ぴたトレ1**

Words & Phrases　(1)たぶん[おそらく]
(2)スケッチブック　(3)〜してもよろしいですか。
(4)〜していただけませんか。
(5)(電話で)お待ちください。
(6)late　(7)wrong　(8)moment
(9)Good morning　(10)See you

1 (1)May I　(2)May I speak to
(3)May I speak to Mr. Suzuki?

2 (1)Hello, This is　(2)May[Can] I speak to
(3)Speaking　(4)Hold on

3 (1)May I speak to Mark(?)
(2)Could you help me with my

homework(?)
(3)I think you have the wrong number(.)

考え方
1 「〜さんをお願いできますか。」＝May I speak to 〜?
2 (1)「もしもし」＝hello。電話口で名乗るときはThis is 〜.を使う。　(2)「〜さんをお願いできますか。」＝May[Can] I speak to 〜?　(3)「〔電話で〕私です。」＝Speaking.　(4)空所の数からhold onを使って表す。
3 (1)「〜さんをお願いできますか。」＝May I speak to 〜?　(2)「〜していただけませんか。」＝Could you 〜?，「私の宿題を手伝う」＝help me with my homework　(3)「番号をお間違えのようです。」＝I think you have the wrong number.

**ぴたトレ1**

Words & Phrases　(1)タマネギ　(2)チーズ
(3)しょうゆ　(4)salt　(5)carrot
(6)mushroom

1 (1)I'd like　(2)I'd like, pumpkin
(3)I'd like bacon.

2 (1)onions　(2)pepper
(3)like three tomatoes
(4)mushrooms, soy sauce

3 (1)I'd like a cabbage(.)
(2)I need a carrot, a pumpkin, and butter(.)
(3)I think the soup will be delicious(.)

考え方
1 例より，「私は〜がほしいです。」はI'd like 〜.で表す。(1)(3)cheeseやbaconはふつう数えられない名詞として扱うので，a[an]をつけたり複数形にしたりしない。
2 (1)「タマネギ」＝onion。ここでは「タマネギ」というもの全般を表すので複数形にする。(2)「コショウ」＝pepper。pepperは数えられない名詞。　(3)I'dで始まっているので，「私は〜がほしいです。」はI'd like 〜.で表す。tomatoは-esをつけて複数形にする。　(4)mushroomは数えられる名詞，soy sauceは数えられない名詞。
3 (1)「私は〜がほしいです。」＝I'd like 〜.　(2)3つの名詞をandでつなぐときは，〈A, B, and C〉の形にする。　(3)「〜だと思う」＝think (that) 〜，「〜だろう」＝〈will＋動詞の原形〉

❶ (1)ウ　(2)エ　(3)エ

❷ (1)must make　(2)don't have to
(3)must not forget　(4)I hope, it'll be

❸ (1)We must go to the library(.)
(2)I don't think he knows that(.)
(3)Do we have to buy some onions(?)

❹ (1)I think this movie is interesting.
(2)He doesn't[does not] have to get up early tomorrow.

❺ (1)First of all
(2)must not take anything　(3)must
(4)ア×　イ×　ウ○

❻ (1)It's about a manhole toilet.
(2)We have to open the manhole.

考え方
❶(1)hearと〈主語＋(助)動詞〜〉をつなぐことのできる接続詞はthat。　(2)文末にyesterdayがあることから過去の文。　(3)応答文にSpeaking.「私です。」とあるので，電話口で話したい相手を呼び出してもらうときに使う表現にする。

❷(1)空所の数から，「〜しなければなりません」は〈must＋動詞の原形〉で表す。　(2)「〜する必要はありません」＝〈don't have to＋動詞の原形〉　(3)「〜してはいけません」＝〈must not＋動詞の原形〉　(4)「〜(ということ)を望む」＝hope (that) 〜。天候について述べるときはitが主語。空所の数から，it willはit'llと短縮形にする。

❸(1)mustがあるので，「〜しなければなりません」は〈must＋動詞の原形〉で表す。　(2)「〜を知らないと思います」→「〜を知っているとは思いません」　(3)「〜しなければなりませんか。」は〈Do[Does]＋主語＋have to＋動詞の原形〜?〉で表す。

❹(1)6語なので，接続詞のthatは省略する。　(2)「〜する必要はない」＝〈don't[doesn't] have to＋動詞の原形〉

❺(1)「何よりもまず」＝first of all。文頭にあるので，大文字で始めることに注意。　(2)「〜してはいけません」＝〈must not＋動詞の原形〉，「取る」＝take，「(否定文で)何も」＝anything　(3)must「〜しなければならない」(4)ア本文2行目〜3行目に着目。　イ本文5行目のトムの発言から。　ウ本文6行目の美希の発言から。

❻(1)1文目に「これはマンホールトイレです。」とあり，続く内容もマンホールトイレについて書かれている。　(2)3文目の文末にfirstがあるので，3文目の内容をまとめる。

❶ (1)×　(2)×　(3)○

❷ (1)ア　(2)ウ　(3)イ

❸ (1)May I speak　(2)think that
(3)Did, have to　(4)is

❹ (1)has to　(2)mustn't take　(3)have rain

❺ (1)have to talk
(2)I think Kyoto is good for us(.)
(3)着物を着る
(4)私は舞妓さんといっしょに写真を撮ることはできないと思います。[私は舞妓さんといっしょに写真を撮ることができるとは思いません。]　(5)イ

❻ (1)The low will be 13 degrees today.
(2)My brother doesn't have to study English.
(3)Do you think that he will come to the party?

考え方
❶(1)「〜しなければならない」「規則」
(2)「金魚」「間違っている」
(3)「思う[信じる]」「会合[集まり]」

❷(1)1つ目の音節を強く読む。「心配する」
(2)3つ目の音節を強く読む。「技術者」
(3)2つ目の音節を強く読む。「正確に」

❸(1)BがSpeaking.と答えているので，Aは電話で「リサをお願いします。」と依頼していることがわかる。　(2)「私たちの新しい先生についてどう思いますか。」とたずねられている。空所のあとに〈主語＋動詞〉があるので，「〜だと思う」think (that) 〜とする。　(3)「はい，あなたはそれを読まなければなりませんでした。」と答えているので，「〜しなければなりませんでしたか」とたずねる。「〜しなければならない」have to 〜を使った過去の疑問文なので，〈Did＋主語＋have to 〜?〉とする。(4)She is 〜.に対する相づちはIs she?となる。

❹(1)mustをhave to 〜と言いかえる。主語が3人称単数なので，has to 〜とする。　(2)Don't 〜を，禁止を表すmust notで表す。

空所の数から短縮形のmustn'tを使う。 (3)「雨降りの」という意味の形容詞rainyを使った文を，名詞rainを使って書きかえる。

⑤(1)「〜しなければならない」はhave to 〜で表す。 (2)I thinkで文を始め，あとに〈主語＋動詞〉となるように，Kyoto is 〜を続ける。残る語は意味を考えて，good for usとする。(3)直前の母親の発言参照。 (4)ナンシーの直前の発言「舞妓さんと写真を撮ることができますか。」に対する応答である。 (5)直後の文に「もし多くの人々がそうする（＝舞妓さんと写真を撮る）と，彼女たちは仕事に遅れてしまいます。」とあるので，「写真を撮ってはいけない」と禁止を表すmustn'tが入る。

全訳

母親：私たちは来月，日本を訪れる予定ね。そのための計画について話さないといけないわ。

ナンシー：わかったわ。日本ではどこに行くの。

母親：ええと，いっしょにガイドブックを確かめましょう。京都が私たちによいと思うわ。京都では着物を着ることができるの。

ナンシー：そうなの？　私は日本の着物が好きなの。それらはきれいだわ。見て！この写真では舞妓さんがきれいだよ。舞妓さんといっしょに写真を撮ることはできるの？

母親：できないと思うわ。ガイドブックには彼女たちが通りを歩いているとき，いっしょに写真を撮ってはいけないとあるわ。もし多くの人々がそうすると，彼女たちが仕事に遅れてしまうの。

ナンシー：わかったわ。

⑥(1)「今日の最低気温は13度でしょう。」という意味の文にする。主語の「最低気温」はthe low，未来のことを表すのでwill が続く。「13度でしょう」はbe 13 degreesで表す。today「今日（は）」はふつう文末に置く。 (2)「私の兄は英語を勉強する必要がありません。」という意味の文にする。「〜する必要がない」は主語が3人称単数なので，doesn't have to 〜で表す。 (3)「あなたは彼がパーティーに来ると思いますか。」とたずねる文にする。「あなたは〜だと思いますか」なので，Do you think that 〜?とし，「彼がパー

ティーに来る」をあとに続ける。未来のことなので，he will come to the partyと表す。

英作文の採点ポイント

□単語のつづりが正しい。（3点）
□（　）内の指示に従って書けている。（2点）
□(1)willを使って正しい語順で書けている。
　(2)have toの否定文を正しく作れている。
　(3)Do you think thatのあとにwillを使った肯定文を正しく作れている。（3点）

## PROGRAM 3 〜 Word Web 2

**pp.32〜33**　　　　　ぴたトレ1

Words & Phrases　(1)ヒップホップ
(2)アメリカンドッグ　(3)綿あめ　(4)racket
(5)expensive　(6)present

1 (1)to eat　(2)wants to go fishing
(3)They want to visit Australia.

2 (1)like to walk　(2)To study English is
(3)want to eat[have]　(4)is to work

3 (1)Tom started to live in Japan (last year.)
(2)We don't need to go shopping (today.)
(3)There are so many people here(.)

考え方 1「〜したがっている」＝〈want to＋動詞の原形〉
2 (1)「〜するのが好き」＝「〜することが好き」 (2)「〜すること」は不定詞〈to＋動詞の原形〉で表せる。不定詞は3人称・単数扱いをする。 (3)「〜したい」＝〈want to＋動詞の原形〉 (4)「〜すること」は不定詞〈to＋動詞の原形〉で表せる。
3 (1)「住み始める」＝「住むことを始める」 (2)「〜する必要はない」＝「〜することを必要としていない」 (3)「…に〜がある[いる]」＝〈There is[are] 〜＋場所を表す語句.〉。「とても」を表すsoは形容詞manyの前に置く。

**pp.34〜35**　　　　　ぴたトレ1

Words & Phrases　(1)物売り
(2)めん類[ヌードル]　(3)小テスト
(4)(複数形で)(ダンスの)ステップ
(5)character　(6)lobster　(7)and so on
(8)instead of

1 (1)enjoyed reading
(2)enjoyed making a pizza

(3)We enjoyed swimming in the sea.

2 (1)stopped running　(2)taking pictures
(3)finished cleaning
(4)Finding the restaurant was

3 (1)Do you practice writing *kanji* (every day?)
(2)(When) I was a child, I started playing the piano(.)
(3)What kind of music do you listen to(?)

考え方 1 「〜することを楽しみました」＝enjoyed 〜ing　(2)makeはeをとって-ingをつける。(3)swimはmを重ねて-ingをつける。

2 (1)「〜するの」＝「〜すること」。stopを過去形にするときは、pを重ねて-edをつける。runはnを重ねて-ingをつける。(2)「〜すること」は動名詞で表せる。(3)「〜し終える」＝finish 〜ing　(4)「〜するの」＝「〜すること」。動名詞は3人称・単数扱いをする。

3 (1)「〜する練習をする」＝practice 〜ing　(2)語群にカンマがあり、when 〜「〜のとき」が文の前半に置かれた文。「〜し始める」＝start 〜ing　(3)「どんな種類の〜」＝what kind of 〜、「〜を聞く」＝listen to 〜

pp.36〜37 ぴたトレ1

Words & Phrases　(1)つまようじ
(2)がんばって。(3)世界じゅうに[で]
(4)each　(5)look like　(6)Some, Others

1 (1)to do　(2)to help my mother
(3)I visited Osaka to see my old friend.

2 (1)to buy　(2)places to visit
(3)to make[cook] breakfast
(4)time to talk

3 (1)We went to the stadium to watch a soccer game(.)
(2)Let's buy something to drink at that shop(.)
(3)I think she wants to play tennis(.)

考え方 1 「〜するために」は〈to＋動詞の原形〉で表し、動作を表す語句のかたまりのあとに置く。

2 (1)「〜を買いに」＝「〜を買うために」
(2)visitの目的語がtoの前に出た形になっているので、visitのあとに目的語を置かないように注意。(3)「〜するために」＝〈to＋動詞の原形〉、「朝食」＝breakfast　(4)「〜する

時間」＝「〜するための時間」

3 (1)「〜を見に」＝「〜を見るために」　(2)「何か飲み物」＝「何か飲むためのもの」　(3)「〜だと思う」＝〈think (that＋)主語＋動詞〜〉、「〜したがっている」＝〈want to＋動詞の原形〉

pp.38〜39 ぴたトレ1

Words & Phrases　(1)塔[タワー]　(2)tall

1 (1)going to talk　(2)First, Second
(3)how about joining
(4)Thank you for listening

2 オ(→)イ(→)エ(→)カ(→)ア(→)ウ

3 (1)I'm going to talk about my treasure(.)
(2)Finally, you can see a lot of flowers(.)
(3)I think everyone can enjoy staying there(.)

考え方 1 (1)直前にbe動詞があることから、「〜についてお話しします」はbe going to 〜を使って表す。(2)「まず」＝first、「第2に」＝second　(3)「〜してはどうでしょうか。」＝how about 〜ing?　(4)「〜してくださって、ありがとうございます。」＝Thank you for 〜ing.

2 オ「私の夢についてお話しします。」→イ「それは理科の先生になることです。」→エ「それには理由が2つあります。」→カ「まず、私は理科が大好きなのです。」→ア「第2に、多くの子どもたちに理科に興味を持ってもらいたいと思っているのです。」→ウ「現在、私は夢のために理科をたくさん勉強しています。ありがとうございます。」

3 (1)「〜についてお話しします。」＝I'm going to talk about 〜.　(2)「最後に」＝finally、「〜することができる」＝〈can＋動詞の原形〉、「たくさんの」＝a lot of　(3)「私は〜と思っています。」＝I think (that) 〜.。think (that)のあとには〈主語＋(助)動詞〜〉という文の形が来る。

pp.40〜41 ぴたトレ1

Words & Phrases　(1)〜の間で[に]／〜の中で[に]
(2)場所[地点]　(3)すぐ近くで[に]
(4)tourist　(5)cookie　(6)seafood

1 (1)place to visit　(2)How, like
(3)Thank you for helping

2 (1)place to visit
(2)First, Second, Third[Lastly, Finally]

(3)How, like

**3** (1)Our plan is to stay in Kyoto(.)

(2)Kyoto is a wonderful place to visit(.)

(3)We hope you will like our plan(.)

考え方 **1** (1)「～するのによい場所」は形容詞的用法の不定詞を使って表す。〈名詞＋to＋動詞の原形〉の語順。 (2)空所を含む文の形から、「～はどうですか。」はHow do you like ～?で表す。 (3)「～してくださって、ありがとうございます。」= Thank you for ～ing.

**2** (1)タクヤはメモで沖縄を「訪れるのによい場所」として挙げているので、「私は、沖縄は訪れるのによい場所だと思います。」という意味の文になるように、形容詞的用法の不定詞を使って表す。 (2)メモの内容から、それぞれの空所のあとに続く内容はタクヤが沖縄を選んだ理由にあたるとわかる。3つの理由を1つずつ順番に述べているので、first「まず」、second「第2に」、third「第3に」をそれぞれに入れればよいとわかる。 (3)メモの残りの内容である終わりのこと「私の計画はどうですか。」にあたる英文を完成させる。空所を含む文の形から、How do you like ～?の文にする。

**3** (1)「～すること」=〈to＋動詞の原形〉 (2)「～するべき…」=〈名詞＋to＋動詞の原形〉 (3)「(主語)が～することを望む」=〈hope (that)＋主語＋動詞～〉

---

**pp.42～43** **ぴたトレ2**

**①** (1)イ (2)エ (3)ウ

**②** (1)stopped walking (2)to buy

(3)start to practice (4)time to go

**③** (1)I have nothing to do now(.)

(2)What do you want to do in Okinawa(?)

(3)I think that speaking Japanese is difficult(.)

**④** (1)We came here to play tennis.

(2)He finished cleaning his room.

**⑤** (1)want to

(2)I want to have something sweet(.)

(3)how about

(4)It's from the U.S.

**⑥** (1)They look shy.

(2)Because they don't want to drift apart when they are sleeping.

---

考え方 **①** (1)〈名詞＋to＋動詞の原形〉「～する(ための／べき)…」 (2)to see ～「～に会うために」でvisitedの目的を表す。 (3)enjoyは不定詞ではなく、動名詞を目的語にとる。

**②** (1)「～するのをやめる」= stop ～ing。stopの過去形はpを重ねて-edをつける。 (2)「～を買いに」=「～を買うために」= to buy ～ (3)「～の練習を始める」=「～を練習することを始める」。空所の数から「～することを始める」は〈start to＋動詞の原形〉で表す。 (4)〈名詞＋to＋動詞の原形〉「～する(べき)…」、「寝る」= go to bed

**③** (1)nothingがあるので、「何もすることがない」は、形容詞的用法の不定詞を使ってhave nothing to doと表す。nowはふつう文末に置く。 (2)「何を」とたずねるのでwhatで文を始め、疑問文の語順を続ける。「～したい」=〈want to＋動詞の原形〉。in Okinawaはふつう文末に置く。 (3)「～と思う」= think that ～、「～を話すの」=「～を話すこと」= speaking ～

**④** (1)「テニスをしに」=「テニスをするために」= to play tennis (2)「掃除し終えた」=「掃除することを終えた」= finished cleaning

**⑤** (1)〈want to＋動詞の原形〉「～したい」 (2)「～したい」=〈want to＋動詞の原形〉、「何か～なもの」=〈something＋形容詞〉 (3)「～はどうですか。」= How about ～? (4)直前のダニエルの発言参照。

**⑥** (1)2・3文目参照。彼らは内気そうに見えるとある。 (2)4・5文目参照。彼らは眠っているときに離れ離れになりたくないとある。

---

**pp.44～45** **ぴたトレ3**

**①** (1)○ (2)× (3)×

**②** (1)イ (2)イ (3)ア

**③** (1)Reading books is (2)finished writing

(3)turned, to start (4)to run

**④** (1)to do (2)To

(3)want to be[become] (4)playing

**⑤** (1)eating outside on sunny days

(2)(Australia) is an exciting country to visit(.)

(3)1. To learn about the history of Australia.

2. She wants to take some pictures of koalas.

**⑥** (1)I bought some eggs to make a cake.

(2)What did you enjoy doing yesterday?

(3)There are many books to read in the[a] library.

考え方

**❶**(1)「ラケット」「役者」

(2)「つまようじ」「takeの過去形」

(3)「それぞれの」「その代わりに」

**❷**(1)2つ目の音節を強く読む。「～の間で[に]」

(2)2つ目の音節を強く読む。「高価な[高い]」

(3)1つ目の音節を強く読む。「登場人物」

**❸**(1)主語は「本を読むこと」で，空所の数より，動名詞を使ってreading booksとする。動名詞は3人称単数扱いなので，be動詞はisを使う。 (2)「書き終えました」なので，〈finish＋動名詞〉を過去形にして〈finished＋動名詞〉とする。 (3)「～を消す」はturn off～で表し，過去形にする。「～を始めるために」は副詞的用法の不定詞を使ってto start～とする。 (4)「公園で走ること」が文の補語になっている。空所の数より，「走ること」は名詞的用法の不定詞を使って，to runとする。

**❹**(1)「あなたは今日，ひまですか。」「いいえ。私にはするべきことがたくさんあります。」形容詞的用法の不定詞を使う。 (2)Why ～?と理由をたずねられている。「～するためです。」は，副詞的用法の不定詞で文を始めて，To ～.と答える。 (3)「あなたの夢は何ですか。」「私は英語の先生になりたいです。」「～になりたい」はwant to be[become]～を使う。 (4)「あなたはピアノをよくひきますか。」「はい。私はピアノをひくことが好きです。」

**❺**(1)下線部①を含む文は「私もそれをやってみたいです。」という意味。直前の文に「オーストラリアの多くの人々は晴れた日に外で食べるのを楽しむ。」とある。 (2)主語のAustraliaとan exciting countryがイコールの関係になるように動詞isを置く。「訪れるべき」to visitがcountryを修飾する形になるようにあとに続ける。 (3)1.「ナオコはなぜウルルの古い絵を見たいのですか。」という問い。4～5行目参照。to learn about the history of Australiaは副詞的用法の不定詞で理由を表している。 2.「ナオコは森で何をしたいですか。」という問い。9～10行目参照。

全訳

こんにちは，みなさん。私はナオコです。私は自分の夢の旅について話します。私はオーストラ

リアに行きたいです。理由は3つあります。

1つ目は，ウルルに行きたいからです。ウルルは大きな岩の名前です。それはとても大きいので，山のように見えます。私はオーストラリアの歴史について学ぶためにウルルの古い絵を見たいです。

2つ目は，公園でバーベキューをしたいからです。多くの公園にたくさんのバーベキューをする場所があります。オーストラリアの多くの人々は晴れた日に外で食べるのを楽しみます。私もそれがしてみたいです。

最後に，私は森に行ってみたいからです。オーストラリアではたくさんのコアラが自然の中にすんでいます。私はそこでそれらの写真を撮りたいです。

オーストラリアは訪れるべきわくわくする国です。私はいつかそこに行けたらいいなと思います。

**⑥**(1)「私はケーキを作るために，卵をいくつか買いました。」という意味の文にする。「私は卵をいくつか買いました」をbuyの過去形boughtを使って表し，その理由となるto make a cakeをあとに続ける。 (2)「あなたは昨日，何をして楽しみましたか。」という意味の疑問文にする。「何」を表すwhatを文頭に置き，疑問文の語順を続ける。「～して楽しむ」はenjoy doingで表す。 (3)There is[are] ～.の文にする。「本がたくさんある」はThere are many booksで表し，「読むべき」が「本」を修飾するように，to readをbooksの直後に置く。「図書館に」はin the[a] libraryで表し，文末に置く。

**pp.46～47** ぴたトレ1

Words & Phrases (1)叫ぶ (2)衣服[着物]

(3)たぶん[十中八九] (4)病気の (5)地面

(6)decide (7)door (8)ran (9)die

(10)someone

**1** (1)was sitting (2)They were wearing

(3)I was taking a bath.

**2** (1)were running (2)to do

(3)is drawing (4)want[hope] to join

**3** (1)She is reading a lot of books these (days.)

(2)We decided to stay in Okinawa(.)

(3)He went to a supermarket to buy some food(.)

考え方 **1** 「…は～していました。」＝〈主語＋was[were]＋動詞の-ing形～.〉 (1)sitはtを重ねて-ingをつける。 (3)takeはeをとって-ingをつける。

**2** (1)「～していました」＝〈was[were]＋動詞の-ing形〉。run「走る」はnを重ねて-ingをつける。 (2)「～するために」という目的は〈to＋動詞の原形〉で表す。 (3)「(近ごろ)～しています」という一時的に継続している動作は現在進行形〈am[are, is]＋動詞の-ing形〉で表せる。 (4)「～したがっている」＝〈want[hope] to＋動詞の原形〉

**3** (1)「(このごろ)～しています」という一時的に継続している動作は現在進行形〈am[are, is]＋動詞の-ing形〉で表せる。 (2)「～することにした」＝「～することを決めた」＝〈decided to＋動詞の原形〉 (3)「～を買いに」は「～を買うために」と考え、目的を表す副詞的用法の不定詞〈to＋動詞の原形〉で表す。

**pp.48～49　ぴたトレ1**

**Words & Phrases** (1)奇妙な (2)列[行列]

(3)外へ[に] (4)歯 (5)このごろ[近ごろ]

(6)ある日 (7)brought

(8)thought (9)steal (10)neighbor

(11)happen (12)I'm sorry

**1** (1)イ (2)ア (3)イ (4)イ

**2** (1)When I visited Hokkaido

(2)if you come to my house

(3)Kenta was watching birds when

**3** (1)If you have the picture, show it to me(.)

(2)When I called you, what were you doing(?)

(3)Let's go shopping together if you are not busy(.)

考え方 **1** (1)「～のとき」＝〈when＋主語＋動詞～〉 (2)「もし～ならば」＝〈if＋主語＋動詞～〉 (3)(4)〈if[when] ～〉の部分で未来のことを述べるときは、現在形を使う。

**2** (1)「私は北海道を訪れました。私はそのとき、スキーを楽しみました。」→「北海道を訪れたとき、私はスキーを楽しみました。」 (2)「私の家に来てください。新しいテレビゲームをすることができますよ。」→「もし私の家に来れば、新しいテレビゲームをすることができますよ。」 (3)「私はケンタを見かけました。彼はそのとき、鳥を見ていました。」→「私がケンタを見かけたとき、彼は鳥を見ていました。」

**3** (1)「もし～したら」は〈if＋主語＋動詞～〉で表し、カンマがあるので文の前半に置く。「～を…に見せる」＝show ～ to … (2)「～のとき」は〈when＋主語＋動詞～〉で表し、カンマがあるので文の前半に置く。「何をしていましたか」なので、文の後半はwhatで始め、過去進行形の疑問文の語順〈was[were]＋主語＋動詞の-ing形～?〉を続ける。 (3)「(もし)～でなければ」なので、ifのあとを否定文の形にする。カンマがないので、〈if～〉は文の後半に置く。「～しましょう」＝〈let's＋動詞の原形～〉

**pp.50～51　ぴたトレ2**

**1** (1)ウ (2)エ (3)ア

**2** (1)to meet[see] (2)started to see[watch] (3)was sitting, when

**3** (1)She was drawing a picture of flowers(.)

(2)I want to play tennis with Tom(.)

(3)Let's go to eat *sushi* if you like it(.)

**4** (1)Hiroki was taking pictures at that time.

(2)When you called me, I was watching TV.

**5** (1)食べたがっていたウナギ、盗んだ

(2)finds, his door

(3)If you don't believe me (4)But (5)fell

(6)1. Gon did 2. play a trick

(7)ア× イ×

考え方 **1** (1)ウを「～を買うために」という意味の不定詞として使い、動詞went (to a bookstore)の目的を表す形にする。 (2)「ポールはどこにいたのですか。」に対する応答。「彼は自分の部屋で勉強していました。」という過去進行形の文にすると適切。 (3)ifのあとで未来のことを述べる場合は、現在形を使う。

② (1)「〜するために」＝〈to＋動詞の原形〉　(2)「見始めました」＝「見ることを始めました」＝〈started to＋動詞の原形〉。空所の数から，動名詞を使うのは不適切。　(3)「すわっていました」は過去進行形で表す。sit「すわる」の-ing形は，tを重ねてから-ingをつける。「〜のとき」＝〈when＋主語＋動詞〜〉

③ (1)「〜していました」＝〈was[were]＋動詞の-ing形〉　(2)「〜したい」＝〈want to＋動詞の原形〉　(3)「もし〜ならば」は〈if＋主語＋動詞〜〉で表し，カンマがないので文の後半に置く。「〜しに行きましょう」＝「〜するために行きましょう」＝〈let's go to＋動詞の原形〉

④ (1)過去進行形＝〈was[were]＋動詞の-ing形〉。主語が3人称・単数なのでbe動詞はwasを使い，動詞takeは-ing形のtakingにする。　(2)「あなたは私に電話をかけました。私はそのときテレビを見ていました。」→「あなたが電話をくれたとき，私はテレビを見ていました。」whenを文頭に置くときはカンマが必要。

⑤ (1)直前の2文参照。stoleはsteal「盗む」の過去形。　(2)直後の文参照。Hyojuが主語なので，his doorとなることに注意する。　(3)「もし〜ならば」＝〈if＋主語＋動詞〜〉，「信じる」＝believe　(4)（　）の前後の内容参照。（　）の前の段階では，兵十はごんがクリを持ってきていることに気づいていない。一方，（　）のあとには，クリを持ってきたごんを目撃したことが述べられている。これらは相反する内容と言えるので，But「しかし」を入れるのが適切。　(5)物語は過去形を使って書かれているので，過去形にする。fallの過去形はfellと不規則に変化させる。　(6)1.「兵十の家の扉のところにクリを置いていったのはだれですか。」—「ごんです。」第2段落参照。疑問詞が主語の一般動詞の過去の疑問文に答えるときは，〈主語＋did.〉で答える。　2.「なぜ兵十はごんを撃ったのですか。」—「なぜなら彼はごんがもう一度いたずらをするつもりだと思ったからです。」第3段落参照。　(7)ア第3段落参照。ごんを見たのは兵十の隣人ではなく兵十本人。　イ第3〜4段落参照。兵十がクリに気づいたのはごんを撃ったあと。

Words & Phrases　(1)安価な[安い]　(2)ぬれている
(3)厚い　(4)乾燥した[かわいた]

(5)dirty　(6)empty　(7)heavy　(8)wide
(9)thin

1 (1)empty　(2)are dirty
(3)This wall is thin.

2 (1)expensive　(2)heavy box
(3)thick, light　(4)road, wide

3 (1)You have the wrong idea about him(.)
(2)Could you bring a clean towel to me(?)
(3)The temperature will be very high (tomorrow.)

考え方 1 (1)箱に何も入っていないので，empty「からの」を使う。　(2)車は汚れているので，dirty「汚れた，汚い」を使う。　(3)壁の向こうの音が聞こえているので，thin「薄い」を使う。

2 (1)「高価な，高い」＝expensive　(2)「重い箱」は，box「箱」をheavy「重い」で前から直接修飾する形で表す。　(3)「厚い」＝thick，「軽い」＝light。rightと間違えないように注意する。　(4)「道路」＝road，「広い」＝wide

3 (1)「誤解している」＝「誤った考えを持っている」　(2)「〜していただけませんか。」＝Could you 〜?，「（もの）を（人）に持ってくる」＝〈bring＋もの＋to＋人〉，「清潔なタオル」＝a clean towel　(3)「気温」＝temperature，「〜でしょう」＝〈will＋動詞の原形〉。「（温度が）高い」はhighで表せる。

## PROGRAM 4 〜 Word Web 3

pp.54〜55　ぴたトレ1

Words & Phrases　(1)会社　(2)葉　(3)Mt.　(4)effect

1 (1)nicer than　(2)is bigger than that one
(3)This movie is more exciting than that one.

2 (1)easier than　(2)runs faster than
(3)more interesting than
(4)speaks, better than

3 (1)Australia is larger than Japan(.)
(2)I like tennis better than soccer(.)
(3)Tell me about the festival(.)

考え方 1 いずれも〈This ... is＋比較級＋than that one.〉という形の文にする。　(1)niceは-rのみをつけて比較級にする。　(2)bigはgを重ねてから-erをつけて比較級にする。　(3)excitingは前にmoreを置いて比較級にする。

2 (1)「〜よりも簡単」= easier than 〜 (2)「〜よりも速く」= faster than 〜 (3)「〜よりもおもしろい」= more interesting than 〜 (4)「〜よりも上手に」= better than 〜

3 (1)「〜よりも広い」= larger than 〜 (2)「…より〜のほうが好き」= like 〜 better than … (3)「私に〜について教えてください。」= Tell me about 〜.

**pp.56〜57　ぴたトレ1**

Words & Phrases　(1)解決する[解く] (2)〜なしで (3)give (4)because of

1 (1)the youngest
(2)the heaviest of the three
(3)This cup is the most expensive of the three.

2 (1)easiest of (2)the earliest in
(3)the most interesting of (4)the best in

3 (1)This is the oldest temple in Japan(.)
(2)I like soccer the best of all the sports(.)
(3)This book is helpful to learn English(.)

考え方
1 (1)youngは-estをつけて最上級にする。 (2)heavyはyをiにかえてから-estをつけて最上級にする。 (3)expensiveは前にmostをつけて最上級にする。

2 いずれも〈the＋最上級＋of[in]〜〉を使った文にする。 (1)easyはyをiにかえてから-estをつけて最上級にする。「〜〔仲間・同類〕のうちで」= of 〜 (2)earlyはyをiにかえてから-estをつけて最上級にする。「（私の）家族の中で」= in my family (3)interestingは前にmostを置いて最上級にする。「すべての〜のうちで」= of all the 〜 (4)wellの最上級はbest。「私のクラスで」= in my class

3 (1)「もっとも古い〜」= the oldest 〜,「日本で」= in Japan (2)「〜がもっとも好きです」= like 〜 the best,「すべての〜のうちで」= of all the 〜 (3)「〜するのに」= 副詞的用法の不定詞〈to＋動詞の原形〉

**pp.58〜59　ぴたトレ1**

Words & Phrases　(1)生物 (2)農業 (3)救助
(4)可能性 (5)〜することができる (6)plant

(7)space (8)centimeter (9)carry (10)search

1 (1)as cool as (2)as beautiful as that one
(3)This cake is as cute as that one.

2 (1)as fast as (2)wasn't as famous as
(3)as popular as (4)doesn't, as well as

3 (1)Shota is as active as Masaki(.)
(2)My house is not as large as yours(.)
(3)(I) want to play the piano well like Hikari(.)

考え方
1 いずれも〈This ... is as＋形容詞の原級＋as that one.〉という形の文にする。
2 (1)「〜と同じくらい速く」= as fast as 〜 (2)「〜ほど有名ではない」= not as famous as 〜。空所の数からwas notはwasn'tと短縮する。 (3)「〜と同じくらいの人気がある」= as popular as 〜 (4)「〜ほど上手には…しません」= do[does] not ... as well as 〜。主語と空所の数から，最初の空所にはdoesn'tを入れる。
3 (1)「〜と同じくらい活発」= as active as 〜 (2)「〜ほど広くない」= not as large as 〜 (3)「〜したい」= want to 〜,「〜のように」= like 〜

**pp.60〜61　ぴたトレ1**

Words & Phrases　(1)ハーモニカ
(2)シロフォン[木琴] (3)たいこ[ドラム]
(4)harp (5)contrabass (6)saxophone

1 (1)play the (2)play the flute
(3)Hiro wants to play the harmonica.

2 (1)Which do, want (2)play the drums
(3)play the saxophone
(4)want to play the xylophone

3 (1)Which do you want to play(?)
(2)I want to play the trumpet(.)
(3)Which do you want to play, the contrabass or the harp(?)

考え方
1 「〜したい」=〈want to＋動詞の原形〉,「〜（楽器）を演奏する」=〈play the＋楽器名〉
2 (1)「どれを〜ですか。」=〈Which＋疑問文の語順〉 (2)〜(4)「〜したい」=〈want to＋動詞の原形〉,「〜（楽器）を演奏する」=〈play the＋楽器名〉
3 (1)「どれを〜ですか。」=〈Which＋疑問文の

語順〉 (2)「～したい」＝〈want to＋動詞の原形〉，「～（楽器）を演奏する」＝〈play the＋楽器名〉 (3)「どちらを～ですか。」＝〈Which＋疑問文の語順〉。「コントラバスとハープでは」は選択肢なので，〈, A or B〉の形で表して文末に置く。

ともな…」＝〈the＋形容詞の最上級＋名詞の形。fast「（速度が）速い」の最上級はfastest。 (3)直前のジャックの発言参照。

---

**pp.62～63** ぴたトレ2

❶ (1)イ (2)ウ (3)イ

❷ (1)taller than (2)the easiest of
(3)as interesting as (4)better than

❸ (1)This picture is better than that one(.)
(2)Who is the most popular singer in Japan(?)
(3)My bag is not as heavy as hers(.)

❹ (1)Time is more important than money.
(2)I like this bird the best.

❺ (1)gave, to (2)fastest
(3)トンネルに入る，大きな騒音をつくり出す（つくる）

❻ (1)He was surprised to see that soccer is more popular than baseball.
(2)Tennis is.

考え方
❶(1)thanがあるので比較級を使った文にする。
(2)直前にthe，文末に場所を表すin this storeがあるので，最上級を使った文にする。
(3)あとのthese four players「これらの4人の選手」は仲間・同類を表す語句なので，ofが適切。

❷(1)「～よりも…」＝〈比較級＋than ～〉。「背が高い」はtallで表す。 (2)「～のうちでもっとも…」＝〈the＋最上級＋in[of] ～〉，「すべてのうちで」＝of all (3)「～と同じくらい…」＝as ... as ～ (4)「～よりも…のほうが好きだ」＝like ... better than ～

❸(1)「～よりも…」＝〈比較級＋than ～〉 (2)「もっとも～な…」＝〈the＋形容詞の最上級＋名詞〉，「日本で」＝in Japan (3)「～ほど…ない」はas ... as ～を否定文を使って表す。

❹(1)「～よりも…」＝〈比較級＋than ～〉。important「重要な」の比較級は，前にmoreを置いて作る。 (2)「～がもっとも好き」＝like ～ the best

❺(1)「（人）に（もの）を与える」＝〈give＋もの＋to＋人〉。giveの過去形はgave。 (2)「もっ

❻(1)「ソラが男子の間で人気のあるスポーツを知ったとき，どう感じましたか。」ソラの発言の2文目参照。ソラはサッカーが野球より人気があることに驚いたとある。 (2)「女子の間でいちばん人気のあるスポーツは何ですか。」アオイの発言の1文目参照。テニスがいちばん人気があるとある。

---

**pp.64～65** ぴたトレ3

❶ (1)× (2)× (3)○

❷ (1)ア (2)イ (3)ア

❸ (1)I like blue better than red(.)
(2)This bag is not as useful as that bag(.)
(3)(I) think Emi is the tallest student in this class(.)
(4)Which is more difficult to you, English or math(?)

❹ (1)shorter than mine (2)doesn't, as
(3)most popular of

❺ (1)busiest
(2)日本，いちばんおもしろい
(3)of (4)1.○ 2.×

❻ (1)Which season do you like the best?
(2)Time is as important as money.
(3)You have a better idea than Kenji.

考え方
❶(1)「～なしで」「健康」
(2)「農業」「giveの過去形」
(3)「可能性」「入る」

❷(1)1つ目の音節を強く読む。「虹」
(2)2つ目の音節を強く読む。「効果」
(3)1つ目の音節を強く読む。「生物」

❸(1)「AよりBが好き」はlike B better than Aで表す。 (2)「AはBほど～ない」は，A is not as ～ as Bで表す。 (3)「いちばん背の高い生徒」はthe tallest studentで表す。「このクラスで」はin this classで表し，文末に置く。 (4)「AとBのどちら」という疑問文はWhich ～, A or B?で表す。「難しい」の比較級はmore difficultで表す。

❹(1)「私の鉛筆はあなたのものより長いです。」を「あなたの鉛筆は私のものより短いです。」

14 英語

と言いかえる。 (2)「ジョンはショウタよりも速く走ります。」を「ショウタはジョンほど速く走りません。」と言いかえる。 (3)「私のクラスでは，テニスはラグビーより人気がありますが，テニスはサッカーほど人気がありません。」を「私のクラスでは，サッカーが３つの中でいちばん人気があります。」と言いかえる。「３つの中で」と，範囲を数で表すときはofを使う。

⑤(1)直前にtheがあり，文末にin Japanと範囲を表す語句があるので，最上級の形に変える。 (2)下線部②を含む文は「あなたはなぜそう思うのですか。」という意味。直前の文参照。サキが「それは日本でいちばんおもしろい場所だと思います。」と言っている。「それ」は東京を指している。 (3)最上級の文。あとにallがあるので，「すべての中で」という意味のof allとする。 (4)1.「今日，日本はニュージーランドより暑いです。」という意味。2〜4行目参照。 2.「ニュージーランドは日本よりも広いです。」という意味。6行目のmy countryは日本を，yoursはニュージーランドを指している。

全訳
サキ：こんにちは，私はサキです。私は日本の学生です。
リリー：こんにちは，サキ。私はニュージーランドのリリーです。気温は15度です。こちらは今日，少し寒いですが，風は強くありません。日本はどうですか。
サキ：今，気温は28度です。こちらは暑いです。
リリー：そうなんですね。日本とニュージーランドは小さい国ですよね。
サキ：そのとおりです。どちらも小さいですが，私の国はあなたの国よりも大きいです。
リリー：まあ，そうなんですか。知りませんでした。あなたは日本のどこに住んでいますか。
サキ：私は東京に住んでいます。それは日本でいちばん忙しい都市です。私は，東京は日本でいちばんおもしろい場所だと思います。
リリー：なぜそう思うのですか。
サキ：東京では買い物や食べ物，芸術などたくさんのことを楽しむことができるか

らです。私はすべての中で買い物がいちばん好きです。
リリー：そうですか。私は東京を訪れたいです。
⑥(1)「あなたはどの季節がいちばん好きですか。」という意味の疑問文にする。「どの季節」という意味のwhich seasonを文頭に置いて，do you like 〜?の疑問文の語順をあとに続ける。 (2)「同じくらい大切」はA is as 〜 as Bの表現を使う。timeやmoneyのような抽象的なものを表す名詞には冠詞(aやtheなど)をつけない。 (3)「あなたはケンジよりよい考えを持っています。」という意味の文にする。「(より)よい」はgoodの比較級betterで表す。

| 英作文の採点ポイント |
| --- |
| □単語のつづりが正しい。（３点） |
| □（　）内の指示に従って書けている。（２点） |
| □(1)like 〜 the bestの文を正しく作れている。 |
| 　(2)〈as＋形容詞＋as 〜〉を使って正しい語順で書けている。 |
| 　(3)比較級の文を正しく作れている。（３点） |

**pp.66〜67　ぴたトレ1**

Words & Phrases (1)たな (2)扱う
(3)〜が得意である (4)goods (5)blame
(6)by mistake

1 (1)イ (2)イ (3)ア (4)ア
2 (1)how to (2)how to make
(3)Ms. Honda knows how to draw pictures well.
3 (1)I didn't know how to use the camera(.)
(2)They all love playing sports(.)
(3)No one could find the answer(.)

考え方 1(1)「何を〜したらよいか」＝〈what to＋動詞の原形〉 (2)「どこで〜したらよいか」＝〈where to＋動詞の原形〉 (3)「いつ〜したらよいか」＝〈when to＋動詞の原形〉 (4)「〜の仕方」＝〈how to＋動詞の原形〉
2「〜の仕方を知っている」＝〈know how to＋動詞の原形〜〉
3(1)「〜の仕方」＝〈how to＋動詞の原形〉 (2)主語について「みんな」と全員であることを強調するときは，主語の直後にallを置く。「〜することが大好きである」＝love 〜ing (3)「だれも〜ない」は肯定文の主語にno oneを

使うことで表せる。

Words & Phrases (1)さびしい　(2)〜する間に
(3)待合室　(4)(競争などで)〜位になる
(5)remember　(6)listener　(7)meter
(8)take action

1 (1)イ　(2)ア　(3)イ　(4)イ

2 (1)looks　(2)looks sleepy
(3)Kate looks friendly.

3 (1)The boy looked very hungry(.)
(2)Jim became a great doctor(.)
(3)My brother was by me while I was cooking dinner(.)

考え方
1 (1)「〜に見える」＝〈look＋形容詞〉　(2)「〜になる」＝〈become＋名詞[形容詞]〉　(3)「疲れました」は「疲れている状態になりました」と考える。　(4)「〜になる」＝〈become＋名詞[形容詞]〉。becameはbecomeの過去形。
2 「〜に見える」＝〈look＋形容詞〉
3 (1)「おなかがすいているようでした」は「おなかがすいているように見えました」と考える。
(2)「〜になる」＝〈become＋名詞[形容詞]〉
(3)「〜している間」＝〈while＋主語＋be動詞＋動詞の-ing形〜〉。while 〜はwhen[if]〜と同じように扱う。語群にカンマがないので，while 〜は文の後半に置く。

Words & Phrases (1)ひとりで　(2)うれしい
(3)息子　(4)重要性[大切さ]　(5)story
(6)lend　(7)daughter　(8)find out

1 (1)イ　(2)イ　(3)ア　(4)イ

2 (1)showed me　(2)cooked me an omelet
(3)My mother bought me a cap.

3 (1)Could you tell us your idea(?)
(2)My grandfather sends me a lot of vegetables (every month.)
(3)We should learn the importance of working(.)

考え方
1 (1)「私に〜をくれた」＝「私に〜を与えた」　(2)make「作る」は自分一人で完了する動作なので，forが適切。　(3)〈動詞＋人＋もの〉の〈人〉に代名詞が来る場合は「〜を[に]」の形にする。
2 「私に(もの)を〜してくれた」＝〈動詞の過去

形＋me＋もの〉　(3)buyの過去形はbought。
3 (1)「〜していただけませんか。」＝Could you 〜?，「(人)に(もの)を教える」＝〈tell＋人＋もの〉　(2)「(人)に(もの)を送る」＝〈send＋人＋もの〉　(3)「〜すべきだ」＝〈should＋動詞の原形〉，「〜することの大切さ」＝the importance of 〜ing

Words & Phrases (1)準備[用意]ができた
(2)ほかに[の]
(3)〜する準備[用意]ができている
(4)〜はいかがですか。　(5)recommend
(6)order　(7)Good afternoon

1 (1)like to have　(2)I'd like to have
(3)I'd like to have a soda.

2 (1)Are, ready to order
(2)I'd like to have
(3)What, recommend
(4)Anything else, That's all

3 (1)Would you like something to drink(?)
(2)I would like to have a tomato juice(.)
(3)How would you like your egg(?)

考え方
1 「〜をいただきたいです。」＝I'd like to have 〜.
2 (1)「ご注文はお決まりですか。」＝Are you ready to order?　(2)「〜をいただきたいです。」＝I'd like to have 〜.　(3)「お勧めは何ですか。」＝What do you recommend?　(4)「ほかにご注文はございますか。」＝Anything else?，「今はそれですべてです。」＝That's all for now.
3 (1)「〜はいかがですか。」＝Would you like 〜?。「お飲み物」は「飲むための何か」と考え，不定詞を使ってsomething to drinkと表す。
(2)「〜をいただきたいです。」＝I'd[I would] like to have 〜.　(3)「〜(の調理方法・焼き加減など)はどのようにいたしましょうか。」＝How would you like your 〜?

① (1)イ　(2)イ　(3)エ

② (1)looks busy　(2)where to go
(3)became a famous dancer

③ (1)Are you ready to order(?)
(2)My brother gave me a new guitar(.)

(3)Could you show me how to play chess(?)

④ (1)I don't know what to do.

(2)I bought a new cap for him.

⑤ (1)(f)ound (o)ut

(2)彼女はとても幸せそうに見えました

(3)the importance of working for others

(4)イ

⑥ (1)He gives a part of his face to them[He gives them a part of his face].

(2)He[It] is Baikinman.

考え方

❶(1)when to leave home「いつ家を出発するか[したらよいか]とすれば意味が通る。 (2)選択肢の中で，直後に形容詞のみを置けるのはlooksのみ。 (3)「(人)に(もの)を話す[教える]」は〈tell＋人＋もの〉または〈tell＋もの＋to＋人〉で表す。

❷(1)「忙しそうに見える」＝look busy (2)「どこに〜するか」＝〈where to＋動詞の原形〉 (3)「〜になりました」＝became〜

❸(1)「ご注文はお決まりですか。」＝Are you ready to order? (2)「(人)に(もの)を与える」＝〈give＋人＋もの〉。 (3)「(人)に(もの)を見せる」を〈show＋人＋もの〉で表し，この〈もの〉の部分に「〜の仕方」を表す〈how to＋動詞の原形〉の形を入れた文。

❹(1)「私は何をすべきか[したらよいか]わかりません。」という文にする。 (2)〈buy＋人＋もの〉＝〈buy＋もの＋for＋人〉

❺(1)「〜と気づく」＝find out〜。過去の文なのでfindは過去形foundにする。 (2)〈look＋形容詞〉「〜に見える」 (3)最終文参照。〈taught＋人＋もの〉「(人)に(もの)を教えた」。(4)ア本文1行目の1文目参照。「ひとりで」を表すaloneに着目する。 イ本文2行目の1文目によると，お年寄りの女性が感謝していることが述べられており，正しい内容。 ウ最終文参照。「この職業体験は私に〜を教えてくれました」＝「私はこの職業体験で〜を学びました」と考える。

❻(1)アオイの最初の発言の3文目参照。自分の顔の一部を彼ら（＝おなかをすかせている人々）に与えるとある。 (2)アオイの最後の発言参照。彼（＝バイキンマン）は，トラブルメーカーであり，アンパンマンのライバルであるとある。

❶ (1)× (2)○ (3)×

❷ (1)イ (2)イ (3)ア

❸ (1)teach me English (2)how to swim

(3)became[got] beautiful

(4)sends, to me

❹ (1)where to (2)for me

(3)became a member

❺ (1)a dance show

(2)Can you show me your dance performance (now?)

(3)1. cool 2. what, bring

(4)She wants to be a good dancer like Ken.

❻ (1)I will get busy this week.

(2)My mother bought me a new camera.

(3)He doesn't know when to speak to Mr. Tanaka.

考え方

❶(1)「メートル」「shelf(たな)の複数形」

(2)「teachの過去形」「歩く」

(3)「示す[見せる]」「どう，どのように」

❷(1)2つ目の音節を強く読む。「覚えている」

(2)2つ目の音節を強く読む。「間違い」

(3)1つ目の音節を強く読む。「チョコレート」

❸(1)空所の数より，「〜に…を教える」を〈teach＋人＋もの〉の語順で表す。 (2)「〜する方法」は，〈how to＋動詞の原形〉で表す。 (3)「〜(の状態)になる」はbecome[get]を使う。過去の文なので，became[got]とする。 (4)「送る」はsend。「(人)に(もの)を送る」は〈send＋人＋もの〉または〈send＋もの＋to＋人〉で表す。空所の数より，〈send＋もの＋to＋人〉とする。

❹(1)「私はどこで食べるべきですか。それがわかりません。」を「私はどこで食べるべきか[食べたらよいか]わかりません。」と言いかえる。 (2)「私の兄[弟]は昨日，私に昼食を作ってくれました。」という意味の文。〈make＋人＋もの〉は〈make＋もの＋for＋人〉と言いかえる。 (3)「〜になる」は〈become＋名詞〉で表す。過去の文なので，becomeを過去形にする。「〜の状態になる」ではないので，getは使えない。

❺(1)直前の文に「ダンスショーのことを考えています」とある。 (2)文末にクエスチョンマー

クがあることから，Can you ～で文を始め，動詞showを続ける。語群にtoがないので，〈show＋人＋もの〉の語順にする。 (3) 1.ベスの3つ目の発言の1文目参照。「ケンはダンスの演技中，かっこよく見えました。」という意味の文にする。 2.ベスの4つ目の発言の2文目参照。「ベスはダンススクールに何を持っていけばよいか知りたいです。」という意味の文にする。 (4)「ベスは何になりたいですか。」という問い。ベスの3つ目の発言の2文目参照。youはKenを指している。

**全訳**

ベス：あなたはわくわくしているように見えるわ，ケン。

ケン：ああ，ぼくはダンスショーのことを考えているよ。それは今度の土曜日にアオバ公園であるんだ。

ベス：そうなの？ 今，あなたのダンスの演技を見せてくれないかしら。

ケン：もちろん。

― ケンはベスのために踊ります。―

ベス：あなたはダンスをしていたとき，かっこよく見えたわ。私はあなたのような，いいダンサーになりたいな。

ケン：ぼくのダンススクールに来ることができるよ。駅の近くにあるんだ。今日，授業があるよ。

ベス：そこに行くと思うわ。そのとき，何を持っていけばいいかしら。

ケン：何か飲むものを持ってきて。

ベス：わかった。楽しい時間を過ごせるといいな。

⑥ (1)「～になるだろう」は未来のことなので，will get ～とする。「今週」はthis weekで表し，ふつう文末に置く。 (2)「私の母は私に新しいカメラを買ってくれた。」という文にする。「買ってくれた」はbuyの過去形boughtとする。「私に新しいカメラを」の部分は，語数の指示より〈人＋もの〉の語順となる。 (3)まず「彼はわからない」の部分He doesn't knowを作る。knowの目的語は「いつタナカ先生に話しかければよいか」なので，when to speak to Mr. Tanakaをあとに続ける。

# PROGRAM 6 ～ Word Web 4

**pp.78～79**　　　　　　　　ぴたトレ1

Words & Phrases (1)取り組む (2)政治の

(3)コマーシャル［広告放送］

(4)文房具［事務用品］

(5)（議論される重大な）問題 (6)kitchen

(7)sell (8)message

(9)through (10)all over the world

1 (1)イ (2)ア (3)イ (4)イ

2 (1)was washed

(2)These flowers were sold

(3)A beautiful bird was seen in the park.

3 (1)This bag was made in Japan(.)

(2)Are these characters loved around the world(?)

(3)Mike is interested in Japanese culture(.)

**考え方**

1 (1)「～され（てい）る」＝〈be動詞＋過去分詞〉 (2)受け身の疑問文は，be動詞を主語の前に出した〈be動詞＋主語＋過去分詞～?〉の語順になる。 (3)受け身の否定文は，be動詞のあとにnotを置いた〈主語＋be動詞＋not＋過去分詞～.〉の語順にする。 (4)疑問詞で始まる受け身の疑問文＝〈疑問詞＋受け身の疑問文の形〉

2 「～され（てい）ました」＝〈was[were]＋過去分詞〉 (1)washは規則動詞で，過去分詞形は-edをつけて作る。 (2)sellの過去分詞形はsold。 (3)seeの過去分詞形はseen。

3 (1)「～された」＝〈was[were]＋過去分詞〉。madeはmakeの過去形・過去分詞形。 (2)受け身の疑問文は，be動詞を主語の前に出した〈be動詞＋主語＋過去分詞～?〉の語順になる。「世界じゅうで」＝around the world (3)「～に興味がある」＝be interested in ～

**ぴたトレ1**

Words & Phrases (1)尊敬［敬意］

(2)祝う［祝福する］　(3)大いに［非常に］

(4)相互の　(5)公民権　(6)holiday

(7)paint　(8)fight　(9)influence　(10)set up

1 (1)by　(2)were written by

(3)My house was built by my grandfather.

2 (1)is visited by　(2)Is, used by her

(3)was made by　(4)aren't liked by them

3 (1)My cats were found by Mr. Wada(.)

(2)Was this picture painted by him(?)

(3)He showed me his treasure(.)

考え方 1 「〜によって…された」＝〈was[were]＋過去分詞＋by 〜〉　(2)writeの過去分詞形はwritten。　(3)buildの過去分詞形はbuilt。

2 (1)「〜によって…され（てい）る」＝〈be動詞＋過去分詞＋by 〜〉　(2)受け身の疑問文＝〈be動詞＋主語＋過去分詞＋by 〜?〉　(3)「〜によって…された」＝〈was[were]＋過去分詞＋by 〜〉。make「〜を作る」の過去分詞形はmade。　(4)受け身の否定文＝〈主語＋be動詞＋not＋過去分詞＋by 〜.〉

3 (1)「〜によって…された」＝〈was[were]＋過去分詞＋by 〜〉。foundはfindの過去形・過去分詞形。　(2)語群にbe動詞wasとbyがあることから、日本語を「この絵は彼によって描かれたのですか。」と読みかえて受け身の文で表す。　(3)「(人)に(もの)を見せる」＝〈show＋人＋もの〉

**ぴたトレ1**

Words & Phrases (1)ささげる　(2)刑務所

(3)大豆　(4)小麦粉　(5)賞　(6)president

(7)T-shirt　(8)wood　(9)cover

(10)millions of

1 (1)known to　(2)is known to　(3)These singers are known to young people.

2 (1)is known to　(2)are covered with trees

(3)was known to everybody[everyone]

(4)was covered with books

3 (1)The event is not known to many people(.)

(2)The treasure was covered with leaves(.)

(3)My favorite song was sung by the singer(.)

考え方 1 「〜に知られている」＝〈be動詞＋known to 〜〉

2 (1)「〜に知られている」＝〈be動詞＋known to 〜〉　(2)「〜でおおわれている」＝〈be動詞＋covered with 〜〉　(3)「〜に知られていた」＝was[were] known to 〜、「すべての人」＝everybody[everyone]　(4)「彼の机は本でいっぱいでした」＝「彼の机は(面が)本でおおわれていました」

3 (1)「〜には知られていない」＝〈be動詞＋not known to 〜〉　(2)「〜でおおわれていた」＝was[were] covered with 〜　(3)「〜によって…された」＝〈was[were]＋過去分詞＋by 〜〉。sungはsingの過去分詞形。

**ぴたトレ1**

Words & Phrases scientist

1 (1)did she　(2)are they　(3)will he

2 (1)Where　(2)Who　(3)Why　(4)Which

3 (1)How did you meet him(?)

(2)Is he known to many people in Japan(?)

(3)Tell me more about that man(.)

考え方 1 (1)一般動詞の過去の肯定文を受けるので、あいづちは〈(Oh,)did＋主語(代名詞)?〉となる。　(2)主語が複数であるbe動詞の現在の肯定文を受けるので、あいづちは〈(Oh,) are ＋主語(代名詞)?〉となる。　(3)助動詞willを使った肯定文を受けるので、あいづちは〈(Oh,) will＋主語(代名詞)?〉となる。

2 (1)Bが「市立図書館です。」と場所を答えていることに注目。　(2)Bが「彼は私の大好きな音楽家です。」と「彼」（＝サトウ ケンタ）についての情報を述べていることに注目。　(3)Bが「彼の声が美しいからです。」と理由を答えていることに注目。　(4)Bが「青いものです。」とAが提示した選択肢のうちの一方を答えていることに注目。

3 (1)「どのようにして〜したのですか。」と手段・方法をたずねるのでHowで文を始め、一般動詞の過去の疑問文の語順を続ける。　(2)「〜に知られている」＝be known to 〜　(3)「〜についてもっと教えてください。」＝Tell me more about 〜.

**ぴたトレ1**

(1)前向きな[肯定的な，楽観的な]

(2)失敗　(3)such　(4)afraid of

**1** (1)He was　(2)taught English

(3)mustn't worry

**2** (1)is, worked as　(2)hobbies such as

(3)should try

**3** (1)She is known as a wonderful singer(.)

(2)They were lucky to find the treasure(.)

(3)He likes animals such as tigers and lions(.)

考え方

**1** (1)「〜でした」なので，be動詞を使った過去の文。主語が「彼」Heなので，be動詞はwasが適切。　(2)「〜を教える」を意味するteachの過去形はtaught。　(3)主語Weがあるので，「〜してはいけません」は〈mustn't[must not]＋動詞の原形〉で表す。空所の数から短縮形を使う。

**2** (1)メモの3行目の内容から，「私の祖母は80歳です。彼女は数学教師として働いていました。」という意味の文にするとわかる。「〜として」＝as 〜　(2)メモの4行目の内容から，「彼女には，例えばギターの演奏や旅行などのたくさんの趣味があります。」という意味の文にするとわかる。「趣味」はhobbyで，複数形はhobbies。「例えば〜など」＝such as 〜　(3)メモの最後の行の内容から，「私は，何事もやってみるべきだと学びました。」という意味の文にするとわかる。「〜すべきだ」＝〈should＋動詞の原形〉，「やってみる」＝try

**3** (1)「〜として知られている」＝be known as 〜　(2)「〜できて幸運である」＝〈be lucky to＋動詞の原形〉　(3)「例えば〜など」はsuch as 〜。直前にある名詞の例を述べるときに使う表現。

**ぴたトレ2**

**1** (1)ウ　(2)ウ　(3)イ

**2** (1)are bought　(2)is visited by

(3)isn't used　(4)was covered with

**3** (1)This picture was painted by my uncle(.)

(2)When was this temple built(?)

(3)The coat is not sold in this store(.)

**4** (1)These rooms are used every day.

(2)This cake wasn't made by Risa.

**5** (1)written　(2)was used to set up

(3)He fought for civil rights

**6** (1)Because she fell in love with wild animals in Africa.

(2)Because ivory is sold at a high price.

考え方

**1** (1)(　)の直前にbe動詞isがあることから，現在進行形か受け身のどちらかだとわかる。ここでは主語がthe park「公園」なので，「掃除される」と受け身にするのが適切。　(2)be known to 〜「〜に知られている」　(3)findは「見つける」という意味の動詞。イを入れて「彼は森の中で見つかったのですか。」とすると意味が通る。

**2** (1)These flowersを主語として「買われます」と表すので，buy「買う」の過去分詞形boughtを使った受け身の文で表す。　(2)「訪ねられています」なので，visit「訪ねる」の過去分詞形visitedを使った受け身の文で表す。動作の行為者はby 〜で表す。　(3)「使われておりません」なので，use「使う」の過去分詞形usedを使った受け身の否定文で表す。　(4)「〜でおおわれている」＝be covered with 〜

**3** (1)「描かれました」なので，受け身の文の語順で作る。　(2)「いつ〜されたのですか」なのでwhenで文を始め，受け身の疑問文の形を続ける。builtはbuild「建てる」の過去形・過去分詞形。　(3)「売られていません」なので，受け身の否定文で表す。soldはsell「売る」の過去形・過去分詞形。

**4** (1)「使われています」なので，受け身の文で表す。「これらの部屋」＝these rooms。主語が複数になるので，be動詞はareを使う。「毎日」はevery dayで表し，文末に置く。　(2)「作られたのではありません」なので，make「作る」の過去分詞形madeを使った受け身の否定文で表す。「〜によって」＝by 〜

**5** (1)be動詞wasとby 〜という動作の行為者を表す表現があることから，受け身の疑問文にする。　(2)「使われました」なので，use「使う」の過去分詞形usedを使った受け身の文にする。「〜を創設するために」は目的を表す副詞的用法の不定詞を使って，to set up 〜と表す。　(3)直前の健の発言参照。

**6** (1)タキタ医師の最初の発言参照。アフリカの野生動物に恋をして，はじめはボランティア

として出発し，それから獣医のチームに参加したとある。 (2)タキタ医師の最後の発言参照。密猟者たちは象牙が高価格で売られることを知っているとある。

pp.90～91 ぴたトレ**3**

❶ (1)× (2)○ (3)○

❷ (1)ア (2)ア (3)イ

❸ (1)Is, loved (2)not sold
(3)was built by

❹ (1)Today's newspaper was read by all of us(.)
(2)The park is covered with beautiful flowers(.)
(3)When was this restaurant opened(?)
(4)Chinese is not needed to enjoy (this book.)

❺ (1)(I think) the books are known to many people (in the world.)
(2)written by
(3)seven long stories of *Harry Potter*
(4)1. We can see eight movies.
2. *Harry Potter* world was made.

❻ (1)Where was her bird found?
(2)The tree wasn't cut by him.
(3)My car was made in Germany in 1999.

考え方
❶ (1)「台所」「親切な」
(2)「おおう」「ちょうど」
(3)「刑務所」「大いに［非常に］」
❷ (1)1つ目の音節を強く読む。「伝言」
(2)1つ目の音節を強く読む。「休日」
(3)2つ目の音節を強く読む。「尊敬［敬意］」
❸ (1)Bがbe動詞を使って答えていることと，Aがbyを使ってたずねていることから，受け身の疑問文である。「彼は若い人から愛されていますか。」「はい，愛されています。私も彼が大好きです。」 (2)「あなたはこれらの本をあなたの国で買うことができますか。」「いいえ，それらは私の国では売られていません。」「売る」という意味のsellの過去分詞形soldを使う。 (3)「だれがこの寺を建てたのですか。」「それは私の祖父によって建てられました。」buildの過去分詞形はbuilt。
❹ (1)語群にwasがあることから，「今日の新聞

は私たち全員によって読まれました。」と言いかえる。「私たちすべて」はall of us。 (2)「～でおおわれている」はbe covered with ～で表す。 (3)「いつ」という意味の疑問詞whenを文頭に置く。「開店した」は「店が開けられた」と言いかえて，受け身の文にする。疑問文はbe動詞を主語の前に出す。 (4)「必要ありません」は語群より，is not neededとなる。受け身の文なので，主語は「中国語」Chineseとする。
❺ (1)「その本は世界の多くの人に知られていると思います。」という文にする。「～に知られている」はbe known to ～で表す。 (2)「その作者はJ・K・ローリングです。」を「その本はJ・K・ローリングによって書かれました。」と言いかえる。writeの過去分詞形はwritten。 (3)直前のseven long stories of *Harry Potter*を参照。 (4)1.「私たちはハリー・ポッターの映画をいくつ見ることができますか。」という問い。4行目参照。「8つの映画が彼女の本からつくられました。」とある。 2.「2014年に何がつくられましたか。」という問い。6～7行目参照。

全訳
こんにちは，みなさん。これは私の大好きな本，「ハリー・ポッター」です。私はハリー・ポッターの本がすべての中でいちばん好きです。私は，その本は世界の多くの人に知られていると思います。作者はJ・K・ローリングです。彼女はハリー・ポッターの長い物語を7つ書きました。私はそれらのすべてを読みました。また，彼女の本から8つの映画がつくられました。その本や映画は世界じゅうで愛されています。
2014年には，日本で最も人気のある遊園地の1つがハリー・ポッターの世界をそこにつくりました。私は来月，その遊園地を訪れる予定です。私はその世界をたくさん楽しみたいです。
❻ (1)「どこで」という意味の疑問詞whereを文頭に置く。そのあとに「彼女の鳥は見つけられましたか」という受け身の疑問文を続ける。「見つける」findの過去分詞形はfound。 (2)受け身の否定文。「切る」はcut-cut-cutと現在形から過去形，過去分詞形になっても形が変化しない。 (3)受け身の文。「作る」はmake-made-madeと形が変化する。

□単語のつづりが正しい。（3点）

□（　）内の指示に従って書けている。（2点）

□受け身の表現が正しく使えている。（3点）

**p.92　　　　　　ぴたトレ1**

Words & Phrases　(1)境界[国境]

(2)〜の上(方)に[の]　(3)war　(4)airport

1　(1)will be[become]　(2)will turn off

2　(1)It will be rainy this (weekend.)

(2)I will visit your house at eleven (tomorrow.)

考え方 1 (1)未来のことについて「〜になります」と述べるので、〈will＋動詞の原形〉を使う。　(2)ここでの「〜します」は意志・約束と考えられるので、〈will＋動詞の原形〉を使う。「(テレビなどを)消す，止める」＝ turn off 〜

2 (1)今週末という未来のことについて述べるので、〈will＋動詞の原形〉を使った文にする。(2)ここでの「〜します」は意志・約束と考えられるので、〈will＋動詞の原形〉を使った文にする。

**p.93　　　　　　ぴたトレ1**

Words & Phrases　(1)着陸する

(2)不足する　(3)sent　(4)one after another

1　(1)to play baseball　(2)To talk with

(3)to buy a present

2　(1)She studied to be a doctor(.)

(2)I will go to see my uncle(.)

考え方 1 (1)「〜するために」は〈to＋動詞の原形〉で表す。　(2)Why 〜?の疑問文に対して，〈to＋動詞の原形〉を使って目的を答えることができる。　(3)「〜に…を買いに行く」＝「…を買うために〜に行く」＝ go to 〜 to buy ...

2 (1)「〜になろうと」＝「〜になるために」＝ to be 〜　(2)「〜に会いに行く」＝「〜に会うために行く」＝ go to see 〜

**p.94　　　　　　ぴたトレ1**

Words & Phrases　(1)わかる[理解する]

(2)続ける　(3)earthquake　(4)village

1　(1)computer on that desk

(2)boy with a dog

2　(1)Who is the girl under that tree(?)

(2)I have a friend from Canada(.)

1 (1)「あの机の上にあるコンピュータ」は，the computer「コンピュータ」をon that desk「あの机の上にある」で修飾する形にして表す。　(2)「イヌを1匹つれたあの少年」は，That boy「あの少年」をwith a dog「イヌを1匹つれた(＝1匹のイヌといっしょにいる)」で修飾する形にして表す。

2 (1)「あの木の下にいる少女」は，the girl「少女」をunder that tree「あの木の下にいる」で修飾する形にして表す。　(2)「カナダ出身の友だち」は，a friend「友だち」をfrom Canada「カナダ出身の」で修飾する形にして表す。

**p.95　　　　　　ぴたトレ1**

Words & Phrases　(1)打撃を与える　(2)大使

(3)flew　(4)each other

1　(1)Stop writing　(2)by washing

(3)about swimming

2　(1)We enjoyed running in the park(.)

(2)Are you interested in studying history(?)

考え方 1 (1)「〜するのをやめる」＝〈stop＋動詞の-ing形〉。stopは不定詞ではなく動名詞を目的語にとる。　(2)「〜することによって」＝〈by＋動詞の-ing形〉。前置詞のあとに「〜すること」を続ける場合は，不定詞ではなく動名詞を使う。　(3)「〜することについて」＝〈about＋動詞の-ing形〉。swim「泳ぐ」はmを重ねて-ingをつける。

2 (1)「〜することを楽しむ」＝〈enjoy＋動詞の-ing形〉。enjoyは不定詞ではなく動名詞を目的語にとる。　(2)「〜に興味がある」＝ be interested in 〜。inは前置詞なので，あとに「〜すること」を続ける場合は動名詞を使う。

**pp.96〜97　　　　　ぴたトレ2**

1　(1)ア　(2)ア　(3)エ

2　(1)to help you　(2)about writing

(3)will tell your mother

3　(1)The cake on the table looks delicious(.)

(2)I went shopping to buy shoes(.)

(3)If you like that book, I will give it to you(.)

4　(1)I went to Kyoto to meet[see] my

grandmother.

(2)We can learn many things by using the Internet.

⑤ (1)①sent ④met (2)one after another

(3)two Turkish planes

(4)近くの漁村にいた人々 (5)But

(6)ア× イ○ ウ○ エ○

❶(1)I'llはI willの短縮形。willのあとは動詞の原形。 (2)Why ～?の疑問文に対して，〈to＋動詞の原形〉を使って目的を答えることができる。 (3)instead of ～「～の代わりに」。ofは前置詞なので，選択肢の中であとに置けるのは動名詞のみ。

❷(1)「～しに来た」＝「～するために来た」 (2)「～はどうですか。」＝How about ～?。aboutは前置詞なので，「～すること」を続けるときは動名詞を使う。 (3)「言います」は意志を表しているので，〈will＋動詞の原形〉を使って表す。

❸(1)「テーブルの上にあるそのケーキ」はthe cakeをon the tableで修飾する形にして表す。「～に見える」＝〈look＋形容詞〉 (2)「～を買いに」＝「～を買うために」 (3)「もし～ならば」は〈if＋主語＋動詞～〉で表し，カンマがあるので前半に置く。「あげます」は意志を表すと考え，〈will＋動詞〉を使う。

❹(1)「～に会いに」＝「～に会うために」 (2)「～することによって」＝〈by＋動詞の-ing形〉，「インターネット」＝the Internet

❺(1)過去のことについて書かれているので，過去形にする。①sendの過去形はsent，④meetの過去形はmetと不規則に変化させる。 (2)「次々と」＝one after another (3)直前の文参照。 (4)People ～ villageが主語の文。in a nearby fishing villageがpeopleを修飾している。 (5)( )の直前と直後の内容をつなぐものとして適切なのはbut「しかし」のみ。文頭なので大文字で始める。 (6)ア第1段落1～2行目参照。「イラン」ではなく「イラク」の大統領。 イ第2段落参照。 ウ第3段落1文目参照。 エ第3段落2～3行目と第4段落1文目参照。全船員数は，587人が亡くなり，69人が生存したことから考える。

**pp.98～99** ぴたトレ**1**

Words & Phrases (1)～に沿って

(2)～を横切って (3)～の外へ[に] (4)behind

(5)pond (6)in front of

❶(1)on (2)between the houses

(3)There are two bridges over the river.

❷(1)across (2)jump into

(3)around the tree

(4)walked along, in

❸(1)I live in the house behind that flower shop(.)

(2)A large plane flew above my house(.)

(3)We ran after the cat with a fish(.)

❶(1)絵は壁に接触しているので，onを使う。 (2)公園は家と家の間にあるので，betweenを使う。 (3)橋は川にまたがっている（＝川におおいかぶさるようにかかっている）ので，overを使う。two bridgesは複数なので，Thereのあとのbe動詞にはareを使う。

❷(1)「～を横切る」＝「～を横切って行く」＝go across ～ (2)「～に飛び込む」＝「～の中へジャンプする」＝jump into ～ (3)「～の周りに」＝around ～ (4)「～に沿って」＝along ～，「水中に」＝「水の中に」

❸(1)「～のうしろにある…」＝… behind ～ (2)「自宅の上空を」＝「私の家の上方を」 (3)「その～をくわえたネコ」＝「その～を持ったネコ」＝the cat with ～，「～を走って追いかけた」＝「～を追って走った」

## PROGRAM 7 ～ Power-Up 4

**pp.100～101** ぴたトレ**1**

Words & Phrases (1)小説 (2)結末

(3)どんぶり[わん] (4)already (5)word

(6)mystery

❶(1)have, seen (2)has already cooked

(3)Kaori has already bought the book.

❷(1)have, eaten[had, finished]

(2)has, finished (3)have just written

(4)has already told

❸(1)It has already stopped raining(.)

(2)We have just started to practice soccer(.)

(3)I want to try something new(.)

❶「すでに～してしまった」＝〈have[has] already＋過去分詞〉 (1)see「見る」の過去分詞形はseen。 (3)buy「買う」の過去分詞形

23

はbought。

2 (1)「ちょうど〜したところだ」=〈have[has] just+過去分詞〉。eat「食べる」の過去分詞形はeaten, have「食べる」の過去分詞形はhad。　(2)「すでに〜した」=〈have[has] already+過去分詞〉　(3)「ちょうど〜したところだ」=〈have[has] just+過去分詞〉。write「書く」の過去分詞形はwritten。　(4)「すでに〜した」=〈have[has] already+過去分詞〉。「話した」は「教えた[言った]」と考え, tellの過去分詞形toldを使って表す。

3 (1)「すでに〜した」=〈have[has] already+過去分詞〉,「〜するのをやめる」=stop 〜ing　(2)「ちょうど〜したところだ」=〈have[has] just+過去分詞〉,「〜し始める」=start to 〜[start 〜ing]　(3)「何か新しいこと」=something new。somethingに形容詞をつける場合は,〈something+形容詞〉の語順にする。

pp.102〜103　　　　　　　　**ぴたトレ1**

Words & Phrases　(1)もう[まだ]　(2)翼[羽]
(3)帰宅する　(4)foreign　(5)professional
(6)according to

1 (1)Have, called, haven't
(2)Has, gotten, yet, he has
(3)Has Saki done her homework yet?
　(―) No, she hasn't[has not].

2 (1)Have, solved, yet
(2)have, haven't
(3)have not bought, yet
(4)hasn't finished, yet

3 (1)Has Kana gotten home yet(?)
(2)I have not read the email from him yet(.)
(3)According to my mother, he started studying English when he was a child(.)

考え方 1 「…はもう〜しましたか。」=〈Have[Has]+主語+過去分詞〜 yet?〉。答えるときは,〈Yes, 主語(代名詞)+have[has].〉または〈No, 主語(代名詞)+have[has] not.〉と答える。have not は haven't, has not はhasn'tと短縮できる。　(2)getの過去分詞形はgotten。　(3)doの過去分詞形はdone。

2 (1)「…はもう〜しましたか。」=〈Have[Has]+主語+過去分詞〜 yet?〉　(2)現在完了の疑問文に答えるときは,〈Yes, 主語(代名詞)+have[has].〉または〈No, 主語(代名詞)+have[has] not.〉と答える。have not は haven't, has not はhasn'tと短縮できる。　(3)(4)「まだ〜していない」は現在完了の否定文の文末にyetを置いて表す。

3 (1)「…はもう〜しましたか。」=〈Have[Has]+主語+過去分詞〜 yet?〉　(2)「まだ〜していない」は現在完了の否定文の文末にyetを置いて表す。　(3)「〜によれば」=according to 〜,「〜し始めた」=started 〜ing[to 〜],「〜のとき」=〈when+主語+動詞〜〉

pp.104〜105　　　　　　　　**ぴたトレ1**

Words & Phrases　(1)類似した
(2)引きつける[魅了する]　(3)情勢[状況]
(4)これまでに　(5)part　(6)twice
(7)between, and　(8)day by day

1 (1)イ　(2)イ　(3)イ　(4)ア

2 (1)has played, four
(2)Jim has eaten, twice
(3)Kate has taken a plane once.

3 (1)I have never climbed a mountain(.)
(2)Have you ever been to Canada(?)
(3)The movie is getting more popular(.)

考え方 1 (1)「〜したことがある」=〈have[has]+過去分詞〉　(2)「何度も」=many times。回数を表すtimeは可算名詞。　(3)「これまでに」=ever　(4)「一度も〜ない」=never

2 「〜したことがある」=〈have[has]+過去分詞〉。回数を表す表現は文末に置く。
(2)eatの過去分詞形はeaten,「2回」はtwice。　(3)takeの過去分詞形はtaken,「1回」はonce。

3 (1)「一度も〜したことがない」=〈have[has] never+過去分詞〉　(2)「…はこれまでに〜したことがありますか。」=〈Have[Has]+主語+ever+過去分詞〜?〉,「〜に行ったことがある」=have[has] been to 〜　(3)getting と形容詞popularがあるので,「〜になりつつある」は〈get+形容詞〉。「〜になる」を現在進行形を使って表す。

(1)プラスチック[ビニール]の
(2)繰り返して　(3)正方形の[四角の]
(4)環境に配慮した[環境にやさしい]
(5)sugar　(6)beef　(7)wrap　(8)piece of

**1** (1)because　(2)with salt　(3)looks like

**2** (1)a kind of　(2)is like
(3)has　(4)is used instead of

**3** (1)*Yakiniku* is one of the most popular food in Japan(.)
(2)We use it when we make ice cream(.)
(3)They are eaten to celebrate the New Year(.)

考え方
**1** (1)「～なので…」は… because ～で表す。(2)「塩で」は「塩といっしょに」と考えて前置詞withを使って表す。(3)〔人や物を例に挙げて〕～のように見える」=〈look like + 名詞〉
**2** (1)「～の一種」= a kind of ～　(2)「～のようなものである」= be like ～。このlikeは「～のような」という意味の前置詞。(3)主語がIt（=たい焼き）なので、「入っている」を「持っている」と考えて，hasを使って表す。(4)「使われる」は受け身の形〈be動詞 + 過去分詞〉で表す。「～の代わりに」= instead of ～
**3** (1)「最も～な…の1つ」=〈one of the + 最上級 + 名詞の複数形［数えられない名詞］〉 (2)カンマがないので、「～するとき」=〈when + 主語 + 動詞～〉は文の後半に置く。(3)「食べられる」は受け身の形〈be動詞 + 過去分詞〉で表す。「～するために」=〈to + 動詞の原形〉

(1)知らせ[発表]　(2)注意
(3)搭乗　(4)～のせいで　(5)cancel　(6)gate
(7)passenger

**1** (1)is changed　(2)is changed from, to
(3)The boarding time is changed from 18:00 to 19:30.

**2** (1)is cancelled　(2)was changed from, to
(3)due to[because of]

**3** (1)The boarding gate was changed from 10 to 18(.)
(2)The flight is cancelled due to bad weather(.)
(3)Was that an announcement for Flight 506 to Hokkaido(?)

考え方
**1** 「～から…に変更されている」= is changed from ～ to …
**2** (1)「欠航になっている」= is[are] cancelled (2)「～から…に変更された」= was changed from ～ to … (3)「～のせいで」= due to[because of] ～
**3** (1)「～から…に変更された」= was changed from ～ to … (2)「欠航になっている」= is[are] cancelled,「～のため」=「～のせいで」= due to ～,「悪天候」= bad weather (3)「さっきの」= that,「～行き…便」= Flight … to ～

**1** (1)ウ　(2)ウ　(3)エ

**2** (1)has already solved
(2)haven't seen, yet
(3)Have, ever been

**3** (1)We have just started playing tennis(.)
(2)Have you tried the way yet(?)
(3)We have never heard the story(.)

**4** (1)Have you bought the book yet?
(2)I have seen[watched] this movie twice.

**5** (1)Did something good happen(?)
(2)I've just gotten
(3)like
(4)is a sportswriter

**6** (1)A team of junior high school students in Osaka did.
(2)It will be helpful for sign language users.

考え方
**1** (1)直前にhave alreadyがあることに注目。過去分詞を入れて現在完了の形にする。(2)疑問文であるのに動詞がfinishedとなっていることに注目。Haveを入れて現在完了の疑問文にすると意味が通る。(3)直後の動詞がwrittenとなっているので，hasn'tを選んで現在完了の否定文にする。
**2** (1)「すでに～した」=〈have[has] already + 過去分詞〉(2)「まだ～していない」=〈haven't[hasn't] + 過去分詞 ～ yet〉。haven'tはhave not, hasn'tはhas notの短縮形。see「見る」の過去分詞形はseen。

once.

(3)He hasn't written a letter to his family yet.

(3)「これまでに～したことがありますか。」=
〈Have[Has] + 主語 + ever + 過去分詞～?〉,
「～に行ったことがある」= have[has] been
to ～

❸(1)「ちょうど～したところだ」=〈have[has]
just + 過去分詞〉,「～し始める」=〈start +
動詞の-ing形〉 (2)「もう～しましたか。」=
〈Have[Has] + 主語 + 過去分詞 ～ yet?〉
(3)「一度も～したことがない」=〈have[has]
never + 過去分詞〉

❹(1)「もう～しましたか。」=〈Have[Has] + 主
語 + 過去分詞 ～ yet?〉。buy「買う」の過去
分詞形はbought。 (2)「～したことがある」
=〈have[has] + 過去分詞〉。「2回」はtwice
で表し,文末に置く。

❺(1)過去の疑問文。somethingに形容詞をつ
ける場合は〈something + 形容詞〉の語順に
する。 (2)「ちょうど～したところだ」=
〈have[has] just + 過去分詞〉。「受け取る」
はgetで表せる。getの過去分詞形はgotten。
( )の数からI haveはI'veと短縮する。 (3)
「～のような」はlikeで表せる。 (4)質問は「ダ
ニエルのおじの仕事は何ですか。」という意味。
ダニエルの2つ目の発言に着目し,抜けてい
るbe動詞と名詞を答える。sportswriter =
「スポーツ記者」

❻(1)2文目参照。大阪の中学生チームが開発し
たとある。 (2)最終文参照。手話の使用者に
とって役に立つだろうとある。

**pp.112～113**　　　　　**ぴたトレ3**

❶ (1)×　(2)○　(3)○

❷ (1)ウ　(2)ア　(3)イ

❸ (1)I have never seen Ms. White before(.)

(2)How many times have they sung this song(?)

(3)Emma has already finished seeing the movie(.)

❹ (1)have　(2)Has, yet

(3)Have, been　(4)haven't, yet

❺ (1)Have you ever

(2)学校,英語の勉強

(3)haven't had, yet

(4)1. never been　2. English

❻ (1)Have you heard of the new student yet?

(2)I have read the book about science

**考え方**

❶(1)「注意」「芸術家」
(2)「doの過去分詞形」「おじ」
(3)「hearの過去形[過去分詞形]」「ことば」

❷(1)3つ目の音節を強く読む。「情勢[状況]」
(2)1つ目の音節を強く読む。「乗客[旅客]」
(3)2つ目の音節を強く読む。「引きつける」

❸(1)「(今までに)～したことがない」は
〈have[has] never + 過去分詞〉で表す。 (2)
「何回」と回数をたずねるhow manyを文頭
に置いた疑問文にする。現在完了の疑問文は
〈have[has] + 主語 + 過去分詞～?〉で表す。
(3)「～してしまった」という動作の完了は現在
完了形で表す。「すでに」という意味の
alreadyはhasのあとに置く。

❹(1)「このコンピュータを使ってもいいです
か。」「もちろんです。私はすでにそれを使い
ました。」 (2)「マイクはすでに家を出発しま
したか。」「はい。彼はちょうど家を出発した
ところです。」Aの発言にleftとあり,Bが現
在完了で答えているので,現在完了の疑問文
を作ればよい。 (3)Bが「いいえ。でも,私の
父が以前にそこへ行ったことがあります。」と
答えていることから,Aは「あなたはこれま
でに京都へ行ったことがありますか。」とたず
ねているとわかる。 (4)直後に「私はおなかが
すいています。」と加えていることから,「私
はまだ夕食を食べていません。」という意味の
文になる。

❺(1)3行目のNo, I haven't.が,下線部に対す
るリョウコの答えであることから,下線部は
現在完了の疑問文であるとわかる。 (2)直前
の文参照。 (3)現在完了の完了用法の否定文
になる。否定文で「まだ」はyetを文末に置い
て表す。 (4)1.3行目参照。「リョウコは外
国へ行ったことがありません。」とする。
2.8行目のthe newest information is
written only in Englishを参照。「英語が
最新の情報を書くために使われています。」と
いう意味の文にする。

**全訳**

私たちは毎日学校で英語を勉強しています。
私たちはすでにたくさんの英単語を学びました。
しかし,あなたは自分の人生において英語でだ
れかに話しかけたことがありますか。私は「い

いえ，ありません。」と答えます。また，私は外国へ行ったことがありません。私は多くの生徒が同じだと思います。私は日本の生徒は学校で英語を勉強する必要がないと思います。

　私が自分の考えを姉に言うと，彼女は彼女の学校生活について私に教えてくれました。彼女は獣医になるために大学で勉強しています。情報は日々新しくなっていきます。彼女は日本語でたくさんのことを学ぶことができますが，最新の情報は英語でのみ書かれています。それはもし，英語を理解していなければ，よい情報が得られないということを意味します。

　将来，私はピアニストになりたいです。私はまだ姉のような経験がありません。でも，将来のために英語を勉強し続けます。

⑥(1)「あなたはすでにその新入生のことを耳にしましたか。」という意味の文にする。「すでに～しましたか。」は現在完了の疑問文で表す。疑問文で「すでに」はyetを文末に置いて表す。　(2)「～したことがある」という意味の経験は現在完了で表す。「一度」はonceで文末に置く。　(3)「まだ～していない」と完了を表す現在完了の文にする。否定文で「まだ」はyetを文末に置いて表す。

### 英作文の採点ポイント

□単語のつづりが正しい。（3点）
□（　）内の語数で書けている。（2点）
□現在完了の表現が正しく使えている。（3点）

# PROGRAM 8 ～ Word Web 5

**pp.114～115**　　　ぴたトレ**1**

Words & Phrases　(1)まったくそのとおり。
(2)みやげ　(3)粘土　(4)since　(5)soap
(6)Take, look

1 (1)have wanted, since
(2)have worked here for
(3)I have been sick since last weekend.

2 (1)has stayed, since
(2)Have, studied, for
(3)How long has, been　(4)For, Since

3 (1)They have been in the library since (this morning.)
(2)How long have you known him(?)
(3)We have already visited a lot of places(.)

考え方
1「私は…の間［…以来］（ずっと）～しています［です］。」＝〈I have + 過去分詞～ for[since] ....〉。期間・時間を表す語句が続く場合はfor，過去の一時点を表す語句が続く場合はsinceを使う。　(3)be動詞の過去分詞形はbeen。

2 (1)「…から（ずっと）～している」＝〈have[has] + 過去分詞 + since ...〉(2)現在完了の疑問文は，have[has]を主語の前に出して作る。　(3)「どのくらいの間～なのですか」なので，How longで文を始め，現在完了の疑問文を続ける。　(4)「～間」＝ for ～，「～のときから」＝ since ～

3 (1)「…から（ずっと）～している」＝〈have[has] + 過去分詞 + since ...〉(2)「いつから知っているのですか」は「どのくらいの間知っているのですか」と考える。　(3)「もう～しました」は「すでに～しました」ということなので，alreadyを使った現在完了（完了）の文で表す。

**pp.116～117**　　　ぴたトレ**1**

Words & Phrases　(1)再生利用する　(2)髪
(3)爆弾　(4)亡くなる　(5)receive　(6)cost
(7)environment　(8)look for

1 (1)has been playing
(2)has been practicing, since
(3)They have been talking with each other since this morning.

2 (1)have been walking since
(2)Has, been sleeping for
(3)How long has, been　(4)For, Since

3 (1)(I) have been waiting for her since I came here(.)
(2)How long has he been studying in his room(?)
(3)(I) sometimes help my mother by washing dishes(.)

考え方
1「今朝から（ずっと）～している」＝〈have[has] been + 動詞の -ing形 + since this morning〉

2 (1)「…から（ずっと）～し続けている」＝〈have[has] been + 動詞の -ing形 + since ...〉　(2)現在完了進行形の疑問文は，現在完了の文と同様，have[has]を主語の前に出して作る。　(3)動作について「どのくらいの間～

しているのですか」とたずねる文。How longで文を始め、現在完了進行形の疑問文を続ける。 (4)「〜間」＝for 〜，「〜から（ずっと）」＝since 〜

3 (1)動作について「(ずっと)〜している」と表す，現在完了進行形〈have[has] been＋動詞の-ing形〉の文。 (2)「どのくらいの間〜しているのですか」なので，How longで文を始め，語群にstudyingとbeenがあることから現在完了進行形の疑問文を続ける。 (3)「〜することによって」＝〈by＋動名詞(動詞の-ing形)〉

pp.118〜119 ぴたトレ1

Words & Phrases (1)汗をかく (2)agree

1 (1)I agree (2)I don't agree
(3)because I like (4)but I don't think

2 (1)(I) like summer the best because we can enjoy seeing fireworks(.)
(2)(English) is used all over the world, so I think it's[it is / English is] important.

3 (1)We can see beautiful flowers, so I like the park(.)
(2)This car is cool, but it is too expensive for us(.)

考え方 1 (1)「私は賛成です。」＝I agree. (2)「私は反対です。」＝「私は賛成しません。」＝I don't agree. (3)「うどんが好き」という理由が後半に入るので，接続詞はbecauseを使う。 (4)「〜ですが…」＝〜, but …
2 (1)主張を先に書くので，〈主張＋because＋理由〉の語順にする。 (2)理由を先に書くので，〈理由, so＋主張〉の語順にする。カンマを忘れないように注意する。
3 (1)語群にsoがあるので，〈理由, so＋主張〉の語順にする。 (2)「〜ですが…」＝〜, but …

pp.120〜121 ぴたトレ1

Words & Phrases 彫像

1 (1)enjoyed swimming
(2)tried traditional food
(3)I bought many souvenirs.

2 (1)have you been (2)ate[had], liked
(3)saw, were (4)think that

3 (1)I went to Australia with my family(.)
(2)We joined an interesting festival there(.)
(3)I think you'll like the *ramen* because the soup is thick(.)

考え方 1 「〜しました」なので，過去の文で表す。 (1)enjoyは-edをつけて過去形にする。 (2)tryは〈子音字＋y〉で終わるので，yをiにかえたあとで-edをつけて過去形にする。 (3)buyは不規則動詞であり，過去形はbought。
2 (1)「最近どうですか。」＝How have you been? (2)eat[have]「食べる」の過去形はate[had]，「気に入った」はlikeの過去形likedで表す。 (3)see「見る」の過去形はsaw，areは「〜である」の過去形はwere。 (4)「〜だと思う」＝think that 〜。空所の数から接続詞thatは省略しない。
3 (1)「〜に行きました」＝went to 〜，「〜といっしょに」＝with 〜 (2)there「そこで」はふつう文末に置く。 (3)語群にbecauseがあるので，「〜なので…」は… because 〜で表す。

pp.122〜123 ぴたトレ1

Words & Phrases (1)コンクール[競技会] (2)賞
(3)実際は (4)chorus (5)nervous (6)felt

1 (1)best memory (2)enjoyed singing
(3)learned that
(4)happy[glad] to meet[see]

2 (1)best memory (2)helped me
(3)learned that (4)memory, treasure

3 (1)I enjoyed the school trip the most(.)
(2)I felt sad about the story(.)

考え方 1 (1)「私のいちばんの思い出」＝my best memory (2)「〜するのを楽しむ」＝enjoy 〜ing (3)「〜だと学ぶ」＝learn (that) 〜 (4)「〜してうれしい」＝〈be動詞＋happy[glad]＋不定詞(to＋動詞の原形)〉
2 (1)メモと空所の前後の内容から，「私のいちばんの思い出はスピーチコンクールです。」という意味の文にする。 (2)メモと空所の前後の内容から，「私が練習するときは，ユカリとケイトが私を手伝ってくれました。」という意味の文にする。 (3)メモと空所の前後の内容から，「私は友だちを持つことは大切だと学びました。」という意味の文にする。 (4)メ

モと空所の前後の内容から，「この思い出は私の宝ものです。」という意味の文にする。「思い出」＝ memory，「宝もの」＝ treasure

**3** (1)「〜をいちばん楽しむ」＝ enjoy 〜 the most (2)「〜な気分である」＝〈feel ＋ 形容詞〉。felt は feel の過去形。

pp.124〜125 **ぴたトレ1**

Words & Phrases (1)地下鉄 (2)消防車
(3)ジェットコースター (4)市役所
(5)高速道路 (6)観覧車 (7)bank (8)church
(9)statue (10)factory (11)ambulance
(12)taxi

**1** (1)the way (2)tell me the way to
(3)Could you tell me the way to Aoba Hospital?

**2** (1)Where is (2)Go straight, in front of
(3)Turn right, on your left

**3** (1)How can I get to the post office(?)
(2)Turn left at the third corner(.)
(3)Go straight, and you can see the post office on your right(.)

考え方 **1** 「〜までの道を教えていただけませんか。」＝ Could you tell me the way to 〜?
**2** (1)「〜はどこですか。」＝ Where is[are] 〜? (2)「まっすぐ行く」＝ go straight，「〜の目の前に」＝ in front of 〜 (3)「右に曲がる」＝ turn right，「あなたの左側に」＝ on your left
**3** (1)「〜に行くにはどうすればよいですか。」＝ How can I get to 〜? (2)「〜番目の角で」＝ at the 〜 corner，「左に曲がる」＝ turn left (3)「〜してください，すると…。」＝〈命令文, and ＋ 主語 ＋ 動詞…。〉，「まっすぐ行く」＝ go straight，「〜が右側に見えます」＝ you can see 〜 on your right

pp.126〜127 **ぴたトレ2**

**1** (1)イ (2)エ (3)ウ
**2** (1)has been, for
(2)have been walking since
(3)Have, lived, since
**3** (1)She has wanted to visit the zoo since last week(.)
(2)They have been practicing basketball for three hours(.)

(3)Could you tell me the way to the police station(?)
**4** (1)He has been using the Internet since ten[10] o'clock.
(2)How long have they been playing the video game?
**5** (1)making (2)(H)owever
(3)have been sending millions of
(4)1955,12 (5)people's hope for peace
**6** (1)They gathered at a little village in Spain.
(2)They started to throw tomatoes at each other.

考え方 **1** (1)since 〜「〜以来，〜から」とあることから，動作や状態の継続を表す文にする。ここでのhaveは「飼っている」という状態を表すので，継続を表す現在完了にする。 (2)for four hours「4時間」という期間を表す語句があることに注目。「4時間勉強し続けている」とすると意味が通る。 (3)応答にSince last Sunday.「この前の日曜日からです。」とあるので，期間をたずねるウが適切。
**2** (1)rainyは形容詞で「雨の」という状態を表すので，be動詞の過去分詞形beenを使った継続を表す現在完了の文にする。「〜の間」＝ for 〜 (2)「(ずっと)〜している」＝〈have[has] been ＋ 動詞の-ing形〉 (3)「長い間」という期間，「住んでいる」という状態が続いているのかをたずねるので，継続を表す現在完了の疑問文にする。「〜以来，〜から」＝ since 〜
**3** (1)「訪ねたがっている」という状態が続いていることを表すので，継続を表す現在完了の文にする。 (2)「練習する」という動作が続いていることを表す現在完了進行形の文にする。 (3)「〜を教えていただけませんか。」＝ Could you tell 〜?，「〜への道」＝ the way to 〜
**4** (1)10時の時点から「使う」という動作が続いていることを現在完了進行形を使って表す。 (2)「2時間」という期間をたずねるので，How longで文を始め，あとに現在完了進行形の疑問文を続ける。
**5** (1)前置詞byの直後なので，名詞の形にする。動名詞にすることで，「〜を作ることによって」という意味になり，成立する。 (2)( )の前後の文を比べると逆の意味になっている。

Hが与えられているので，however「しかし」が適切。 (3)「〜から（ずっと）…している」＝〈have[has] been＋動詞の-ing形 since 〜〉，「何百万もの〜」＝ millions of 〜 (4)第1段落1文目と3〜4文目参照。 (5)質問は「その折り鶴は何を表していますか。」という意味。最終文を参照し，show「表す」に続く語句を答える。

⑥(1)本文2文目参照。たくさんの人々がスペインのある小さな村に集まったとある。 (2)本文3文目参照。人々はお互いにトマトを投げ合ったとある。

---

**pp.128〜129  ぴたトレ3**

① (1)× (2)× (3)×

② (1)イ (2)イ (3)ア

③ (1)have been studying, since
(2)How long has, been
(3)I've wanted, for, long
(4)haven't seen[met], many

④ (1)has lived, for (2)I've been swimming
(3)has been, since

⑤ (1)I've been thinking about it since then(.)
(2)浜辺，（2つ[枚]の）プラスチックごみ
(3)プラスチックの使用をやめることは難しいです。
(4)used (5)No, he hasn't.

⑥ (1)How long have you wanted to visit Kyoto?
(2)We have been in this town since last spring.
(3)I have been reading the book since I bought it.

**考え方**
①(1)「1000（の）」「thinkの過去形[過去分詞形]」
(2)「推理もの」「再生利用する」
(3)「搭乗」「せっけん」
②(1)2つ目の音節を強く読む。「原子（力）の」
(2)2つ目の音節を強く読む。「同意する」
(3)1つ目の音節を強く読む。「不安で」
③(1)「勉強する」という動作が現在まで続いていることを表す現在完了進行形〈have[has] been＋動詞の-ing形〉を使う。 (2)「どのくらいの間」と期間をたずねるhow longを文

---

頭に置き，現在完了の疑問文をあとに続ける。 (3)「飼いたい」という状態が現在まで継続していることを表す現在完了を使う。「長い間」はfor a long time。 (4)「（ずっと）〜していない」は現在完了の否定文で表す。

④(1)「リサは10年間日本に住んでいます。」という現在完了の文にする。 (2)「私は2時間，海で泳いでいます。」という現在完了進行形の文にする。 (3)「ケンは20歳の時から英語の先生です。」と状態の継続を表す現在完了を使う。

⑤(1)語群から，まず，現在完了進行形のI've been thinking about itという文を作り，そのあとにsince then「そのとき以来」を続ける。 (2)3〜5行目参照。two pieces of plastic garbageは「2つ[枚]のプラスチックごみ」という意味。 (3)直前のジョンの発言に対して「それは難しいと思います。」と応答している場面である。 (4)直前にhaveがあり，文末に期間を表すfor a long timeがあるので，現在完了の文だとわかる。「使う」はuse-used-usedと形が変化する。 (5)「ジョンはレジ袋を使うのをもうやめましたか。」という問い。ジョンの最後の発言I will do that tooを参照。do thatは直前のキコの発言より，start using my bags for shoppingを指している。

**全訳**

ジョン：私たちは先週，学校でプラスチックごみについて学びました。私はそのときからそれについて考えています。

キコ：私もです。私はインターネットでそのことについてのニュースをちょうど読んだところです。2020年に，カメが日本の浜辺で見つかりました。そのカメはそのときすでに死んでいました。博士はそのカメが海の中で2つ[枚]のプラスチックごみを食べたことに気づきました。

ジョン：それは悲しいニュースですね。私たちはプラスチックを使うのをやめなければなりません。

キコ：それは難しいと思います。プラスチックは安くて強いので，人々はそれを長い間使ってきました。

ジョン：そうですね。私たちに何ができるでしょうか。

キコ：私はすでに買い物に自分のかばんを使

い始めました。私はレジ袋を必要とし
ません。

ジョン：それはいいですね。私もそれをやって
みます。

❻(1)「いつから訪れたかったのか」は「どのくら
いの間，訪れたいのか」と言いかえて考える。
how longのあとに現在完了の疑問文を続け
る。　(2)「〜にいる」はbe動詞で表す。状態の
継続を表す現在完了を使う。「昨年の春から」
はsince last spring。　(3)動作が継続して
いることを表す現在完了進行形を使う。「そ
れ（＝その本）を買ってから」はsinceのあと
にI bought itと文の形を置く。

---

**英作文の採点ポイント**

□単語のつづりが正しい。（3点）

□（　）内の指示に従って書けている。（2点）

□現在完了（進行形）の表現が正しく使えている。
（3点）

---

# Reading 3

**p.130**　　　　　　　　　ぴたトレ1

Words & Phrases　　(1)到着する　(2)政府

(3)anyone　(4)ask

1 (1)like to play　(2)homework to do

2 (1)She wants to be a doctor(.)

(2)I don't have time to watch TV(.)

考え方 1 (1)空所の数から，「〜することが好き」は不定
詞を使って〈like to + 動詞の原形〉で表す。
(2)homework「宿題」を不定詞to do (today)
「（今日）するべき」で説明する。

2 (1)「〜になりたがっている」= want to be 〜
(2)time「時間」を不定詞to watch TV「テレ
ビを見るための」で説明する。

---

**p.131**　　　　　　　　　ぴたトレ1

Words & Phrases　　(1)満たす［充足させる］

(2)従う　(3)wrote　(4)safe

1 (1)If you are　(2)am doing

2 (1)If I'm free tomorrow, I'll go fishing(.)

(2)She was playing tennis when I saw
her(.)

考え方 1 (1)「もし〜なら」=〈if + 主語 + 動詞〜〉　(2)
「〜している」は現在進行形〈am[are] + 動詞
の-ing形〉で表すことができる。

---

2 (1)カンマがあるので，〈if + 主語 + 動詞〜〉
「もし〜なら」は文の前半に置く。　(2)カンマ
がないので，〈when + 主語 + 動詞〜〉「〜の
とき」は文の後半に置く。「〜していた」は過
去進行形〈was[were] + 動詞の-ing形〉で表
すことができる。

---

**p.132**　　　　　　　　　ぴたトレ1

Words & Phrases　　(1)涙

(2)これ以上の…を〜ない　(3)pronounce

(4)limit

1 (1)became[got], tired　(2)became, nurse

(3)taught us English

2 (1)I gave an English book to him(.)

(2)She made a cake for me(.)

考え方 1 (1)「〜（の状態）になった」=〈became[got] +
形容詞〉。becameはbecomeの過去形。
(2)「〜（名詞）になった」=〈became + 名詞〉
(3)空所の数から，「（人）に（もの）を教えた」は
〈taught + 人 + もの〉で表す。taughtは
teachの過去形。専門的なことを教える場合
はtellではなくteachを使う。

2 (1)toがあるので，「（人）に（もの）をあげた」
は〈gave + もの + to + 人〉で表す。　(2)forが
あるので，「（人）に（もの）を作った」は
〈made + もの + for + 人〉で表す。

---

**p.133**　　　　　　　　　ぴたトレ1

Words & Phrases　　(1)やめる　(2)紹介する

(3)lives　(4)thousands of

1 (1)has been practicing

(2)is difficult to find

2 (1)I have been working for this company
for ten years(.)

(2)This book was very easy to read(.)

考え方 1 (1)「3歳のとき」という過去の時点から現在ま
で続いている動作を現在完了進行形
〈have[has] been + 動詞の-ing形〉を使って
表す。　(2)「見つけにくい」=「見つけるのが難
しい」

2 (1)10年間ずっと「働く」という動作を続けて
きたことを現在完了進行形〈have[has]
been + 動詞の-ing形〉を使って表す。　(2)「と
ても読みやすかった」=「読むのがとてもたや
すかった」

1⃣ (1)ウ　(2)イ　(3)エ

2⃣ (1)made[cooked] us dinner

　(2)became[got] sad when

　(3)were asking for

3⃣ (1)I think this story is difficult to understand(.)

　(2)That is the best way to change this situation(.)

　(3)If you are free, could you help me(?)

4⃣ (1)Emma wants to study Japanese.

　(2)My sister has been talking with her friend for three hours.

5⃣ (1)彼は列車の窓から最後のビザを手渡して叫びました

　(2)もうビザを発給する[書く]ことができなかったから。

　(3)had[needed] to quit

　(4)(The man)showed him an old piece of paper(.)

　(5)⑤We've, looking for, since

　　⑦thousands of

　(6)(ヨーロッパでは，より発音しやすいように)自分の名前の読み方

考え方

1⃣ (1)主語が3人称・単数で，直後に名詞が続いていることから，ウが適切。〈became＋名詞〉＝「〜になった」　(2)「(人)に(もの)を送る」は〈send＋人＋もの〉または〈send＋もの＋to＋人〉で表す。　(3)since 9:00 a.m.「午前9時から(ずっと)」とあることから，エを入れて現在完了進行形の文にする。

2⃣ (1)空所の数から，「(人)に(もの)を作る」は〈make[cook]＋人＋もの〉で表す。　(2)「〜(の状態)になる」＝〈become[get]＋形容詞〉，「〜のとき」＝〈when＋主語＋動詞〜〉　(3)「〜していた」は過去進行形〈was[were]＋動詞の-ing形〉で表す。「〜を求める」＝ask for 〜

3⃣ (1)「〜と思う」＝think (that) 〜，「理解しづらい」＝「理解するのが難しい」　(2)the best way「最善の方法」を不定詞to change this situation「この状況を変える」で説明する。　(3)カンマがあるので，〈if＋主語＋動詞〜〉「もし〜なら」は文の前半に置く。「〜してくださいませんか。」＝could you 〜?

4⃣ (1)「〜したがっている」＝〈want to＋動詞の原形〉。主語が3人称・単数なので，wantに-sをつける。　(2)3時間ずっと「話す」という動作を続けていることを現在完了進行形〈have[has] been＋動詞の-ing形〉を使って表す。

5⃣ (1)hand out 〜 ＝「〜を手渡す」，cry out＝「叫ぶ」。　(2)直後の文参照。　(3)「〜しなければならなかった」はhave toの過去形had toを使って表す。「(仕事を)やめる」＝quit　(4)語群にhimとshowedがあることから，〈show＋人＋もの〉を使った文にする。an old piece of paper「1枚の古い紙切れ」　(5)⑤戦争が終わった時点から現在まで「さがす」という動作を続けてきたことを現在完了進行形〈have[has] been＋動詞の-ing形〉を使って表す。「〜をさがす」＝look for 〜，「〜から(ずっと)」＝since 〜　⑦「何千もの」＝thousands of 〜　(6)Because of thisは「このために」という意味。thisは直前の2文の内容を指している。

pp.138〜139　予想問題 **1**

**出題傾向**

＊未来形の２つの言い方を正しく使えるようにしておこう。

＊接続詞の使い方を確認しておこう。

**❶** (1)tennis balls　(2)イ

　(3)Will you be busy after school (today?)

　(4)明日はひまな予定です。

　(5)1.イ　2.ウ

**❷** (1)must not　(2)hope that

　(3)won't practice　(4)when I

**❸** (1)Mary is going to play the piano at the concert.

　(2)We had to bring our meals.

　(3)If it is[it's] sunny tomorrow, let's go swimming in the sea.

　(4)You don't have to open the window.

**❹** (1)Will it be snowy tomorrow?

　(2)My sister is going to take some pictures.

　(3)Do you know that the movie is interesting?

**考え方**

**❶**(1)代名詞が指すものはその文の直前にあることが多い。この場合は直前のマークの発言にある「ボール」である。「英語２語で」という指示があるので，具体的にtennis ballsとする。　(2)(　)を含む文は「昨日図書館に行ったときにその店を見つけられなかった」という文にすると意味が通る。「〜ときに」を表す接続詞はwhen。　(3)willを使った未来形の疑問文にする。〈Will＋主語＋動詞の原形〜?〉という語順。「放課後」はafter school。　(4)〈be going to＋動詞の原形〉を使った未来形の文。「〜する予定です」という意味。ここではfreeは「ひまな」という意味。　(5)1.問いは「ヒロは明日，何を買う予定ですか。」という意味。ヒロの３つ目の発言参照。「サッカーボールを買わなくてはなりません」とある。　2.問いは「ヒロは今日，何をしなくてはなりませんか。」という意味。マークの「今

日の放課後は忙しい?」という問いかけに対して，ヒロは「今日はおばを訪ねなくてはならない。」と答えている。

**全訳**

マーク：新しいテニスボールを買いたいな。ぼくのボールは古すぎるよ。

ヒロ：どこでそれらを買う予定なの?

マーク：いい店を知らないんだ。きみは知ってる?

ヒロ：図書館の近くの店がいいと思うよ。とても大きい店なんだ。

マーク：本当?　昨日図書館に行ったときはその店を見つけられなかったよ。

ヒロ：じゃあ，一緒にそこへ行こうよ。ぼくはサッカーボールを買わなくちゃいけないんだ。

マーク：それはいい考えだね。今日の放課後は忙しい?

ヒロ：ああ，今日はおばを訪ねなくてはならないんだ。明日はどう?

マーク：明日はひまな予定だよ。

ヒロ：やった!　じゃあ，明日会おう。

**❷**(1)「〜してはいけない」と言うときは，mustの否定形must notを用いる。must notのうしろは動詞の原形が置かれる。　(2)「〜を望む」はhopeで，「〜ということ」は接続詞thatを使う。接続詞thatのうしろに文を置くことができる。　(3)未来形の否定文。空所の数からwill notの短縮形won'tを使うことがわかる。〈主語＋won't[will not]＋動詞の原形〜〉という形。　(4)「〜のとき」を表す接続詞はwhen。「電話した」のは「私」なので，when以下の主語はIにする。

**❸**(1)〈主語＋be going to＋動詞の原形〉を使った未来形の文にする。Maryは３人称単数なので，be動詞はisを使う。また，toのうしろは動詞の原形にする。　(2)must「〜しなければならない」の過去形は，mustに過去形がないので〈had to＋動詞の原形〉を使う。(3)「もし〜ならば」を意味する接続詞ifを使って１文にする。if以下の文は未来のことでも現在形を使うことに注意。ifの文の最後にカンマ(,)を置き，let's go 〜の文をそのまま続ける。　(4)「〜する必要はない」は，have to 〜の否定形don't have to 〜で表す。must not 〜は「〜してはならない」という意味なので注意。

❹(1)「雪の」を意味する形容詞snowyを使い，willを使った未来形の疑問文を作る。〈Will＋主語＋動詞の原形～?〉という形。天気のことを言うとき，主語はitを使う。　(2)〈be going to＋動詞の原形〉を使った未来形の文で表す。主語は「自分(＝私)の妹」なので，my sister。「写真を何枚か撮る」はtake some pictures。　(3)「～ということ」を表す接続詞thatを使う文の疑問文を作る。「～ということを知っていますか」はDo you know that ～?で表せばよい。このthatのうしろに「その映画がおもしろい」という文を続ければよい。

### pp.140～141　予想問題 ❷

出題傾向

＊不定詞と動名詞の使い方およびその違いを正しく理解しておこう。

❶(1)I thought that skiing was easy
　(2)私たちは夕食を食べるために地元のレストランに行きました。
　(3)eating　(4)イ
　(5)1. No, she doesn't.　2. Yes, they did.
　3. Yes, she did.

❷(1)to see　(2)to win
　(3)reading　(4)to buy

❸(1)teaching　(2)to eat
　(3)to play　(4)Speaking

❹(1)Do you have time to help them(?)
　(2)I decided to study abroad(.)

❺(1)I have a lot of work to do.
　(2)My plan is to visit France next year.
　(3)Playing baseball is easy for him.

考え方　❶(1)「～だと思っていました」は接続詞thatを使う。過去形の文なので，I thought thatから始める。「スキーをすること」は「スキーをする」を意味する動詞skiを-ing形にして動名詞にする。thinkの過去形thoughtを

使っているので，that以下の文も過去にする。wasはisの過去形。　(2)to eat dinnerは「～するために」を表す副詞的用法の不定詞。wentの直後のtoは「～へ」を表す前置詞なので，混同しないように注意。a local restaurantは「地元のレストラン」という意味。　(3)eatを含む，I以下の文を「食べるのをやめられませんでした」という文にすると意味が通る。「～するのをやめる」と言うときは〈stop＋動名詞〉で表す。〈stop＋不定詞〉だと「～するために立ち止まる」という意味になるので注意が必要。　(4)ア「私の趣味は地元の食べ物を食べることです」イ「友だちに会うことは私にとって大切です」ウ「北海道に滞在することは私にとって楽しくありません」文脈により友だちのことを話しているとわかるので，イを選ぶ。　(5)1.問いは「ミカは彼女の祖母と住んでいますか。」という意味。第1段落3文目より一緒に住んでいるのは祖父であるとわかる。現在形で答える。　2.問いは「カナとミカはスキーをしましたか。」という意味。第2段落1文目に「私たちはスキーに行きました」とある。過去形で答える。　3.「カナは北海道で地元のレストランに行きましたか。」という意味。第3段落1文目に「地元のレストランに行きました」とある。過去形で答える。

全訳

私はカナで東京に住んでいます。この前の冬，私は友だちのミカに会うために北海道に行きました。彼女は両親と祖父と住むためにそこに引っ越しました。私たちは同じ学校に行きましたが，彼女は2年前に引っ越しました。

私が北海道にいたとき，私たちはスキーをしに行きました。私はスキーをすることは簡単だと思っていましたが，難しかったです。私はたくさん転びましたが，たくさん練習しました。3時間後，少しスキーをすることができました。スキーをすることは楽しかったです。

スキーのあと，私たちは夕食を食べるために地元のレストランに行きました。北海道のシーフードはとてもおいしかったです。おいしすぎて食べるのをやめられませんでした！

私は北海道での滞在を楽しみました。友だちといることも楽しみました。今は友だちに会うことは私にとって大切だとわかっているので，近いうちに彼女をまた訪ねたいです。

② (1)「～するために」を表す不定詞の副詞的用法を用いた文にする。toのうしろは動詞の原形。「ポールはジョンに会うためにパーティーに来ました。」 (2)不定詞の名詞的用法を使う文にする。hope to ～で「～することを望む」という意味。「私たちは今度の日曜日に試合に勝つことを望んでいます。」 (3)finishのうしろに動詞を置きたいときは，動名詞のみを置くことができる。readの-ing形を置けばよい。「あなたはその本を読み終わりましたか。」 (4)不定詞の形容詞的用法を用いた文。many thingsをto以下が説明している。「私はスーパーマーケットで買うものがたくさんあります。」

③ (1)1文目は「彼の父は数学の先生です。」という意味なので，2文目は「彼の父の仕事は数学を教えることです。」という意味の文にすればよい。空所の数から動名詞を使えばいいとわかる。「教える」を意味するteachの-ing形を置く。 (2)1文目は「そのとき私は何かを食べたかったです。」という意味なので，2文目は「そのとき私は何か食べるものがほしかったです。」という意味の文にすればよい。不定詞を使って直前の語を説明する。この場合はsomethingを説明する。 (3)startのうしろに動詞を置くときは不定詞を置いても動名詞を置いても意味は変わらないので，to playを置く。 (4)1文目のTo speakは不定詞の名詞的用法で「話すこと」という意味。動名詞にしても意味は変わらないので，speakの-ing形を置けばよい。

④ (1)不定詞の形容詞的用法を使った文。to help themがtimeを説明する文を作ればよい。「～する時間はありますか」と疑問文なので，Do you have time ～?の形を使えばよい。 (2)decide to ～で「～することを決心する」という意味になる。toのうしろは動詞の原形を置く。abroadは「外国で」という意味。

⑤ (1)不定詞の形容詞的用法を使う。to doで a lot of workを説明する文を作ればよい。「仕事」は名詞のworkで表すことができる。 (2)主語は「私の計画」なので，My plan is ～から始める。「～を訪ねること」は指示に従って不定詞の名詞的用法を使い，to visitで表す。「来年」はnext yearで，通常は文末に置かれる。 (3)「野球をすること」は指示に従って

動名詞を使い，playing baseballとする。「簡単な」は形容詞easyで表す。「彼にとって」はfor himで，この場合は文末に置く。

**pp.142～143　　　　予想問題 3**

出題傾向

＊比較級，最上級，as ～ as ...の使い方を確認しておこう。

＊become，look，give，tellなどの一般動詞の正しい使い方を理解しよう。

① (1)ウ　(2)highest
　(3)私は山の登り方を知りません。
　(4)I will give you the book
　(5)1.ウ　2.ア

② (1)the best　(2)friend became
　(3)easier than　(4)taught us

③ (1)The blue jacket is more expensive than the red jacket.
　(2)Do you know when to leave?

④ (1)This is the most beautiful park in Japan.
　(2)What will you show us?
　(3)I don't know how to open this box.

考え方 ① (1)butのあとに続く文を「どこに行くべきかわからない」という文にすれば，続くベンの発言につながる。「どこ」を表すのはウのwhere。アは「いつ」，イは「どうやって」，エは「何を」を表す。 (2)highの直前にtheがあること，あとにin this townがあることから最上級を用いた文だとわかる。highの最上級は語尾に-estをつければよい。 (3)〈how to＋動詞の原形〉で「～の仕方」を表す。その前にI don't knowがあるので，「～の仕方がわからない」という意味になる。climb mountainsは「山に登る」という意味。 (4)〈give＋人＋もの〉という語順の文にする。この場合，人＝you，もの＝the book。これをwillを使った未来形の文にすればよい。

(5)1.問いは「なぜダイチはベンに話しかけた
のですか。」という意味。ア「ベンがダイチに
その本をあげたからです。」イ「ダイチが山に
興味があったからです。」ウ「ベンが幸せそう
に見えたからです。」ダイチの1つ目の発言か
らウを選べばよい。　2.問いは「最初にベン
はどの山を勧めましたか。」という意味。ア
「ミドリ山」イ「サクラ山」ウ「山に関する本」ベ
ンは3つ目の発言で，初めて山を勧めている
ので，アの「ミドリ山」を選べばよい。

**全訳**

ダイチ：きみは幸せそうだね，ベン。

ベン：うん，明日父と登山をする予定なん
　　　だ！

ダイチ：おお，それはすばらしい。登山は好き
　　　なの？

ベン：うん。とても好きだよ。頂上に登ると
　　　気持ちがいいんだ。

ダイチ：ぼくは興味はあるけど，どこに行けば
　　　いいのかわからないんだ。

ベン：ミドリ山はどう？　この町で一番高い
　　　山だけど，その山を登るのは簡単だよ。

ダイチ：本当？　ぼくには高すぎると思う。他
　　　の山を知ってる？

ベン：うーん，ではサクラ山はどう？　ミド
　　　リ山ほど高くはないし，登るのはそん
　　　なに難しくないよ。

ダイチ：サクラ山はよさそうだけど，どうやっ
　　　て山に登るか知らないんだ。

ベン：ぼくは山に関する本を持ってるよ。ぼ
　　　くは使わないから，その本をきみにあ
　　　げるよ。

ダイチ：ありがとう。きみはとても親切だね，
　　　ベン。

❷(1)「～が最も好きです」と言うときは〈like ～
the best〉を使う。theがつくことに注意す
る。of all sportsは「すべてのスポーツの中
で」という意味。　(2)「～になる」はbecome
を使う。この場合は過去形なので，became
とする。　(3)形容詞の比較級の文にする。〈比
較級＋than〉を使う。「簡単な」を表すeasy
の比較級はeasier。　(4)〈teach＋人＋もの〉
を使った文にする。人＝us，もの＝Japanese。
この場合は過去の出来事なので，teachの過
去形taughtを使う。

❸(1)「赤い上着は青い上着ほど高くはありませ
ん。」は「青い上着は赤い上着より高いです。」
と言いかえることができるので，比較級を使

う。expensiveの比較級はmore
expensive。　(2)「いつ出発したらよいか
知っていますか。」という文にすればよい。
「いつ～すればよいか」は〈when to＋動詞の
原形〉を使う。

❹(1)最上級の文を作る。beautifulの最上級は
the most beautiful。主語は「これは」なの
で，This isから文を始めればよい。　(2)「何
を～」とたずねる文なので，疑問詞whatか
ら始まる疑問文を作ればよい。「私たちに見
せる」はshow us。また，未来の話なので，
willを使った未来形の文にする。〈What＋
will＋主語＋動詞の原形～?〉という形にする。
(3)「～の仕方」は〈how to＋動詞の原形〉で表
す。「この箱を開ける」はopen this box。
「知らない」とあるので，I don't knowから
文を始めればよい。

---

**英作文の採点ポイント**

□単語のつづりが正しい。（2点）

□（　）内の指示に従って書けている。（1点）

□(1)形容詞の最上級を正しく使えている。
　(2)showの用法を正しく使えている。
　(3)how toを正しく使えている。（5点）

---

**pp.144～145**　　予想問題 **4**

**出題傾向**

＊受け身の文の意味やその作り方を正しく理解し
よう。

❶(1)ウ　(2)taught
　(3)are seen on the Internet
　(4)それは有名なアメリカ人作家によって書か
　れました。
　(5)ア×　イ×　ウ○　エ○

❷(1)were eaten　(2)When was
　(3)liked by　(4)not used

❸(1)Many tourists visit this temple.
　(2)The letter was read by her.
　(3)Where was this bag made?
　(4)The window was opened by Emi.

❹(1)This song is known to children.
　(2)Are those birds seen in Japan?
　(3)She is walking along the street.

考え方 ❶(1)ア「それはどこで見られましたか。」イ「誰が
　見つかりましたか。」ウ「それはいつ作られま

したか。」エ「何が与えられましたか。」という意味。直後のミサの発言により，「いつ〜」と時をたずねているとわかる。時をたずねる疑問詞はwhenなので，ウを選ぶ。　(2)直前のbe動詞と直後のbyから受け身の文とわかる。「何人かのよい先生に教わりました。」という意味の文にする。teachは不規則動詞で，過去分詞形はtaught。　(3)Many moviesが主語の受け身の文にする。〈be動詞＋過去分詞形〉という語順にする。seenはseeの過去分詞形。　(4)受け身の過去形の文。by以降は「〜(人)によって」という意味。writtenはwriteの過去分詞形。famous American writerは「有名なアメリカ人の作家」という意味。　(5)ア「スーザンはスマートフォンで映画を見ています。」スーザンとミサの1つ目の発言参照。映画を見ているのはミサ。　イ「ミサは英語で日本の映画を見ています。」ミサの1つ目の発言に「アメリカで作られました。」とあるので，日本の映画ではないとわかる。ウ「ミサは映画を見るのがとても好きです。」ミサの4つ目の発言の最後の文参照。「映画が大好き」とある。　エ「スーザンは昨日，母と娘についての本を買いました。」スーザンの6つ目の発言の2文目と5文目参照。昨日本を買い，母と娘についての本だと言っている。

**全訳**

スーザン：あなたはスマートフォンで何を見てるの，ミサ？

ミサ：映画を見てるのよ。これはアメリカで作られたのよ。警察についての映画よ。

スーザン：おもしろそうね。それはいつ作られたの？

ミサ：去年よ。とてもワクワクするわ。

スーザン：それを日本語で見てるの？

ミサ：ううん，英語で。役者は英語で話すけれど，私は理解できるわ。

スーザン：すばらしい。どうやって英語を勉強したの？

ミサ：何人かのいい先生に教わったの。彼らは勉強するためにインターネットを使うことができると私に言ったの。多くの英語の映画はインターネットで見られるわ。私は映画が大好きだからよく見るの。

スーザン：それは勉強するのにいい方法だね！

あなたは本も読むの？

ミサ：私のお気に入りの本の何冊かは英語で書かれているわ。

スーザン：わあ，あなたはほんとうにたくさん勉強するのね。そうだ，私は昨日，本を買ったの。それは有名なアメリカ人作家によって書かれたの。今読んでいてすごくおもしろいわ。母と娘についての本よ。私が読み終わったらあなたに貸すわ。

ミサ：あなたは親切ね！　ありがとう，スーザン。

❷ (1)受け身の過去形の文。主語が複数なので，be動詞はwereにする。eatの過去分詞形はeaten。　(2)疑問詞を使った受け身の疑問文。〈疑問詞＋be動詞＋主語＋動詞の過去分詞形?〉という語順になる。「いつ」と時をたずねる疑問詞はwhen。主語が3人称単数のthis museumなので，be動詞はwasを使う。　(3)現在形の受け身の疑問文。〈be動詞＋主語＋動詞の過去分詞形〜?〉という語順になる。「〜(人)によって」はby 〜で表す。　(4)現在形の受け身の否定文。〈主語＋be動詞＋not＋動詞の過去分詞形〉という語順になる。「使う」はuseで，過去分詞形はused。

❸ (1)受け身の文をふつうの文に書きかえる。現在の出来事なので，動詞は現在形を使う。(2)ふつうの文を受け身の文にする。もとの文において，主語が3人称単数にもかかわらず，動詞に-sがついていないので，現在形ではなく過去形の文だとわかる。したがって，受け身の文にするときも過去形にする。the letterが主語になるので，be動詞はwas。readの過去分詞形はread。　(3)疑問詞whereを使って「場所」をたずねる疑問文にする。疑問詞whereを使った受け身の疑問文は〈where＋be動詞＋主語＋動詞の過去分詞形〜?〉という語順にする。madeはmakeの過去分詞形。　(4)現在形の受け身の文を過去形にする場合，be動詞を過去形にすればよい。isをwasにする。

❹ (1)「〜に知られている」は〈be動詞＋known to 〜〉の形で表すことができる。主語は「この歌」なので，This songから始めればよい。「子ども」はchildで複数形はchildren。known toのうしろにこのchildrenを入れる。　(2)受け身の疑問文を作ればよい。〈be

動詞＋主語＋動詞の過去分詞形〜?〉という語順。主語は「あれらの鳥」なので，those birds。「見る」を表すseeの過去分詞形はseen。　(3)現在進行形の文。〈主語＋be動詞＋動詞の-ing形〉という語順にする。「〜に沿って」はalong　〜で表す。「歩く」はwalkで，-ing形はwalking。

## pp.146〜147　　予想問題 5

＊現在完了形の各用法（完了，経験，継続）を正しく使えるようにしよう。

＊現在完了進行形の形を確認しておこう。

❶(1)My new school life has started

　(2)私はたくさんのことを学びました。

　(3)never　(4)stayed

　(5)1. No, he doesn't.

　　2. Because they are from all over the world.

　　3. He told him that studying in other countries was fun.

❷(1)eaten　(2)has

　(3)ran　(4)looking

❸(1)has, for　(2)heard, yet

　(3)have just　(4)has, since

❹(1)How long has he been sitting here?

　(2)I have been to the museum twice.

　(3)How can I get to the baseball stadium?

❶(1)完了の用法の現在完了形の文にする。〈主語＋have[has]＋動詞の過去分詞形〜〉という形。主語はmy new school lifeにする。　(2)完了を意味する現在完了形の文。learnedは「学ぶ」を意味するlearnの過去分詞形。　(3)現在完了形で「一度も〜したことがない」を表す場合はhaveのうしろにneverを入れる。notを入れると「一度も〜ない」というニュア

ンスがない。　(4)直前にhaveがあるので，現在完了形だとわかる。〈主語＋have[has]＋動詞の過去分詞形〜〉なので，stayを過去分詞形にすればよいとわかる。　(5)1.問いは「ワタルはいつも英語を理解しますか。」という意味。第1段落6文目参照。「ときどき理解しない」とあるので，Noから始まる文で答える。　2.問いは「なぜワタルは新しいクラスメートに会ったときに驚いたのですか。」という意味。第2段落1文目参照。「生徒たちが世界中からの出身なので驚いた」と言っている。Whyから始まる疑問文には，Becauseから始まる文で答える。　3.問いは「スミス先生はワタルに何と言いましたか。」という意味。第4段落2文目参照。「他の国で勉強することは楽しいと私に言ってくれた」とある。

スミス先生へ

　お元気ですか。私はここオーストラリアに1か月滞在していて元気にやっています。日本を出発する前は手助けをありがとうございました。すべては順調です。私の新しい学校生活が始まり，新しい先生と新しいクラスメートに会いました。私はときどき英語を理解しませんが，彼らは私にとても親切にしてくれています。私をたくさん助けてくれ，私はたくさんのことを学んでいます。

　学校では，生徒が世界中からの出身なので驚きました。一部はオーストラリア出身で，他はたとえばインド，フランス，タイなど他の国出身です。他の文化について学べるので，私は彼らの文化についての話を聞くのが好きです。

　今度の週末，私の友だちが私の歓迎会をやってくれる予定です。自分たちの国の地元の食べ物をそれぞれが料理して持っていく予定です。私はオーストラリアで一度もパーティーに行ったことがないので待ちきれません！

　今たった1か月しかここに滞在していませんし，たった1年しか滞在する予定はありませんが，私の経験はすばらしいものになるとわかります。あなたが他の国で勉強することは楽しいと私に言ってくれたので，本当に感謝しています。　　　　　ワタルより

❷(1)「あなたは昼食を食べましたか。」完了を表す現在完了形の疑問文。〈Have[Has]＋主語＋動詞の過去分詞形〜?〉という形。eatの過去分詞形はeaten。　(2)「彼女は3日間ずっと

病気です。」直後にbe動詞の過去分詞形been があるので，現在完了形であることがわかる。 主語が3人称単数なので，hasを使う。文中 のforは期間を表し，for three daysで「3 日間」となる。 (3)「ジョーは昨夜，公園を走 りました。」文末にlast night「昨夜」があるの で，過去のある時点を表しているとわかる。 したがって，過去形にする。runの過去形は ran。 (4)「彼らは自分たちのネコを探し続け ています。」直前にhave beenがあるので， 現在完了進行形の文だとわかる。〈have＋ been＋動詞の-ing形〉の文を作ればよい。 look for 〜で「〜を探す」という意味。

❸(1)継続を表す現在完了形の文にする。〈主語 ＋have[has]＋動詞の過去分詞形〜〉という 形。主語が3人称単数なので，hasを使う。 「〜の間」と言うときはfor 〜を使う。 (2)現 在完了形の疑問文にする。〈Have[Has]＋主 語＋動詞の過去分詞形〜?〉という形にする。 「聞く」はhearで過去分詞形はheard。現在 完了形の疑問文で「もう」はyetで表し，通常 は文末に置く。 (3)完了を表す現在完了形の 文。〈主語＋have[has]＋動詞の過去分詞形〉 という形にする。主語はTheyなので， haveを使う。現在完了形の文で「ちょうど」 はjustで，通常はhaveのうしろに置く。 (4)現在完了進行形の文。〈主語＋have[has] ＋been＋動詞の-ing形〉という形にする。 主語が3人称単数なので，hasを使う。「〜 してから」はsinceで表す。sinceのうしろ には文を置くことができる。

❹(1)「どれくらい」と期間をたずねるときは How long 〜?の形を使う。この場合は現在 完了進行形の疑問文なので，How longのあ とは〈have[has]＋主語＋been＋動詞の-ing 形〜?〉の語順にする。「座る」はsitで-ing形 はsitting。 (2)経験を表す現在完了形の文。 「〜に行ったことがある」は〈主語＋ have[has]＋been＋to＋場所〉で表すこと ができる。「2回」はtwiceで，通常は文末に 置く。 (3)道をたずねるときによく使われる 表現。「〜に行くにはどうしたらいいですか」 とたずねるときはHow can I get to 〜?と いう表現を使う。toのあとに行きたい場所 を続ける。「野球場」はbaseball stadium。

| 英作文の採点ポイント |
| --- |
| □ 単語のつづりが正しい。（2点） |
| □ （ ）内の指示に従って書けている。（1点） |
| □ (1)現在完了進行形の文を正しく作れている。 |
| 　(2)経験を表す現在完了形を正しく使えている。 |
| 　(3)道をたずねるときの表現を正しく使えてい |
| 　る。 |
| 　（4点） |

# リスニングテスト
## 〈解答〉

### ① There is[are] 〜.

**1** (1)○　(2)×　(3)×　(4)○

**ココを聞きトレ⑥** There is[are] 〜.の文は，「〜」の部分にくる名詞とその数に注意。文の終わりに〈前置詞＋語句〉の形で場所を表す表現がくるので，ものや人の位置を正しく聞き取ろう。

**英文** (1)There is a bag under the table. There are some books on the table. (2)There is a clock on the wall. But there are not any pictures on the wall. (3)There is a bed by the door. Two cats are sleeping on the bed. (4)There are two girls in the room. One is watching TV. The other is reading a book.

**日本語訳** (1)テーブルの下にかばんが1個あります。テーブルの上に本が何冊かあります。 (2)壁に時計が1個かかっています。しかし壁に絵は1枚もかかっていません。 (3)ドアのそばにベッドが1つあります。ベッドの上で2匹のネコが眠っています。 (4)部屋の中に女の子が2人います。1人はテレビを見ています。もう1人は本を読んでいます。

**2** (1)イ　(2)ア

**ココを聞きトレ⑥** それぞれの文が表す時と，ものの数を正しく聞き取ろう。There is[are] 〜.の文では，be動詞がwasやwereになると過去のことを表す。ten years agoやnowなど，時を表す表現も手がかりにしよう。

**英文** *Jane :* J, *Ken :* K

J : Look, Ken. There were seven junior high schools in this city ten years ago.

K : Right, Jane. Now there are five junior high schools. We had two libraries ten years ago, but we have three libraries now.

J : Good. How about hospitals? There was only one hospital ten years ago

K : Oh, we have four hospitals now. There is one near my house.

Q : (1)How many libraries are there in this city?

(2)Is there a hospital near Ken's house?

**日本語訳**

J：見て，ケン。10年前，この市には7校の中学校があったのね。

K：そうだね，ジェーン。今は5校の中学校があるね。10年前には2つの図書館があったけれど，今は3つの図書館があるよ。

J：いいわね。病院はどう？　10年前には1つの病院しかなかったわ。

K：ああ，今は4つ病院があるね。ぼくの家の近くにも1つあるよ。

質問：(1)この市にはいくつ図書館がありますか。
　　　(2)ケンの家の近くには病院がありますか。

### ② 未来の表現

**1** (1)エ　(2)ウ　(3)イ

**ココを聞きトレ⑥** 未来の予定の聞き取りがポイント。willやbe going toは未来を表す表現。next Sunday，tomorrowなどの時間を表す語に注目し，その時間にだれが何をするのかを正しく聞き取ろう。

**英文** *Woman :* W, *Man :* M

(1)W : Kevin, I'll make sandwiches for you next Sunday.

M : Thank you, Mom. I'll eat them in the park.

(2)M : What are you going to do tomorrow, Yumi?

W : I'm going to play tennis. So today I'll study and clean my room.

(3)W : Are you going to do your homework after dinner, Ken?

M : Well, I'll study in the library after school. I'm going to practice the guitar after dinner.

**日本語訳**

(1)W：ケビン，次の日曜日，私はあなたにサンドイッチを作ります。

M：ありがとう，お母さん。私は公園でそれを食べます。

(2)M：あなたは明日何をするつもりですか，ユミ。

W：私はテニスをするつもりです。だから今日は勉強して，部屋をそうじします。

(3)W：あなたは夕食後に宿題をするつもりですか，ケン。

M：ええと，私は放課後に図書館で勉強します。夕食後はギターの練習をするつもりです。

**❷** (1)エ　(2)ア

ココを聞きトレ⑥　時刻と登場人物の行動の聞き取りがポイント。質問文のwhat timeは「時刻」をたずねる疑問詞なので，数字に特に注意しよう。登場人物が多い場合には，それぞれの人についての情報を整理してから選択肢を読もう。

英文　Hello, Jane. This is Rika. Emi and I will have a birthday party for Aya at my house next Saturday. The party will begin at three. I'm going to clean the room before the party. Please come to my house at one thirty and help me. I bought a CD for Aya yesterday. Emi is going to make a cake. Can you bring your camera and take some pictures at the party? Thanks. Bye.

Q : (1)What time will Aya's birthday party start?
　　(2)What will Rika do before Aya's birthday party?

日本語訳　こんにちは，ジェーン。リカです。エミと私は次の土曜日に，私の家でアヤの誕生日パーティーを開きます。パーティーは3時に始まります。私はパーティーの前に部屋をそうじするつもりです。1時30分に私の家に来て，私を手伝ってください。私は昨日アヤのためにCDを買いました。エミはケーキを作るつもりです。あなたはカメラを持ってきて，パーティーで写真をとってもらえますか。ありがとう。さようなら。

質問：(1)アヤの誕生日パーティーは何時に始まりますか。
　　　(2)リカはアヤの誕生日パーティーの前に何をしますか。

### ③ 現在完了形（経験用法・完了用法）

**❶** (1)ウ　(2)ア　(3)イ

ココを聞きトレ⑥　現在完了形の経験用法と完了用法の意味のちがいに十分注意しよう。数字や回数の聞き取りも重要なポイント。

英文
(1)Diane has been to India twice, but David has never been there. He went to Brazil when he was twelve. Bob wants to go to Mexico and Japan.
　　Q : What country has David been to?
(2)Miki saw the movie last week, and she's going to see it again tomorrow. Jane has

never seen it, but Kate has seen it three times.
　　Q : How many times has Miki seen the movie?
(3)Ken wants to have lunch. Mike has already had lunch, but John has not had lunch yet. So Ken will have lunch with John.
　　Q : Who has had lunch?

日本語訳　(1)ダイアンは2回インドに行ったことがありますが，デイビッドは1回もそこへ行ったことがありません。彼は12歳のときにブラジルへ行きました。ボブはメキシコと日本へ行きたいと思っています。
　　質問：デイビッドはどの国へ行ったことがありますか。
(2)ミキは先週その映画を見て，明日もう一度それを見るつもりです。ジェーンはそれを見たことがありませんが，ケイトは3回見たことがあります。
　　質問：ミキはその映画を何回見たことがありますか。
(3)ケンは昼食を食べたいと思っています。マイクはすでに昼食を食べてしまいましたが，ジョンはまだ昼食を食べていません。そこでケンはジョンと昼食を食べるつもりです。
　　質問：だれが昼食を食べましたか。

**❷** (1) twenty　(2) No, hasn't
　　(3) station　(4) Next Sunday

ココを聞きトレ⑥　現在完了形の完了用法と経験用法でよく使われる語に注意して聞き取ろう。alreadyは完了用法と，everやneverは経験用法といっしょによく使われることに注意。

英文　*Ryo : R, Kate : K*
R : Hi, Kate. I hear you like Japanese comic books.
K : Yes, Ryo. I've already read twenty Japanese comic books.
R : Great. Have you ever been to City Library? It has a lot of comic books.
K : Really? I've never been there. Where is it?
R : It's near the station. Why don't you go there with me next Sunday?
K : That's a good idea. I'm excited.
Q : (1)How many Japanese comic books has Kate read?

英語　41

(2)Has Kate ever visited City Library?

(3)Where is City Library?

(4)When are Ryo and Kate going to visit the library?

**日本語訳**

R：やあ，ケイト。きみは日本のマンガが好きだと聞いたよ。

K：ええ，リョウ。私はすでに20冊の日本のマンガを読んだわ。

R：すごいね。きみは市立図書館に行ったことはある？　たくさんマンガがあるよ。

K：ほんと？　私はそこには行ったことがないわ。どこにあるの？

R：駅の近くだよ。次の日曜日にぼくといっしょに行くのはどう？

K：いい考えね。わくわくするわ。

質問(1)ケイトは日本のマンガを何冊読みましたか。

(2)ケイトは市立図書館を訪れたことがありますか。

(3)市立図書館はどこにありますか。

(4)リョウとケイトはいつ図書館を訪れる予定ですか。

### ④ 現在完了形（継続用法）／現在完了進行形

**①** (1)エ　(2)ウ　(3)イ

**ココを聞きトレ⑥**　現在完了形の継続用法と現在完了進行形を注意して聞き取ろう。期間をどのように表しているのかを聞き取るのも重要なポイント。

**英文**　(1)Tom lived near the lake before his family moved to a new house two years ago. It is near a park. He still lives there now.

Q：Where has Tom lived since two years ago?

(2)Emma arrived in Japan on July 2. She visited me on July 7. Today is July 12. She will leave Japan on July 22.

Q：How long has Emma been in Japan?

(3)Meg is fifteen years old. She started playing the piano when she was five. She practices two hours a day. She has been on the tennis team for two years.

Q：What has Meg been playing for ten years?

**日本語訳**　(1)トムは家族が2年前に新しい家に引っ越す前，湖の近くに住んでいました。それ

は公園の近くです。彼は今もそこに住んでいます。

質問　トムは2年前からずっとどこに住んでいますか。

(2)エマは7月2日に日本に着きました。彼女は7月7日に私を訪れました。今日は7月12日です。彼女は7月22日に日本を去る予定です。

質問　エマはどのくらいの間日本にいますか。

(3)メグは15歳です。彼女は5歳のときにピアノをひき始めました。彼女は1日に2時間練習します。彼女はテニス部に2年間所属しています。

質問　メグは10年間ずっと何をしていますか。

**②** (1)3年間　(2)働きたい

(3)外国に住むこと　(4)異文化を理解すること

**ココを聞きトレ⑥**　現在完了形の継続用法と現在完了進行形の意味を正しく聞き取ろう。現在完了形の継続用法はある状態が続いていることを，現在完了進行形はある動作が続いていることを表す。

**英文**　Hi, Everyone. My name is Mike. I'm interested in Japanese culture. I've been studying Japanese for three years. Actually, it's a little difficult for me to learn Japanese, but I like learning new things. I want to work in Japan in the future.

My aunt lives in Thailand. She has lived there for about five years. She lived in India before she went to Thailand. She likes working with people from other countries. She says living in foreign countries teaches us a lot of things. I think it's very important to understand different cultures.

**日本語訳**　こんにちは，みなさん。私の名前はマイクです。私は日本の文化に興味があります。私は3年間ずっと日本語を勉強しています。実は，私には日本語を学ぶことは少し難しいですが，新しいことを学ぶのは好きです。私は将来，日本で働きたいです。

私のおばはタイに住んでいます。彼女は約5年間そこに住んでいます。彼女はタイに行く前はインドに住んでいました。彼女は他国出身の人々と働くのが好きです。彼女は外国に住むことは多くのことを私たちに教えてくれると言っています。私は異文化を理解することはとても重要だと思います。

## ⑤ 不定詞

**❶** (1)カ　(2)オ　(3)イ　(4)ウ

ココを聞きトレ🎧　不定詞が表す動作の内容に注意して答えを選ぶ。不定詞は動作の目的を表したり，名詞を説明したりすることもあるので，正しく意味を理解しよう。

英文　*Man* : M, *Woman* : W

(1)M : Where is Jun?

　W : He went to the sports shop to buy a soccer ball.

(2)W : Let's play soccer in the park, Jun.

　M : Sorry, Emma. I have a lot of homework to do.

(3)W : Did Jun play soccer with his friend in the park yesterday?

　M : No. He went to the library to borrow some books.

(4)W : What do you want to do next weekend, Jun?

　M : I want to see a soccer game at the stadium.

日本語訳

(1)M : ジュンはどこですか。

　W : 彼はサッカーボールを買うためにスポーツ用品店に行きました。

(2)W : 公園でサッカーをしましょう，ジュン。

　M : ごめん，エマ。やらなければならない宿題がたくさんあるんだ。

(3)W : ジュンは昨日彼の友人といっしょに公園でサッカーをしましたか。

　M : いいえ。彼は本を借りるために図書館に行きました。

(4)W : あなたは次の週末に何をしたいですか，ジュン。

　M : 私はスタジアムでサッカーの試合を見たいです。

**❷** (1)歴史を学ぶ　(2)寺院を訪れる
　　(3)大仏を見る　(4)和菓子を食べたい

ココを聞きトレ🎧　不定詞の表す内容の聞き取りがポイント。あらかじめ空所の前後に目を通しておき，放送される英文の中から，必要な情報をもれなく聞き取るようにしよう。

英文　Takuya likes to learn about history. He went to Kyoto to visit some temples last month. It has a long history. There are a lot of things to see in Kyoto. Takuya visited many temples. They had some Daibutsu. Seeing Daibutsu was very fun for Takuya. Also, he ate some Japanese sweets at a shop. They were delicious. He wants to eat them again.

日本語訳　タクヤは歴史を学ぶことが好きです。彼は先月寺院を訪れるため，京都に行きました。それは長い歴史があります。京都には見るべきものがたくさんあります。タクヤはたくさんの寺院を訪れました。そこにはいくつか大仏がありました。タクヤにとって大仏を見ることはとても楽しかったです。さらに，彼はお店で和菓子を食べました。それらはおいしかったです。彼はまたそれを食べたいと思っています。

## ⑥ 助動詞／have to

**❶** (1)○　(2)×　(3)×

ココを聞きトレ🎧　しなければいけないこと，してはいけないこと，しなくてよいことを正しく聞き取ろう。曜日や時刻の情報にも注意。

英文　(1)Kumi must write a letter to Mr. Brown in English. He doesn't understand Japanese, so Kumi must not use any Japanese. (2)Today is Saturday. Takashi's mother must work every Saturday, so Takashi and his father have to make dinner every Saturday. (3)Emma usually practices tennis before class, so she has to get up at six. But on weekends she doesn't have to get up at six.

日本語訳　(1)クミはブラウン先生に英語で手紙を書かなければなりません。彼は日本語がわからないので，クミは日本語を使ってはなりません。(2)今日は土曜日です。タカシのお母さんは毎週土曜日に働かなければならないので，タカシとお父さんは毎週土曜日に夕食を作らなければなりません。(3)エマはたいてい授業前にテニスを練習するので，6時に起きなければなりません。しかし週末は6時に起きなくてよいです。

**❷** ア，カ

ココを聞きトレ🎧　助動詞の意味に注意して，登場人物の予定を聞き取ろう。提案や申し出などの場面を正しく理解すること。日時や場所の情報を聞き逃さないようにしよう。

M : Hi, Ryo. John and I will go to a movie tomorrow. Can you come with us?

R : Yes, but I must do my homework first. Maybe I'll finish it in the morning.

M : OK. Let's go to the movie in the afternoon.

R : Great. Shall I go to your house at one o'clock?

M : Oh, you don't have to come to my house. John and I will meet at the station. Shall we meet there at two o'clock?

R : Sure. See you then.

日本語訳

M : こんにちは、リョウ。ジョンと私は明日、映画に行くの。私たちといっしょに来ない？

R : うん、でもまず宿題をしなくてはいけないんだ。たぶん午前中には終わるよ。

M : わかったわ。午後に映画に行きましょう。

R : いいね。1時にきみの家に行こうか？

M : あら、私の家に来なくていいわ。ジョンと私は駅で会うの。2時にそこで会いましょうか。

R : わかったよ。じゃあそのときにね。

## ⑦ 動名詞

❶ (1)ウ　(2)エ　(3)ア　(4)オ

ココを聞きトレ⑥　動名詞が表す動作の内容に注意して答えを選ぶ。

英文 *Man* : M, *Woman* : W

(1)M : What is Mary's hobby?

　 W : Her hobby is listening to music.

(2)W : Does Mary play tennis well?

　 M : Yes. She is good at it.

(3)W : Did Mary play tennis yesterday?

　 M : No. She enjoyed swimming in the river.

(4)W : What do you like to do?

　 M : I like singing songs.

日本語訳

(1)M : メアリーの趣味は何ですか。

　 W : 彼女の趣味は音楽を聞くことです。

(2)W : メアリーは上手にテニスをしますか。

　 M : はい。彼女はテニスをすることが得意です。

(3)W : メアリーは昨日テニスをしましたか。

　 M : いいえ、彼女は川で泳ぐことを楽しみました。

(4)W : あなたは何をすることが好きですか。

　 M : 私は歌を歌うことが好きです。

❷ (1)音楽家　(2)ピアノをひく

　(3)アヤといっしょに歌う　(4)自分自身のCD

ココを聞きトレ⑥　動名詞が表す内容に注意。あらかじめ空所の前後に目を通しておき、どんな情報が必要かを考えて聞き取るようにしよう。

英文　Hi. I'm Aya. I'm going to talk about my dream. I want to be a musician. I like playing the piano very much. Last month, I played the piano and sang some songs at the school festival. Many people enjoyed singing together with me. I was very happy. Of course I have to practice the piano very hard to be a musician. But I hope to make my own CD in the future. Thank you for listening.

日本語訳　こんにちは。私はアヤです。私は自分の夢について話すつもりです。私は音楽家になりたいです。私はピアノをひくことが大好きです。先月、文化祭でピアノをひいて、何曲かの歌を歌いました。多くの人々が私といっしょに歌うことを楽しみました。私はとてもうれしかったです。もちろん、音楽家になるためには、私はとても一生懸命にピアノを練習しなければなりません。しかし、私は将来、自分自身のCDを作りたいと思っています。聞いてくれてありがとう。

## ⑧ 比較表現

❶ (1)イ　(2)ア　(3)イ　(4)ウ

ココを聞きトレ⑥　比較の文では、何と何が比較されていて、その差がどうなのかを正しく聞き取ろう。比較級の語尾の-erや最上級の語尾の-est、比較の対象を表すthanや同じくらいであることを表すas ～ asなどの表現を聞き逃さないように注意。

英文　(1)Aya is eleven years old and Emi is ten years old. Kana is older than Aya.

　 Q : Who is the youngest of the three?

(2)Takeshi is taller than Ken. Jun is as tall as Takeshi.

　 Q : Which boy is Ken?

(3)The green bag is bigger than the blue one. The red one is the biggest.

　 Q : Which is the green bag?

(4)Mary runs faster than Emma. Kate does

not run as fast as Emma.

Q : Which girl is Kate?

**日本語訳** (1)アヤは11歳でエミは10歳です。カナはアヤより年上です。

質問：3人の中で最も年下なのはだれですか。

(2)タケシはケンより背が高いです。ジュンはタケシと同じくらいの背の高さです。

質問：どの男の子がケンですか。

(3)緑のかばんは青いのより大きいです。赤いのは最も大きいです。

質問：緑のかばんはどれですか。

(4)メアリーはエマより速く走ります。ケイトはエマほど速く走りません。

質問：どの女の子がケイトですか。

**②** (1)spring, best　(2)Summer
　(3)Yes, does　(4)brother

**ココを聞きトレ⑥** betterやbestなどの比較表現を正しく聞き取ろう。人名や季節名がポイントになるので，1度目の放送で聞き逃した情報は2度目の放送で確認しよう。

**英文** *Koji* : K, *Becky* : B

K : Becky, which season do you like?

B : Well, I like spring the best, because there are a lot of flowers in spring. My parents and my sister like summer the best.

K : I see. I like winter better than summer. I can enjoy some winter sports.

B : Really? No one likes winter in my family. My brother likes fall the best.

Q : (1)Which season does Becky like the best?

　(2)What is the most popular season in Becky's family?

　(3)Does Koji like winter better than summer?

　(4)Who likes fall the best in Becky's family?

**日本語訳**

K : ベッキー，きみはどの季節が好き？

B : ええと，私は春が最も好きよ。春はたくさんの花があるから。私の両親と姉は夏が最も好きね。

K : そう。ぼくは夏より冬が好きだな。冬のスポーツを楽しむことができるからね。

B : ほんと？　私の家族ではだれも冬が好きじゃ

ないわ。兄は秋が最も好きよ。

質問：(1)ベッキーはどの季節が最も好きですか。

　　　(2)ベッキーの家族で最も人気がある季節は何ですか。

　　　(3)コウジは夏よりも冬が好きですか。

　　　(4)ベッキーの家族で秋が最も好きなのはだれですか。

## ⑨ 受け身

**①** (1)ウ　(2)エ　(3)ア

**ココを聞きトレ⑥** 受け身の文では，主語が行為をされる側になることに注意。whenのような接続詞を含む文があると1文の長さが長くなるので，情報を整理しながら聞き取るようにしよう。

**英文** (1)This is used when you play a sport. The sport is played by two or four players. (2)These are used when we cook something. But we don't use them when we eat food. (3)This was used for taking pictures when I traveled in China. It was made in Japan.

**日本語訳** (1)これはあなたがあるスポーツをするときに使われます。そのスポーツは2人または4人の選手によって行われます。 (2)これらは私たちが何かを料理するときに使われます。しかし食べ物を食べるときにはそれらは使いません。 (3)これは私が中国を旅行したとき，写真をとるために使われました。それは日本で作られました。

**②** (1)家族　(2)(約)500年前
　(3)外国の人々　(4)伝統的な文化

**ココを聞きトレ⑥** 受け身の表現に気をつけて，キーワードを正しく聞き取ろう。時の情報はwhenの疑問文のあとに言われることが多いので注意。

**英文** *John* : J, *Aya* : A

J : How was your summer vacation, Aya?

A : It was great, John. I went to Kyoto with my family. I visited an old temple there.

J : Really? When was it built?

A : About five hundred years ago. We ate delicious food at a Japanese restaurant, too.

J : That's nice. I hear Kyoto is visited by a lot of people from other countries.

A : Right. Are you interested in traditional Japanese culture?

J : Yes. I hope I will go there soon!

日本語訳
J : 夏休みはどうだった，アヤ？

A : すごくよかったわ，ジョン。私は家族と京都に行ったの。そこで古いお寺を訪れたわ。

J : ほんと？　それはいつ建てられたの？

A : 約500年前よ。私たちは日本料理店でおいしい食事もしたわ。

J : よかったね。たくさんの外国からの人々が京都を訪れていると聞くね。

A : そのとおりよ。あなたは日本の伝統的な文化に興味がある？

J : うん。すぐにそこに行きたいな！

## ⑩ 1年間の総まとめ

❶ (1)イ　(2)イ

ココを聞きトレ⑥　比較表現や不定詞の表現を正しく聞き取ろう。スポーツ名や職業名など，ポイントになる単語を聞き逃さないように注意。

英文　**Man : M, Woman : W**

(1)W : Do you enjoy playing baseball, Tom?

　M : Yes, Miki. But I like tennis better than baseball. I sometimes play soccer, too.

　W : I see. I can't play soccer well. I like basketball the best.

　Q : What sport does Miki like the best?

(2)M : I like animals a lot, so I want to be a science teacher. Do you have a dream for the future, Jane?

　W : Yes, Ken. My dream is to be a doctor and help sick people, so I have to study math hard.

　Q : What does Ken want to do in the future?

日本語訳

(1)W : 野球をするのは楽しい，トム？

　M : うん，ミキ。でも野球よりテニスのほうが好きだな。ときどきサッカーもするよ。

　W : そう。私はサッカーが上手にできないの。バスケットボールが最も好きね。

　質問：ミキは何のスポーツが最も好きですか。

(2)M : ぼくは動物が大好きだから，理科の教師になりたい。きみには将来の夢がある，ジェーン？

　W : ええ，ケン。私の夢は医師になり病人を助

けること。だから数学を一生懸命勉強しないと。

　質問：ケンは将来何がしたいと思っていますか。

❷ (1)美術館［博物館］　(2)日本の絵画
　(3)動物園　(4)パンダ
　(5)スタジアム［野球場］　(6)野球の試合

ココを聞きトレ⑥　曜日と登場人物の行動予定の聞き取りがポイント。themのような指示語が何を指しているかにも注意しよう。

英文　**Kana : K, Mike : M**

K : Are you going to visit your uncle in Tokyo soon, Mike?

M : Oh, yes, Kana. I'm going to stay there from Friday to Sunday.

K : Great. I went to the zoo in Tokyo last year. I saw pandas.

M : Really? I want to see them, too. I'll go there on Saturday. I'll visit a museum to see Japanese pictures on Friday.

K : What are you going to do on the last day?

M : Well, I want to watch a baseball game, so my uncle is going to take me to the stadium.

K : Sounds good. Enjoy your trip!

日本語訳

K : もうすぐ東京のおじさんを訪ねるの，マイク？

M : ああ，そうだよ，カナ。金曜日から日曜日までそこに滞在するんだ。

K : いいわね。私は昨年，東京の動物園に行ったわ。パンダを見たのよ。

M : ほんと？　ぼくも見たいな。土曜日にそこへ行くよ。金曜日には日本の絵画を見るために美術館に行くつもりだよ。

K : 最終日には何をするつもり？

M : ええと，野球の試合を見たいから，おじさんがぼくをスタジアムに連れて行ってくれる予定なんだ。

K : おもしろそうね。旅行を楽しんでね。

# 英作文にチャレンジ！
〈解答〉

❶ Kana did not like vegetables. One day, she visited her grandfather. He was taking care of vegetables. He taught her how to grow vegetables. She didn't know it was difficult to grow vegetables. She can eat vegetables now. She is glad that she can eat her grandfather's vegetables.

**英作力 UP♪** 1は「Kanaは野菜が嫌いで食べられない」という場面。2は「野菜作りをしている人の大変さを知る」「野菜がどう育って食べられるようになるのかを学ぶ」という場面。3は，「野菜を食べられるようになった」という場面。それぞれのイラストから，状況や人々の感情を自由に考えて英文を作っていく。〈It is …＋to＋動詞の原形〉は「～するのは…です」という意味。howやwhatの疑問詞のあとに〈to＋動詞の原形〉が続くと，「どのように～するか」「何を～すべきか」という意味になる。

❷ Machu Picchu in Peru is a very beautiful place. It is recognized as a World Heritage Site. There are lots of different kinds of plants and animals there. Some of them can't be seen in other places like Japan.

**英作力 UP♪** その場所についての情報を短い文で表せるよう整理する。どこの国，または地域にあるのか，どのような印象を受ける場所なのかといった内容は書き始めやすい。どのような場所にあり，だれが建てたのか，どれだけの人がそこを訪れるかなどの情報を盛り込むとよい。また，そこで見られるものを書くのであれば，can be seenを用いて表すことができる。

❸ We must protect the Earth. We should use water more carefully. I am going to go to the beach cleaning event next Sunday. Do you want to join me?

**英作力 UP♪** 「～しなければならない」という意味の助動詞must，「～すべきである」という意味の助動詞shouldや，「～するつもりです」など未来を表す表現方法を使って条件に合うように書く。家族に提案，誘うような文を入れるなどさまざまな言い方を試して書いてみる。

❹ I want to win the Akutagawa Prize by the age of 18. The Akutagawa Prize is one of the most famous book prizes in Japan. In 2003, a 19-year-old woman won the prize. It is important to get the prize because I want to be a writer in the future. I want to be the youngest winner in history.

**英作力 UP♪** 具体的な目標を，それを達成したい年齢も考えて文を作る。by the age of ～, before I am ～ years oldで「～歳までに」という意味。理由を示す文は，becauseでつなげてもよいし，〈It is …＋to＋動詞の原形〉「～するのは…です」という意味の文で説明してもよい。

❺ 1. Ami is the best tennis player of the four. / Amy is the most popular character of the four. 2. I like Kevin better than Takaya. / Kevin is older than Ami. / Kevin is as tall as Amy. 3. I think Ami is nicer than Amy. / Takaya is a better baseball player than Kevin.

**英作力 UP♪** 「AはBよりも…だ」，「Aは～の中で最も…だ」といった文を作る。形容詞や副詞の語尾にer, estをつけて比較級・最上級を表す。長い形容詞にはmoreやmostをつける。また，good-better-best, little-less-leastなどの不規則変化する語も覚える。

❻ I'm going to visit Australia with my family during summer vacation. I want to try scuba diving. I will buy a book to learn a lot more about Australia.

**英作力 UP♪** まず質問への返答として，「～へ行く予定です」という文を〈be going to＋動詞の原形〉で作る。次に，そこで何をするつもりなのか，あるいは何がしたいのか，旅行前には何を用意しようと思っているのかなど，実際にある場所を想定して書いたり，空想の場所を思い描いて書いたりしてもよい。ただし，イラストに合うように書くよう気を付けること。

開隆堂版・中学英語2年

赤シート✕直前対策！

ぴた
トレ mini book

## テストに出る！

# 重要文
# 重要単語
# チェック！

開隆堂版　英語2年

赤シートでかくしてチェック！

### 過去進行形

□ 私はそのときテレビを見ていました。

I was watching TV then.

□ 彼らは昨夜，数学を勉強していました。

They were studying math last night.

□ ビルは9時に野球をしていませんでした。

Bill was not playing baseball at nine.

□ 彼はそのとき本を読んでいましたか。

Was he reading a book at that time?

　―はい，読んでいました。/

　いいえ，読んでいませんでした。

— Yes, he was. / No, he was not.

### 未来の表現

□ 彼は来週，おばを訪ねるつもりです。

He is going to visit his aunt next week.

□ 私はバスに乗るつもりはありません。

I am not going to take a bus.

□ リカはケーキを作るつもりですか。

Is Rika going to make a cake?

　―はい，作るつもりです。/

　いいえ，作るつもりはありません。

— Yes, she is. / No, she is not.

□ あなたは明日，何をするつもりですか。

What are you going to do tomorrow?

□ 彼は来月，京都を訪れるでしょう。

He will visit Kyoto next month.

□ 私の弟はこの本を読まないでしょう。

My brother will not read this book.

□ あなたはカメラを買うつもりですか。

Will you buy a camera?

　―はい，買うつもりです。

— Yes, I will.

□ 彼らは今日大阪に滞在するでしょうか。

Will they stay in Osaka today?

　―いいえ，滞在しないでしょう。

— No, they will not.

### 助動詞 / have to

□ 私は英語を勉強しなければなりません。

I have to study English.

□ 彼は一生懸命ギターを練習しなければな

りません。

He has to practice the guitar hard.

| | |
|---|---|
| □トモコは今日，彼女のお母さんを手伝わ<br>なくてよいです。 | Tomoko does not have to help her mother<br>today. |
| □あなたは今夜，宿題を終えなければなり<br>ませんか。 | Do you have to finish your homework<br>tonight? |
| 　―はい，終えなければなりません。 | ― Yes, I do. |
| □私は明日，働かなければなりません。 | I must work tomorrow. |
| □ドアを開けてはなりません。 | You must not open the door. |
| □私たちは走らなければなりませんか。 | Must we run? |
| 　―いいえ，走らなくてよいです。 | ― No, you don't have to. |
| □あなたは部屋をそうじするべきです。 | You should clean your room. |
| □窓を開けてもらえますか。 | Will you open the window? |
| □あなたのかばんを運びましょうか。 | Shall I carry your bag? |
| □パーティーに行きませんか。 | Shall we go to the party? |
| □この電話を使ってもよろしいですか。 | May I use this phone? |

## 不定詞

| | |
|---|---|
| □私の兄は音楽を聞くのが好きです。 | My brother likes to listen to music. |
| □彼らは走るために公園へ行きました。 | They went to the park to run. |
| □私には何か飲むものが必要です。 | I need something to drink. |

## 動名詞

| | |
|---|---|
| □私たちはテニスをして楽しみました。 | We enjoyed playing tennis. |
| □海で泳ぐことは楽しいです。 | Swimming in the sea is fun. |
| □私の趣味はケーキを作ることです。 | My hobby is making cakes. |
| □ユミはピアノをひくのが得意です。 | Yumi is good at playing the piano. |

## 接続詞

| | |
|---|---|
| □私が電話したとき，彼は眠っていました。 | He was sleeping when I called him. |
| □私は，彼は野球が上手だと思います。 | I think that he is a good baseball player. |
| □もし質問があれば，私にたずねてくださ<br>い。 | If you have any questions, please ask me. |

3

## There is[are] ~.

□窓の近くにベッドがあります。     There is a bed near the window.

□その動物園には５匹のコアラがいます。     There are five koalas in the zoo.

□箱の中にはボールが１つもありません。     There are not any balls in the box.

□机の上にペンがありますか。     Is there a pen on the desk?

　―はい，あります。／     ― Yes, there is. / No, there is not.

　いいえ，ありません。

## いろいろな文

□あなたは今日，幸せそうに見えます。     You look happy today.

□その計画はよさそうに聞こえます。     The plan sounds good.

□ケンは有名な歌手のように見えます。     Ken looks like the famous singer.

□私の父が私にこの本をくれました。     My father gave me this book.

□私の母は私にＣＤを買ってくれました。     My mother bought me a CD.

□私にあなたの写真を見せてください。     Please show me your pictures.

## 比較表現

□タカシはマコトよりも年上です。     Takashi is older than Makoto.

□この鳥はあの鳥より美しいです。     This bird is more beautiful than that one.

□私はジムより速く泳ぐことができます。     I can swim faster than Jim.

□これはすべての中で最も難しい質問です。     This is the most difficult question of all.

□この車は４台の中で最も速く走ります。     This car runs the fastest of the four.

□私の家はトムの家と同じくらい広いです。     My house is as large as Tom's.

4

## 受け身

□現在，インターネットは多くの人に利用されています。

The Internet is used by many people now.

□彼の歌は世界中で愛されています。

His songs are loved all over the world.

□私の国では英語は話されていません。

English is not spoken in my country.

□この本は生徒たちに読まれていますか。

Is this book read by the students?

　—はい，読まれています。／

　いいえ，読まれていません。

— Yes, it is. / No, it is not.

□この手紙は昨夜私の母によって書かれました。

This letter was written by my mother last night.

□これらの絵は約200年前に描かれました。

These pictures were painted about 200 years ago.

□その祭りは昨年行われませんでした。

The festival was not held last year.

□あなたは彼の家に招待されましたか。

Were you invited to his house?

　—はい，招待されました。／

　いいえ，招待されていません。

— Yes, I was. / No, I was not.

**PROGRAM 1**

| | | |
|---|---|---|
| ☐ | almost | もう少しで |
| ☐ | bit | 少し，少量 |
| ☐ | by the way | ところで |
| ☐ | care | 注意，用心 |
| ☐ | cry | 泣く |
| ☐ | do my best | 最善をつくす |
| ☐ | email | (電子)メールを送る |
| ☐ | evening | 晩，夕方 |
| ☐ | farewell | 別れ |
| ☐ | forget | 忘れる |
| ☐ | free | 自由な，暇な |
| ☐ | hope | 望む，希望する |
| ☐ | if | もし〜ならば |
| ☐ | keep in touch | 連絡を取り合う |
| ☐ | local | 地元の |
| ☐ | move | 引っ越す |
| ☐ | my pleasure | 喜んで。 |
| ☐ | nothing | 何も〜ない |
| ☐ | overseas | 外国に，海外へ |
| ☐ | plan | 計画，プラン |
| ☐ | pleasure | 喜び |
| ☐ | sang | singの過去形 |
| ☐ | soon | すぐに，まもなく |
| ☐ | take care | 気を付ける |

| | | |
|---|---|---|
| ☐ | What's up? | どうしたの？ |
| ☐ | worried | 心配な |

**Steps 1**

| | | |
|---|---|---|
| ☐ | said | sayの過去形 |

6

### PROGRAM 2

| | | |
|---|---|---|
| ☐ | believe | 信じる |
| ☐ | bring | 〜をもってくる |
| ☐ | build | 〜を建てる |
| ☐ | case | ケース |
| ☐ | dam | ダム |
| ☐ | difficult | 難しい |
| ☐ | easy | たやすい，気楽に |
| ☐ | engineer | 技術者，エンジニア |
| ☐ | everything | すべて |
| ☐ | exactly | 正確に |
| ☐ | footprint | 足跡 |
| ☐ | furniture | 家具 |
| ☐ | garbage | ごみ |
| ☐ | guide | 案内する，道案内する |
| ☐ | hallway | 廊下 |
| ☐ | history | 歴史 |
| ☐ | hurry | 急ぐ |
| ☐ | interested | 興味がある |
| ☐ | lodge | (ビーバーなどの)巣 |
| ☐ | must | 〜しなければならない |
| ☐ | nail | つめ |
| ☐ | national | 国の |
| ☐ | pet | ペット |
| ☐ | potato chip | ポテトチップ |
| ☐ | protect | 守る |

| | | |
|---|---|---|
| ☐ | rule | 規則 |
| ☐ | sharpen | 〜をとぐ，とがらせる |
| ☐ | should | 〜すべきである |
| ☐ | trouble | 困りごと，困難 |
| ☐ | true | 本当の |
| ☐ | worry | 心配する |

### Power-Up 1

| | | |
|---|---|---|
| ☐ | coat | コート，外套 |
| ☐ | degree | 度(温度の単位) |
| ☐ | later | あとで |
| ☐ | low | 少ない，低い |
| ☐ | temperature | 温度 |
| ☐ | windy | 風のある，風の強い |

### Power-Up 2

| | | |
|---|---|---|
| ☐ | late | 遅れた，遅い |
| ☐ | may | 〜してよい |
| ☐ | maybe | たぶん |
| ☐ | meeting | 会議，集まり |
| ☐ | moment | 少しの間，一瞬 |
| ☐ | wrong | 間違っている |

### Word Web 1

| | | |
|---|---|---|
| ☐ | onion | たまねぎ |
| ☐ | pepper | コショウ |
| ☐ | pumpkin | カボチャ |
| ☐ | salt | 塩 |
| ☐ | soy sauce | 醤油 |

## PROGRAM 3

| | | |
|---|---|---|
| ☐ | actor | 役者 |
| ☐ | Broadway | ブロードウェイ |
| ☐ | bun | 小型のパン |
| ☐ | character | 登場人物，キャラクター |
| ☐ | come true | 実現する |
| ☐ | corn dog | アメリカンドッグ |
| ☐ | cotton candy | わたあめ |
| ☐ | Dutch | オランダ（人）の |
| ☐ | each | それぞれの |
| ☐ | expensive | 高価な，高い |
| ☐ | farm | 農場 |
| ☐ | future | 未来，将来 |
| ☐ | healthy | 健康に良い |
| ☐ | hip-hop | ヒップホップ |
| ☐ | instead | その代わりに |
| ☐ | lobster | ロブスター |
| ☐ | look like | 〜のように見える |
| ☐ | machine | 器具，機械 |
| ☐ | New York | ニューヨーク |
| ☐ | noodle | めん類，ヌードル |
| ☐ | present | 贈り物，プレゼント |
| ☐ | pretzel | プレッツェル |
| ☐ | quiz | 小テスト |
| ☐ | racket | ラケット |

| | | |
|---|---|---|
| ☐ | soil | 土壌，土 |
| ☐ | step | 歩み，足元 |
| ☐ | taste | 風味，味わい |
| ☐ | the Netherlands | オランダ |
| ☐ | toothpick | つまようじ |
| ☐ | vendor | 物売り |
| ☐ | voice | 声 |

## Steps 2

| | | |
|---|---|---|
| ☐ | tall | 背の高い |
| ☐ | tower | 塔，タワー |

## Our Project 4

| | | |
|---|---|---|
| ☐ | among | 〜の間で，〜の中で |
| ☐ | coconut | ココナッツ |
| ☐ | cottage | 小別荘・小ロッジ |
| ☐ | cookie | クッキー |
| ☐ | seafood | シーフード，海産物 |
| ☐ | sky | 空 |
| ☐ | spot | 場所，地点 |
| ☐ | tourist | 旅行者，観光客 |

## Reading 1

| | | |
|---|---|---|
| ☐ | barrel | 銃身 |
| ☐ | basket | かご |
| ☐ | brought | bringの過去形 |
| ☐ | clothes | 衣服，着物 |
| ☐ | decide | 決定する |
| ☐ | die | 死ぬ |
| ☐ | door | ドア，扉 |
| ☐ | drop | 落とす |
| ☐ | eel | ウナギ |
| ☐ | ground | 地面 |
| ☐ | happen | 起こる |
| ☐ | heart | 心 |
| ☐ | himself | 彼自身 |
| ☐ | line | 列，行列 |
| ☐ | neighbor | 隣人 |
| ☐ | nod | うなずく |
| ☐ | out | 外へ[に] |
| ☐ | rifle | 銃 |
| ☐ | shout | 叫ぶ |
| ☐ | sick | 病気の |
| ☐ | sink | 沈む |
| ☐ | sly | ずるい，悪賢い |
| ☐ | smoke | 煙 |
| ☐ | someone | だれか |

| | | |
|---|---|---|
| ☐ | steal | 盗む |
| ☐ | strange | 奇妙な |
| ☐ | teeth | toothの複数形 |
| ☐ | thought | thinkの過去形 |
| ☐ | trick | いたずら |
| ☐ | weakly | 弱く，弱々しく |

## Word Web 2

| | | |
|---|---|---|
| ☐ | cheap | 安価な，安い |
| ☐ | clean | きれいな |
| ☐ | cold | 寒い |
| ☐ | dirty | 汚れた，汚い |
| ☐ | dry | 乾燥した，かわいた |
| ☐ | empty | からの |
| ☐ | full | いっぱいの，満ちた |
| ☐ | heavy | 重い |
| ☐ | high | 高い |
| ☐ | hot | 暑い |
| ☐ | light | 軽い |
| ☐ | right | 正しい |
| ☐ | thick | 厚い |
| ☐ | thin | 薄い |
| ☐ | wet | ぬれている |

## PROGRAM 4

| | | |
|---|---|---|
| ☐ | able | 〜ができる |
| ☐ | agriculture | 農業 |
| ☐ | as | 〜と同じくらい |
| ☐ | beak | くちばし |
| ☐ | bee | ハチ |
| ☐ | boring | 退屈な，つまらない |
| ☐ | carry | 運ぶ |
| ☐ | centimeter | センチメートル |
| ☐ | coin | 硬貨 |
| ☐ | company | 会社 |
| ☐ | creature | 生物 |
| ☐ | dive | 飛び込む |
| ☐ | effect | 効果 |
| ☐ | enter | 入る |
| ☐ | friendship | 親交，友情 |
| ☐ | give | 与える |
| ☐ | hate | 嫌う |
| ☐ | health | 健康 |
| ☐ | high-tech | ハイテクの，高度先端技術の |
| ☐ | interview | インタビューする |
| ☐ | kingfisher | カワセミ |
| ☐ | leaf | 葉 |
| ☐ | lid | ふた |
| ☐ | loud | (音・声が)大きな |
| ☐ | model | 形作る |

| | | |
|---|---|---|
| ☐ | money | 金，通貨 |
| ☐ | more | もっと(moreの比較級) |
| ☐ | most | もっとも(muchの最大級) |
| ☐ | noise | 騒音 |
| ☐ | paper clip | ペーパークリップ |
| ☐ | penny | １セント銅貨 |
| ☐ | plant | 植物 |
| ☐ | pollen | 花粉 |
| ☐ | potential | 可能性 |
| ☐ | rainbow | 虹 |
| ☐ | raindrop | 雨だれ，雨つぶ |
| ☐ | rescue | 救助する |
| ☐ | search | 探索 |
| ☐ | smartphone | スマートフォン |
| ☐ | solve | 解決する，解く |
| ☐ | space | 空間 |
| ☐ | splash | はね，はねかえり |
| ☐ | than | 〜よりも |
| ☐ | tunnel | トンネル |
| ☐ | without | 〜なしで(に) |
| ☐ | yogurt | ヨーグルト |

### PROGRAM 5

| | | |
|---|---|---|
| ☐ | action | 行動 |
| ☐ | alone | ひとりで |
| ☐ | arm | 腕 |
| ☐ | be glad to | 喜んで～する |
| ☐ | be good at | ～が得意である |
| ☐ | become | ～になる |
| ☐ | blame | とがめる，責める，非難する |
| ☐ | bored | 退屈した |
| ☐ | chess | チェス |
| ☐ | chocolate | チョコレート |
| ☐ | daughter | 娘 |
| ☐ | excited | 興奮した |
| ☐ | find out | ～を知る |
| ☐ | glad | うれしい |
| ☐ | goods | 商品，品物 |
| ☐ | importance | 重要性，大切さ |
| ☐ | kindly | 親切に |
| ☐ | lend | 貸す |
| ☐ | listener | 聞き手 |
| ☐ | lonely | ひとりぼっちの |
| ☐ | mailman | 郵便配達員 |
| ☐ | many times | 何回も |
| ☐ | meter | メートル |
| ☐ | mistake | 間違い，手違い |

| | | |
|---|---|---|
| ☐ | pack | 1包み |
| ☐ | package | 包み |
| ☐ | remember | 覚えている，思い出す |
| ☐ | score | 得点，成績 |
| ☐ | shelf | たな |
| ☐ | spoke | speakの過去形 |
| ☐ | son | 息子 |
| ☐ | story | 話，物語 |
| ☐ | sweaty | 汗びっしょり |
| ☐ | taught | teachの過去形 |
| ☐ | treat | 扱う |
| ☐ | unicycle | 一輪車 |
| ☐ | waiting room | 待合室 |
| ☐ | walk up | 歩いて～を上る |
| ☐ | while | ～する間に |

### Power-Up 3

| | | |
|---|---|---|
| ☐ | else | ほかに[の] |
| ☐ | order | 注文 |
| ☐ | ready | 用意ができた |
| ☐ | recommend | 勧める |

## PROGRAM 6

| | | |
|---|---|---|
| ☐ | award | 賞 |
| ☐ | built | buildの過去形 |
| ☐ | celebrate | 祝う，祝福する |
| ☐ | commercial | コマーシャル，広告放送 |
| ☐ | cover | おおう |
| ☐ | dedicate | ささげる |
| ☐ | fight | たたかう |
| ☐ | flour | 小麦粉 |
| ☐ | greatly | 大いに，非常に |
| ☐ | heard | hearの過去形 |
| ☐ | holiday | 休日 |
| ☐ | influence | ～に影響を及ぼす，感化する |
| ☐ | issue | 問題 |
| ☐ | jail | 刑務所 |
| ☐ | kitchen | 台所，調理場 |
| ☐ | known | knowの過去分詞 |
| ☐ | lock | 閉じこめる |
| ☐ | message | 伝言，伝えたいこと |
| ☐ | million | 100万 |
| ☐ | mutual | 相互の |
| ☐ | paint | (絵具で絵を)描く |
| ☐ | political | 政治的な |
| ☐ | president | 大統領 |
| ☐ | respect | 尊敬，敬意 |
| ☐ | seen | seeの過去分詞 |

| | | |
|---|---|---|
| ☐ | sell | 売る |
| ☐ | stationery | 文房具 |
| ☐ | sung | singの過去分詞 |
| ☐ | tackle | ～に取り組む |
| ☐ | through | ～をとおして |
| ☐ | T-shirt | Tシャツ |
| ☐ | wood | 木材 |
| ☐ | written | writeの過去分詞 |
| ☐ | yummy | おいしい |

### Steps 3

| | | |
|---|---|---|
| ☐ | scientist | 科学者 |

### Our Project 5

| | | |
|---|---|---|
| ☐ | afraid | 恐れている |
| ☐ | challenge | 挑戦する |
| ☐ | choose | 選ぶ |
| ☐ | fail | 失敗する |
| ☐ | failure | 失敗 |
| ☐ | inventor | 発明家，発明者 |
| ☐ | kept | keepの過去形 |
| ☐ | light bulb | 電球 |
| ☐ | patent | 特許 |
| ☐ | positive | 前向きな，肯定的な |
| ☐ | practical | 実用的な |
| ☐ | slept | sleepの過去形 |
| ☐ | such | そのような |
| ☐ | worker | 勉強をするひと，労働者 |

## Reading 2

| | | |
|---|---|---|
| ☐ | above | ～の上に[の] |
| ☐ | airport | 空港 |
| ☐ | ambassador | 大使 |
| ☐ | between | ～の間に |
| ☐ | border | 国境 |
| ☐ | bury | 埋葬する，埋める |
| ☐ | coast | 海岸 |
| ☐ | continue | 続ける |
| ☐ | dead | 死んでいる |
| ☐ | earthquake | 地震 |
| ☐ | flew | flyの過去形 |
| ☐ | former | (時間的に)前の，先の |
| ☐ | goodwill | 親善 |
| ☐ | hit | (人・場所に)打撃を与える |
| ☐ | land | 着陸する |
| ☐ | met | meetの過去形 |
| ☐ | mission | 使節 |
| ☐ | nearby | 近くの |
| ☐ | respectfully | うやうやしく |
| ☐ | return | 帰る，戻る |
| ☐ | suddenly | 突然，急に |
| ☐ | survivor | 生存者 |
| ☐ | typhoon | 台風 |
| ☐ | village | 村 |
| ☐ | war | 戦争 |

## Word Web 4

| | | |
|---|---|---|
| ☐ | along | ～に沿って |
| ☐ | behind | ～のうしろに |
| ☐ | front | 前 |

## PROGRAM 7

| | | |
|---|---|---|
| ☐ | according to | ～によると |
| ☐ | already | すでに |
| ☐ | attract | ～を引きつける |
| ☐ | bowl | どんぶり，わん |
| ☐ | caught | catchの過去形 |
| ☐ | eaten | eatの過去分詞 |
| ☐ | ending | 結末 |
| ☐ | ever | これまでに |
| ☐ | foreign | 外国の |
| ☐ | mystery | ミステリー，なぞ |
| ☐ | novel | 小説 |
| ☐ | part | 部分 |
| ☐ | pop | 大衆向きの |
| ☐ | professional | プロの |
| ☐ | similar | 類似した |
| ☐ | situation | 情勢，状況 |
| ☐ | twice | 2回，2度 |
| ☐ | unusual | ふつうでない，珍しい |
| ☐ | wing | 翼，羽 |
| ☐ | word | ことば |
| ☐ | yet | [疑問文で]もう，[否定文で]まだ |

# 重要単語 チェック！ Steps 4 ~ PROGRAM 8

教科書 pp.97 ~ 109

## Steps 4

| | | |
|---|---|---|
| ☐ | beef | 牛肉 |
| ☐ | breeze | 微風，そよ風 |
| ☐ | cloth | 布，布地，布切れ |
| ☐ | mayonnaise | マヨネーズ |
| ☐ | paper | 紙 |
| ☐ | pancake | パンケーキ |
| ☐ | piece | 1つ，1枚 |
| ☐ | plastic | プラスチック[ビニール]の |
| ☐ | repeatedly | 繰り返して |
| ☐ | square | 正方形の，四角の |
| ☐ | sugar | 砂糖 |
| ☐ | wrap | 包む |

## Power-Up 4

| | | |
|---|---|---|
| ☐ | attention | 注意 |
| ☐ | announcement | 知らせ，発表 |
| ☐ | boarding | 搭乗，搭乗口 |
| ☐ | cancel | ～を取り消す |
| ☐ | due to | ～のせいで |
| ☐ | gate | 門，(搭乗)口 |
| ☐ | passenger | 乗客，旅客 |

## PROGRAM 8

| | | |
|---|---|---|
| ☐ | absolutely | 全くそのとおり |
| ☐ | atomic | 原子(力)の |

| | | |
|---|---|---|
| ☐ | belt | ベルト，帯 |
| ☐ | bomb | 爆弾 |
| ☐ | burn | 燃やす，焼く |
| ☐ | clay | 粘土 |
| ☐ | cost | (費用・金額)がかかる |
| ☐ | environment | 環境 |
| ☐ | fold | 折る |
| ☐ | forgot | forgetの過去形 |
| ☐ | hair | 髪 |
| ☐ | half | 半分 |
| ☐ | hang | つるす |
| ☐ | key | かぎ |
| ☐ | lasting | 永続的な |
| ☐ | monument | 記念碑 |
| ☐ | neither | ～もまた…ない |
| ☐ | pass | (人が)死ぬ，他界する |
| ☐ | peace | 平和 |
| ☐ | receive | 受け取る |
| ☐ | recycle | 再生利用する |
| ☐ | recycled | 再生された，再生(の) |
| ☐ | since | ～以来，～から |
| ☐ | soap | せっけん |
| ☐ | souvenir | みやげ |
| ☐ | specialty | 得意なこと |
| ☐ | victim | 犠牲者 |

14

## Steps 5

| | | |
|---|---|---|
| ☐ | agree | 同意する |
| ☐ | sweat | 汗をかく |
| ☐ | less | little（少ない）の比較級 |

## Power-Up 5

| | | |
|---|---|---|
| ☐ | sculpture | 彫像 |

## Our project 6

| | | |
|---|---|---|
| ☐ | besides | そのうえ，さらに |
| ☐ | contest | コンクール，競技会 |
| ☐ | chorus | 合唱 |
| ☐ | fact | 事実 |
| ☐ | felt | feelの過去形 |
| ☐ | nervous | 不安な |
| ☐ | prize | 賞 |
| ☐ | though | ～にもかかわらず |

## Word Web 5

| | | |
|---|---|---|
| ☐ | ambulance | 救急車 |
| ☐ | bank | 銀行 |
| ☐ | church | 協会 |
| ☐ | expressway | 高速道路 |
| ☐ | factory | 工場 |
| ☐ | fountain | 噴水 |
| ☐ | statue | 像 |
| ☐ | subway | 地下鉄 |

## Reading 3

| | | |
|---|---|---|
| ☐ | anyone | （否定文で）だれも～ない |
| ☐ | arrive | 到着する |
| ☐ | ask | 求める |
| ☐ | condition | 条件 |
| ☐ | embassy | 大使館 |
| ☐ | government | 政府 |
| ☐ | inner | 内なる，心の |
| ☐ | introduce | 紹介する |
| ☐ | limit | 限る，制限する |
| ☐ | lives | life（命）の複数形 |
| ☐ | obey | 従う |
| ☐ | permission | 許可 |
| ☐ | pronounce | 発音する |
| ☐ | quit | やめる |
| ☐ | safe | 無事な |
| ☐ | satisfy | 満たす，充足させる |
| ☐ | sore | 痛い |
| ☐ | spite | ～にもかかわらず |
| ☐ | tear | 涙 |
| ☐ | telegram | 電報 |
| ☐ | truly | 本当に |
| ☐ | visa | ビザ，査証 |
| ☐ | wrote | writeの過去形 |

A